VBA
POUR EXCEL
POUR
LES NULS

VBA POUR EXCEL POUR LES NULS

John Walkenbach

FIRST
Interactive

VBA pour Excel pour les Nuls

Titre de l'édition originale : Excel VBA Programming For Dummies
Publié par Wiley Publishing, Inc.
111 River Street
Hoboken, NJ 07030-5774
USA

Edition française publiée en accord avec Wiley Publishing, Inc.
© 2005 Éditions First Interactive
27, rue Cassette
75006 Paris - France
Tél. 01 45 49 60 00
Fax 01 45 49 60 01
E-mail : firstinfo@efirst.com
Web : www.efirst.com
ISBN : 2-84427-725-X
Dépôt légal : 1e trimestre 2005

Collection dirigée par Jean-Pierre Cano
Edition : Pierre Chauvot
Maquette et mise en page : Edouard Chauvot
Traduction : Bernard Jolivalt
Adaptation version poche : Véronique Congourdeau

Imprimé en Italie

Sommaire

Introduction

Salut à toi, futur programmeur Excel !

Contrairement à la plupart des ouvrages de programmation, celui-ci est rédigé en français courant, compréhensible par la plupart des mortels (et même par les Immortels de l'Académie française). Il est truffé de conseils utiles, mais ne contient aucune de ces informations dont vous n'aurez besoin que tous les 36 du mois.

Est-ce le livre qu'il vous faut ?

La littérature sur Excel ne manque pas, comme vous pouvez le constater dans n'importe quelle librairie spécialisée. Un survol rapide vous permettra de savoir si ce livre est véritablement celui que vous recherchez :

- Il a été écrit pour les utilisateurs moyens et avancés d'Excel qui désirent apprendre à programmer avec Visual Basic pour Applications (VBA).
- Aucune expérience préalable de la programmation n'est requise.
- Il décrit les commandes et contrôles les plus communément utilisés.
- Il convient aux versions 2000, 2002 et 2003 d'Excel, bien qu'il existe de très légères différences entre elles.
- Le contenu est sérieux mais le ton est léger.

En revanche, ce livre ne s'adresse pas aux utilisateurs d'Excel 5, d'Excel 95 ou d'Excel 97. Bien que ces versions anciennes soient assez proches des versions 2000, 2002 et 2003, elles présentent de subtiles différences – et d'autres qui le sont moins – qui risqueraient de vous poser des problèmes.

Ce livre n'est pas un ouvrage d'initiation à Excel. Si vous recherchez un ouvrage généraliste sur le tableur de Microsoft, je vous recommande ceux-ci, tous publiés par les Éditions First Interactive :

- *Excel 2003 9 livres en 1 Pour les Nuls*, par Greg Harvey.
- *Excel 2003 Pour les Nuls*, par Greg Harvey
- *Excel 2003 Pour les Nuls Poche*, par Greg Harvey
- *Excel 2003 Mini Référence Pour les Nuls*, par John Walkenbach et Colin Barfield.
- *Apprendre Excel 2003*, MaranGraphics.
- *Bien utiliser Excel 2003 en 10 étapes*, par Dominique Maniez.
- *Assistant visuel Excel 2000-2003*, par Jean-François Sehan.
- *Formules et Fonctions Excel 2003*, par John Walkenbach

Ainsi donc, vous voulez devenir programmeur...

Le but de cet ouvrage est d'apprendre aux utilisateurs d'Excel comment exploiter le langage VBA afin d'augmenter significativement la puissance du tableur le plus connu de la planète. Mais pour cela, vous devrez le programmer. Eh oui…

Pour beaucoup de gens, le mot "programmeur" évoque l'image d'un personnage hagard, dopé au café, travaillant tard la nuit à la lumière blafarde de l'écran, les doigts pianotant frénétiquement sur le clavier. Les adjectifs "accro" ou "allumé" vous viennent peut-être à l'esprit pour qualifier ce type d'individu.

Les temps ont changé. Aujourd'hui, la programmation est devenue plus facile. La preuve : même des gens prétendus "normaux" s'y adonnent. Programmer signifie tout simplement "fournir à l'ordinateur des instructions qu'il devra exécuter". La *programmation Excel* se rapporte à l'anodine activité qui consiste à demander à Excel d'exécuter automatiquement ce que vous auriez pu faire manuellement. Ce qui vous fait gagner beaucoup de temps et – je l'espère – réduit le risque d'erreurs.

Pourquoi se lancer ?

La plupart des utilisateurs d'Excel n'apprennent pas la programmation VBA. Autant dire que votre intérêt pour ce sujet vous place parmi l'élite. Bienvenue au club ! Si vous n'êtes toujours pas convaincu qu'apprendre à programmer Excel est une grande idée, voici quelques raisons qui devraient vaincre vos réticences :

- **Vous serez recherché.** Quoi que vous puissiez en penser, les produits de Microsoft sont extrêmement populaires. Peut-être savez-vous déjà que toutes les applications de Microsoft Office reconnaissent le langage VBA. Mieux vous maîtriserez VBA, plus vous serez apprécié au travail.
- **Vous exploiterez au mieux votre investissement logiciel.** Utiliser Excel sans connaître VBA, c'est comme acheter un téléviseur et ne regarder que les chaînes nationales gratuites.
- **Vous améliorerez (peut-être) votre productivité.** L'apprentissage du VBA exige certes du temps, mais vous le rattraperez largement par la suite, sous forme de gain de productivité.
- **L'apprentissage sera agréable (enfin, parfois...).** Certains utilisateurs prennent véritablement du plaisir à obtenir des résultats qui seraient autrement inaccessibles. À la fin de ce livre, vous ferez partie de ces heureux personnages.

Alors ? Convaincu ?

Ce qui va de soi

La plupart des auteurs s'adressent à un public bien précis. La cible de ce livre est une synthèse des multiples utilisateurs d'Excel que j'ai rencontrés en personne ou dans le cyberespace. Si vous correspondez à ce lecteur-type :

- Vous avez accès à un PC, que ce soit au bureau ou à domicile.
- Vous possédez Excel 2000 ou ultérieur.
- Vous êtes à l'aise avec votre ordinateur.
- Vous travaillez souvent sur Excel et vous pensez en connaître davantage, sur ce tableur, que l'utilisateur moyen.
- Vous désirez réaliser avec Excel des tâches qu'il ne sait manifestement pas effectuer.

- Votre expérience de la programmation est nulle ou faible.
- Vous ne rechignez pas à faire appel à Excel si vous butez sur des notions qui vous sont étrangères.
- Vous avez l'esprit pratique, d'où une tolérance plus que limitée aux ouvrages informatiques qui se complaisent dans la théorie.

Les inévitables conventions typographiques

Il vous sera souvent demandé d'appuyer sur des combinaisons de touches. Par exemple, Ctrl+Z signifie que vous devez maintenir la touche Ctrl enfoncée tout en appuyant sur la touche Z.

Les commandes des menus sont séparées par une barre. Par exemple, pour ouvrir un classeur, vous choisirez :

Fichier/Ouvrir

Tous les textes que vous tapez sont en gras. Par exemple, il vous sera demandé d'entrer **=SOMME(B:B)** dans la cellule A1.

La programmation Excel suppose la saisie de code, autrement dit d'instructions qu'Excel devra exécuter. Ces lignes de programmation apparaissent en caractères à espacement constant, comme ici :

```
Range("A1:A12").Select
```

Certaines longues lignes de code ne tiennent pas sur la largeur d'une page. Dans ce cas, j'utilise les caractères de continuation standard du VBA : un espace suivi d'un caractère de soulignement. Exemple :

```
Selection.PasteSpecial Paste:=xlValues, _
   Operation:=xlNone, SkipBlanks:=False, _
   Transpose:=False
```

Le code ci-dessus peut être tapé "au kilomètre", sur une seule ligne, en omettant bien sûr les espaces précédant les soulignements, ainsi que les soulignements en question.

Pensez à la sécurité

Le monde dans lequel nous vivons n'est pas toujours rose, et il en va de même dans le monde de l'informatique. Vous avez certainement entendu parler des virus, qui peuvent malmener votre ordinateur et vos données. Mais saviez-vous qu'ils peuvent aussi infecter des fichiers Excel ? En fait, il est relativement facile d'écrire des virus en VBA ; lorsqu'un utilisateur trop confiant ouvrira le fichier Excel, le virus se propagera à tous les autres classeurs Excel.

Au fil des années, Microsoft s'est senti de plus en plus concerné par les problèmes de sécurité. C'est une bonne chose, à condition que l'utilisateur sache de quoi il retourne. Les paramètres de sécurité d'Excel peuvent être consultés en choisissant Outils/Macro/Sécurité. Trois niveaux sont proposés : élevé, moyen et faible. Reportez-vous à l'aide d'Excel pour obtenir des détails sur ces paramètres.

Imaginons le scénario suivant : vous passez une semaine à écrire un programme VBA d'enfer qui révolutionnera votre entreprise. Vous le testez en long et en large puis vous le transmettez à votre directeur. Il vous rappelle pour couiner que ce programme ne fait rien du tout. Enfer et damnation ! Que se passe-t-il ? En fait, il est fort probable que les paramètres de sécurité de l'ordinateur de votre directeur ne l'autorisent pas à exécuter des macros. Ou alors, il a choisi de désactiver les macros lorsqu'il a ouvert le fichier.

Pour travailler avec ce livre, vous devez activer les macros. Choisissez le niveau de sécurité moyen puis, lorsqu'Excel vous le demandera, activez les macros. Si vous ouvrez un fichier envoyé par quelqu'un que vous ne connaissez pas, vous devez désactiver les macros puis vérifier le code VBA pour vous assurer qu'il ne contient rien de destructif ou de malicieux.

Comment ce livre est organisé

Le livre est divisé en sept parties qui contiennent chacune plusieurs chapitres. Bien qu'ils s'enchaînent d'une manière logique, vous pouvez les lire dans l'ordre que vous voulez. Voici un bref aperçu de ce qu'ils contiennent.

Première partie : Présentation de VBA

Cette première partie comporte deux chapitres. Le premier présente le langage VBA. Le second vous met le pied à l'étrier au travers d'une visite guidée de VBA.

Deuxième partie : Comment VBA travaille avec Excel

Cet ouvrage a été rédigé en partant du principe que vous savez utiliser Excel. Les quatre chapitres de cette deuxième partie vous permettent de mieux comprendre comment VBA est implémenté dans Excel. C'est pourquoi je recommande vivement de ne pas les sauter.

Troisième partie : Les concepts de la programmation

Les huit chapitres de la troisième partie sont consacrés à la programmation pure et dure. Nous sommes là au cœur du sujet.

Quatrième partie : Créer des boîtes de dialogue personnalisées

La conception de boîtes de dialogue personnalisées est l'un des aspects les plus attrayants de la programmation Excel. Les quatre chapitres de cette partie expliquent comment créer des boîtes de dialogue qui n'ont rien à envier à celles concoctées par les programmeurs Microsoft.

Cinquième partie : Menus et barres d'outils personnalisés

Cette cinquième partie comporte deux chapitres, consacrés chacun à un aspect de l'*interface utilisateur :* la personnalisation des barres d'outils dans le premier chapitre, les menus personnalisés dans le second chapitre.

Sixième partie : Les dix commandements

Tout ouvrage de la collection *Pour les Nuls* s'achevant sur les dix commandements, je ne dérogerai pas à la règle.

Les pictogrammes

Les pictogrammes sont ces petites icônes qui signalent les nombreux encadrés de ce livre. Ils sont sensés attirer votre attention sur telle ou telle information, ou vous signaler des points importants.

Signale une information disponible sur le Web. Reportez-vous à la section "Récupérer les fichiers d'exemples", un peu plus loin, pour en savoir plus.

Ne passez pas les informations signalées par ce pictogramme. Ce sont souvent des raccourcis qui vous feront gagner beaucoup de temps (et vous permettront même d'éviter des heures supplémentaires au bureau).

Ce pictogramme indique des informations à mémoriser, à toutes fins utiles, au plus profond des méandres de votre cortex.

Lisez attentivement ce qui est signalé par ce pictogramme. Sinon, vous risquez de perdre des données, de faire exploser votre ordinateur, de provoquer une fission nucléaire, d'entraîner la fin du monde et, qui sait, de gâcher votre journée.

Récupérer les fichiers d'exemples

Les classeurs contenant les exemples sont téléchargeables sur le site Web des Éditions First Interactive, pour télécharger ces fichiers, suivez ces étapes :

1. **Ouvrez votre navigateur Web.**
2. **Allez sur le site** `www.efirst.com`**.**
3. **Cliquez sur le lien** `Editions First Interactive`**, puis, dans la page qui s'affiche, cliquez dans la colonne de gauche sur le lien Téléchargement.**

   La page de téléchargement s'affiche.

4. **Trouvez l'image représentant la couverture de ce livre et cliquez dessus.**

   La boîte de dialogue Téléchargement de fichier s'affiche. Choisissez un dossier cible et validez. C'est parti !

Après téléchargement du fichier zip, il faudra le décompresser sur votre disque dur.

Si vous ne trouvez pas l'ouvrage en question, cliquez sur le lien `Consulter les archives ? 'Titres parus avant le xx/xx/20xx`.

Disposer des fichiers vous évitera beaucoup de travail de frappe ; ils contiennent plus de 120 modules VBA (voir Figure I.1), tous accessibles à partir d'un classeur principal (des liens hypertextes offrent un accès direct aux classeurs d'exemples et de tests plus spécifiques). Mieux, vous pourrez modifier les modules à votre guise et tester le résultat. En fait, il est plus que recommandé de procéder à des essais. L'expérimentation est en effet le meilleur moyen de se familiariser avec le langage VBA.

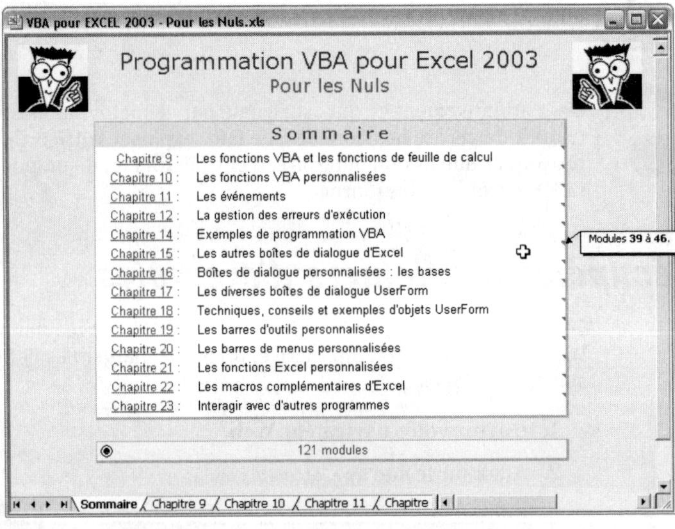

Figure I.1 : Ce livre est accompagné de classeurs à télécharger. Ils contiennent presque tous les exemples et exercices du livre.

Première partie

Présentation de VBA

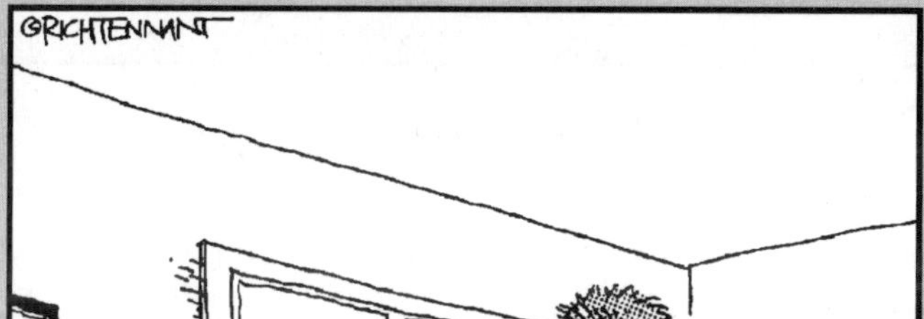

"On est là pour nettoyer le code".

Dans cette partie...

Il faut bien commencer quelque part. Ce sera en l'occurrence par une présentation de Visual Basic pour Applications (je suis sûr qu'après quelques dizaines de chapitres en sa compagnie, vous deviendrez bons amis). Les présentations faites, le Chapitre 2 vous plongera dans les affres de la véritable programmation Excel.

Chapitre 1

Qu'est le VBA ?

Dans ce chapitre :

- Une vue d'ensemble de VBA.
- Découvrir à quoi sert le VBA.
- Avantages et inconvénients du VBA.

Ce chapitre est entièrement consacré à l'apprentissage par la pratique. Il contient cependant quelques informations de fond qui vous aideront dans votre formation à la programmation Excel. Autrement dit, ce chapitre pose les jalons de tout ce qui va suivre et vous donne une idée globale de ce qu'est la programmation VBA.

Alors, c'est quoi le VBA ?

Le VBA, acronyme de *Visual Basic pour Applications*, est un langage de programmation développé par Microsoft (la société qui a fait la fortune du type le plus riche du monde). À l'instar des autres logiciels de Microsoft Office 2003, Excel comprend le langage VBA. Bref, le VBA est le langage de programmation qui permet de développer des programmes capables de contrôler Excel.

Que peut-on faire avec le VBA ?

Vous n'apprendrez rien de nouveau lorsque je vous dirai qu'Excel sert à d'innombrables tâches dont voici un modeste aperçu :

- Gérer un budget et simuler des prévisions.
- Analyser des données scientifiques.
- Éditer des factures et des formulaires.

- Créer des graphiques à partir d'ensembles de données.
- Gérer des listes de clients, de résultats scolaires ou d'idées de cadeaux, etc.

Nous pourrions allonger la liste à l'infini ou presque. Tout ça pour dire qu'Excel sert à une foultitude de choses. Chaque lecteur de ce livre a ses propres besoins et ses propres attentes. Mais tous les lecteurs ont en commun *la nécessité d'automatiser certaines fonctions d'Excel*. C'est là que VBA entre en jeu.

Insérer une chaîne de caractères

Si vous devez systématiquement entrer le nom de la société et/ou ses coordonnées dans une feuille de calcul, une macro pourra le faire à votre place. Vous pouvez étendre ce concept beaucoup plus loin. Par exemple, vous développerez une macro qui entre automatiquement les noms de tous les représentants travaillant pour la société.

Automatiser les tâches répétitives

Supposons que, responsable des ventes, vous deviez rédiger chaque mois le rapport qui calmera les angoisses de votre patron. Si cette tâche est toujours la même, vous la confierez à un programme VBA. Votre patron sera impressionné par la présentation toujours régulière de vos rapports. Un jour ou l'autre, il finira bien par vous proposer un poste plus gratifiant (on peut toujours rêver...).

Exécuter des actions à répétition

Si vous devez appliquer une même action à, disons, une bonne douzaine de classeurs Excel différents, vous avez intérêt à enregistrer une macro lorsque vous effectuez cette action la première fois, puis à laisser la macro la répéter sur les onze autres classeurs. Excel ne se plaindra jamais de ces ennuyeuses répétitions de tâches. L'enregistrement d'une macro n'est pas plus difficile qu'un enregistrement sonore, le microphone en moins.

Créer une commande personnalisée

Vous avez souvent recours aux mêmes commandes d'un menu d'Excel ? Vous gagnerez un peu de temps en développant une macro qui les réunit toutes en une seule commande personnalisée, que vous lancerez d'une seule touche ou d'un seul clic sur un bouton.

Créer des boutons de barres d'outils personnalisés

Les barres d'outils d'Excel peuvent être personnalisées avec vos propres boutons qui exécuteront les macros que vous avez écrites. L'employé de bureau moyen est toujours très impressionné par ce genre de chose.

Créer des commandes de menus personnalisées

Les menus d'Excel peuvent eux aussi être personnalisés avec vos propres commandes, qui exécutent les macros que vous avez écrites. Là, l'employé de bureau moyen tombe en pâmoison.

Faciliter le travail

Dans presque tous les bureaux, on trouve des gens qui ne savent pas vraiment comment utiliser un ordinateur (qui l'eut cru ?). Vous pourrez leur faciliter la tâche – et la vie – à l'aide d'un programme VBA qui exécutera toutes les actions utiles. Par exemple, en produisant automatiquement un formulaire prêt à l'emploi, il vous évitera de perdre votre temps à expliquer ce qui vous paraît élémentaire.

Développer de nouvelles fonctions de calcul

Bien qu'Excel soit généreusement pourvu de fonctions prédéfinies (comme SOMME et MOYENNE), vous pourrez créer vos propres fonctions personnalisées qui simplifieront considérablement vos formules. Vous serez étonné de constater combien c'est facile . Mieux encore, vos fonctions personnalisées apparaîtront dans la boîte de dialogue Coller une fonction, comme si elles avaient toujours fait partie d'Excel. Là, c'est le SAMU qu'il faut appeler pour l'employé de bureau moyen.

Créer une application complète entièrement régie par la macro

Si vous disposez d'un peu de temps, vous pourrez recourir au VBA pour créer des applications complètes de grande envergure, avec des boîtes de dialogue, une aide en ligne et toutes sortes de gadgets (mortel pour un employé de bureau moyen).

Créer des macro complémentaires pour Excel

Vous connaissez probablement certaines des macros complémentaires livrées avec Excel, comme l'Utilitaire d'analyse. Le langage VBA vous permettra de développer les vôtres. Par exemple, j'ai développé ma propre macro complémentaire, intitulée *Power Utility Pak*, uniquement en VBA.

Avantages et inconvénients du VBA

Après avoir lu ce qui précède, le langage VBA est certes tentant, mais il faut savoir qu'il a aussi son côté obscur.

Les avantages du VBA

Quasiment tout ce qu'il est possible de faire dans Excel peut être automatisé. Il suffit pour cela d'écrire les instructions qu'Excel devra exécuter. L'automatisation des tâches présente de nombreux avantages :

- Excel exécute toujours les tâches de la même manière (dans la plupart des cas, cette régularité est une bonne chose).
- Excel exécute les tâches plus rapidement que vous ne le feriez manuellement (à moins d'avoir des mimines extraordinairement agiles et une souris plus rapide que Speedy Gonzales).
- Si vous savez bien programmer les macros, Excel exécute toujours les tâches sans erreur (en ce qui me concerne, je ne saurais en dire autant...).
- Les tâches peuvent être démarrées par quelqu'un qui n'y connaît rien à Excel.

- Il est possible de demander à Excel d'exécuter des tâches autrement impossibles à mettre en œuvre. Génial pour frimer.
- Lorsque la tâche est longue et demande du temps, vous n'avez plus à vous morfondre devant l'ordinateur. Allez plutôt faire un brin de causette près de la machine à café.

Les inconvénients du VBA

Toute médaille ayant son revers, il est honnête que nous nous attardions sur les désavantages réels ou potentiels du VBA :

- Vous devez apprendre la programmation VBA (mais c'est bien dans ce but que vous avez acheté ce livre, n'est-ce pas ?). Fort heureusement, ce n'est pas très difficile.
- Les personnes qui désireraient utiliser vos programmes VBA doivent posséder Excel. Il serait fabuleux de pouvoir transformer d'un simple clic une application VBA/Excel en un logiciel indépendant, mais ce n'est pas possible (et cela ne le sera sûrement jamais).
- Parfois, les choses tournent mal. Autrement dit, vous n'aurez jamais la certitude que votre programme VBA fonctionnera dans tous les cas de figure. Bienvenue dans le monde enchanté du débogage.
- Le VBA n'est pas pérenne. Comme vous le savez, Microsoft améliore sans cesse Excel. Vous découvrirez peut-être un jour que le code longuement concocté pour l'actuelle version d'Excel est inutilisable sur une version future.

Le VBA en quelques mots

Les points qui suivent expliquent à grands traits ce qu'est le VBA. Nous reviendrons bien sûr en détail sur toute cette matière.

- **Vous exécutez des actions VBA en écrivant (ou en enregistrant) du code dans un module VBA.** Vous visionnez et éditez les modules VBA avec Visual Basic Editor (VBE).
- **Un module VBA est fait de procédures Sub (sous).** Une procédure Sub exécute une action avec ou sur des objets (nous en reparlerons d'ici peu). L'exemple qui suit est celui d'une procédure Sub simple, nommée Test. Ce faramineux programme donne le résultat de 1 + 1 (n'essayez surtout pas mentalement).

```
Sub Test()
    Sum = 1 + 1
    MsgBox "La réponse est " & Sum
End Sub
```

- **Un module VBA peut aussi comporter des procédures Function (fonction).** Une procédure Function ne retourne qu'une seule valeur. Vous pouvez l'appeler depuis une autre procédure VBA, voire l'utiliser comme fonction dans une formule au sein d'une feuille de calcul. L'exemple qui suit s'appelle Addition. Cette procédure Function accepte deux chiffres appelés "arguments" et retourne leur somme :

```
Function Addition(arg1, arg2)
    Addition = arg1 + arg2
End Function
```

- **Le VBA manipule des objets.** Dans Excel, plus d'une centaine d'objets peuvent être manipulés. Ces objets peuvent être un classeur, une feuille de calcul, une plage de cellules, un graphique, une forme... Il en existe beaucoup d'autres, qui peuvent être manipulés par du code VBA.

- **Les objets sont organisés hiérarchiquement.** Les objets peuvent être des *conteneurs* pour d'autres objets. Excel se trouve tout en haut de la hiérarchie des objets. Excel lui-même est un objet nommé Application. Il contient d'autres objets nommés Workbook (classeur) ou CommandBar (barre de commandes). L'objet Workbook peut contenir d'autres objets comme des objets Worksheet (feuille de calcul) ou des objets Chart (graphique). Un objet Worksheet peut contenir des objets comme Range (plage) ou PivotTable (tableau croisé dynamique). Le terme *Modèle objet* se rapporte à l'arrangement de ces objets (reportez-vous au Chapitre 4 pour les détails).

- **Des objets d'un même type forment une collection.** Par exemple, la collection Worksheets est l'ensemble de toutes les feuilles de calcul d'un classeur. La collection Charts est l'ensemble de tous les graphiques d'un classeur. Les collections sont elles-mêmes des objets.

- **Il est fait référence à un objet en spécifiant sa position dans la hiérarchie des objets grâce à un point de séparation.** Par exemple, vous ferez référence au Classeur1.xls sous la forme :

```
Application.Workbooks("Classeur1.xls")
```

Il s'agit là du Classeur1 de la collection Workbooks. Cette dernière est contenue dans l'objet Application, c'est-à-dire Excel. À un autre niveau, vous ferez référence à Feuil1, dans le Classeur1, sous la forme :

```
Application.Workbooks("Classeur1.xls").Worksheets("Feuil1")
```

Comme le montre l'exemple suivant, vous pouvez étendre l'instruction à un autre niveau encore et spécifier une cellule, A1 en l'occurrence :

```
Application.Workbooks("Classeur1.xls").Worksheets("Feuil1")
.Range("A1")
```

- **Si vous omettez une référence spécifique, Excel utilise les objets *actifs*.** Si Classeur1.xls est le classeur actif, la référence précédente peut être réduite à :

```
Worksheets("Feuil1").Range("A1")
```

Si vous savez que Feuil1 est la feuille de calcul active, la référence peut être encore plus simple :

```
Range("A1")
```

- **Les objets ont des propriétés.** Les propriétés sont en quelque sorte les *paramètres* d'un objet. Par exemple, un objet Range a des propriétés comme Value (valeur) et Address (adresse). Un objet Chart a des propriétés comme HasTitle (possède un titre) et Type. Vous pouvez recourir au VBA pour déterminer les propriétés d'un objet ou les modifier.
- **Il est fait référence aux propriétés d'un objet en combinant le nom de l'objet avec le nom de la propriété, séparés par un point.** Par exemple, il sera fait référence à la valeur contenue dans la cellule A1 de la Feuil1 sous cette forme :

```
Worksheets("Feuil1").Range("A1").Value
```

- **Des valeurs peuvent être affectées aux variables.** Une *variable* est un nom qui contient des données. Les variables du VBA sont capables de stocker des valeurs, du texte ou les paramètres d'une propriété. Pour affecter la valeur de la cellule A1 de Feuil1 à la variable *Intérêt*, vous utiliserez l'instruction VBA suivante :

```
Intérêt = Worksheets("Feuil1").Range("A1").Value
```

- **Les objets ont des méthodes.** Une *méthode* est une action qu'Excel exécute avec un objet. Par exemple, l'une des méthodes de l'objet Range est ClearContents (effacer le contenu). Elle efface toutes les cellules d'une plage.
- **Une méthode est spécifiée en combinant l'objet et la méthode, séparés par un point.** Par exemple, l'instruction suivante vide la cellule A1 de son contenu :

```
Worksheets("Feuil1").Range("A1").ClearContents
```

- **Le VBA comprend toutes les constructions des langages de programmation modernes, y compris les tableaux et les boucles.**

Incroyable mais vrai, la liste qui précède fait le tour du langage VBA. Le reste n'est plus que des points de détail qui seront étudiés dans ce livre.

Les versions d'Excel

Pour développer des macros, il est préférable de connaître l'historique d'Excel. Un cours d'histoire ne vous passionne peut-être pas, mais c'est important.

Voici la liste des principales versions d'Excel qui se sont succédé ces dernières années, avec un petit mot sur la manière dont elles gèrent les macros :

- **Excel 2 :** apparue en 1987, la première version d'Excel pour le PC s'appelait Excel 2 – et non Excel 1 – afin que la numérotation corresponde à la version Macintosh. Comme plus personne ne l'utilise, vous pouvez ignorer son existence.
- **Excel 3 :** sortie en 1990, cette version était dotée du langage de macro XLM. Quelques joyeux drilles vivant hors du temps utilisent encore cette version.
- **Excel 4 :** cette version datant de 1992 utilisait aussi le langage de macros XLM. Quelques rares personnes – qui adhèrent au principe du "tant que ça marche, il n'y a pas de raison de changer" – s'en servent encore.
- **Excel 5 :** cette version, apparue au début de l'année 1995, fut la première à utiliser le langage VBA, tout en supportant le XLM. Beaucoup d'utilisateurs, réticents à l'idée de passer à Windows 95, restèrent fidèles à cette version.

- **Excel 95 :** appelée aussi Excel 7 (il n'y eut pas de version 6), elle apparut durant l'été 1995. C'était une version 32 bits qui exigeait Windows 95 ou Windows NT. Elle bénéficiait de quelques améliorations au niveau du VBA et supportait le langage XLM. Le format de fichier d'Excel 95 était identique à celui d'Excel 5.

- **Excel 97 :** cette version – connue aussi sous le nom d'Excel 8 – naquit en janvier 1997. Elle tournait sous Windows 95 ou Windows NT et bénéficiait d'un grand nombre d'améliorations, notamment une toute nouvelle interface pour la programmation des macros VBA. Excel 97 se caractérisait aussi par un nouveau format de fichier non reconnu par les versions précédentes.

- **Excel 2000 :** appelée aussi Excel 9, cette version apparut en 1999 (remarquez les trois zéros de la version, les trois neuf de la date, et celui de la version, un rêve de numérologue...). Des améliorations furent apportées à l'interface utilisateur – notamment pour le travail en réseau –, mais au niveau de la programmation, elles furent mineures.

- **Excel 2002 :** cette version, également nommée Excel 10 ou Excel XP, vit le jour fin 2001. Sa principale innovation fut sans doute la possibilité de récupérer le travail en cours en cas de plantage d'Excel. Ce fut aussi la première version protégée contre la copie illicite par un système d'activation.

- **Excel 2003 :** c'est la version 11 d'Excel, utilisée pour écrire ce livre. De toutes les mises à jour que j'ai connues, Excel 2003 est sans doute la plus modeste. Autant dire que les inconditionnels d'Excel furent terriblement déçus.

Chapitre 2

Dans le vif du sujet

Dans ce chapitre :

- Développer une macro VBA utile : un exemple pratique.
- Enregistrer des actions avec l'enregistreur de macros d'Excel.
- Examiner et tester le code enregistré.
- Modifier une macro enregistrée.

Je ne suis pas un très bon nageur, mais je me suis laissé dire que le meilleur moyen d'aller dans de l'eau froide, c'était de plonger dedans. Il ne sert à rien d'éterniser cette sorte d'agonie (NdT : étant donné le risque d'hydrocution, elle sera en effet très brève). En parcourant ce chapitre, vous vous mouillerez les pieds sans en avoir par-dessus la tête. Arrivé à la fin, la programmation devrait vous sembler moins rébarbative. Ce chapitre propose une démonstration, étape par étape, du développement d'une macro simple mais utile.

Ce que vous ferez

Dans cet exemple, vous créerez une macro Excel qui convertit les formules sélectionnées en leurs valeurs courantes. Vous pourriez bien sûr le faire sans recourir à une macro, mais la procédure s'effectuerait en plusieurs étapes.

Pour convertir des formules en valeurs, vous procédez généralement ainsi :

1. **Sélection de la plage contenant les formules à convertir.**
2. **Copie de la plage dans le Presse-papiers.**
3. **Édition/Collage spécial.**

4. **Choix de l'option Valeurs, dans la boîte de dialogue Collage spécial (voir Figure 2.1).**

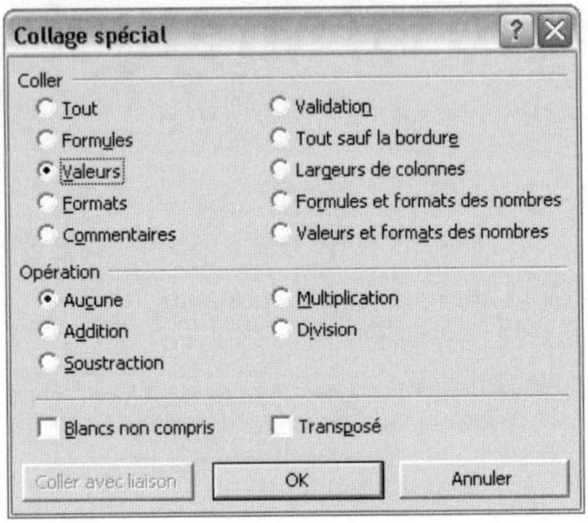

Figure 2.1 : Utilisez l'option Valeurs, dans la boîte de dialogue Collage spécial, pour copier des formules sous forme de valeurs.

5. **Clic sur OK.**
6. **Pression sur la touche Échap.**

Votre premier pas

Cette section décrit les préparatifs qui précèdent l'enregistrement de la macro. En d'autres termes, voici ce que vous devez faire avant de passer aux actes :

1. **Démarrez Excel si ce n'est déjà fait.**
2. **Ouvrez un nouveau classeur.**
3. **Entrez quelques valeurs et formules dans la feuille de calcul.**

   Peu importe ce que vous entrerez. Il s'agit simplement de fournir à Excel de quoi travailler.

La Figure 2.2 montre la feuille de calcul à ce point. Les données ont été créées à l'aide de la fonction ALEA, qui génère des chiffres aléatoires. Les cellules A3:D10 contiennent la formule suivante :

```
=ALEA()*$A$1
```

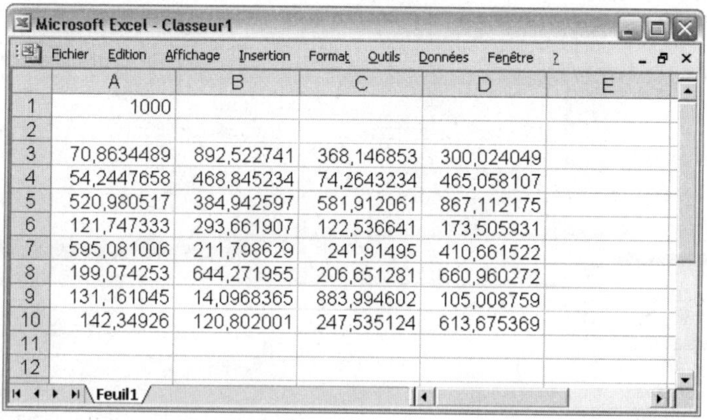

	A	B	C	D	E
1	1000				
2					
3	70,8634489	892,522741	368,146853	300,024049	
4	54,2447658	468,845234	74,2643234	465,058107	
5	520,980517	384,942597	581,912061	867,112175	
6	121,747333	293,661907	122,536641	173,505931	
7	595,081006	211,798629	241,91495	410,661522	
8	199,074253	644,271955	206,651281	660,960272	
9	131,161045	14,0968365	883,994602	105,008759	
10	142,34926	120,802001	247,535124	613,675369	
11					
12					

Figure 2.2 : La valeur et les formules utilisées pour l'exemple.

Enregistrer la macro

Nous arrivons à la partie pratique. Exécutez scrupuleusement ces instructions :

1. **Sélectionnez la plage de cellules contenant les formules.**

   La sélection peut inclure des valeurs et des formules. Pour ma part, j'ai sélectionné la plage A1:D10.

2. **Choisissez Outils/Macro/Nouvelle macro.**

   La boîte de dialogue Enregistrer une macro apparaît (Figure 2.3).

3. **Nommez la macro.**

   Excel propose un nom par défaut, Macro1, mais il est préférable d'en choisir un autre, plus évocateur, comme ConversionFormules ou Conversion_formules (NdT : les espaces n'étant pas acceptés, ils peuvent être remplacés par le caractère de soulignement).

4. **Pour la touche de raccourci, entrez Maj+C.**

   Cliquez dans la case Touche de raccourci. Celui que nous avons défini exigera l'appui sur les touches Ctrl+Maj+C.

5. **Cliquez sur OK.**

   La boîte de dialogue se ferme tandis qu'Excel active l'enregistreur de macros. Dès lors, Excel transcrit toutes vos actions,

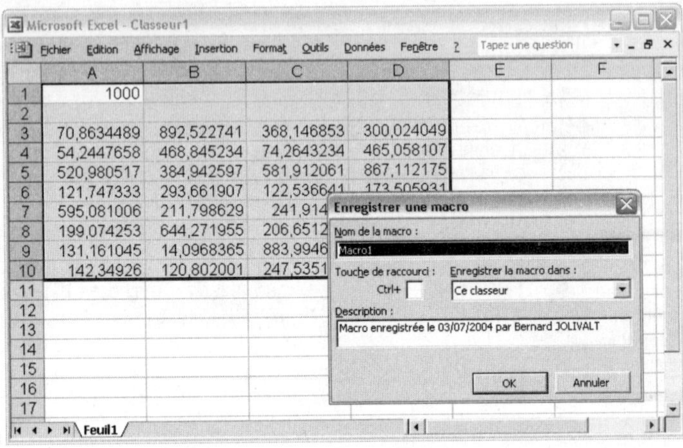

Figure 2.3 : Cette boîte de dialogue sert à enregistrer une macro.

sans exception, en code VBA. Remarquez qu'une barre d'outils à deux boutons apparaît. En bas à gauche, la barre d'état indique "Enregistrement".

6. **Choisissez Édition/Copier (ou appuyez sur Ctrl+C).**

   La plage sélectionnée est copiée dans le Presse-papiers.

7. **Choisissez Édition/Collage spécial.**

   Excel affiche la boîte de dialogue Collage spécial.

8. **Cliquez sur le bouton Valeurs.**

9. **Cliquez sur le bouton OK pour fermer la boîte de dialogue.**

10. **Appuyez sur la touche Échap pour effacer l'indicateur du mode couper/copier d'Excel.**

    La bordure animée qui entoure la sélection – indiquant que des données sont prêtes à être copiées – disparaît.

11. **Choisissez Outils/Macro/Arrêter l'enregistrement, ou cliquez sur le bouton du même nom, dans la petite barre d'outils flottant à l'écran.**

    L'enregistreur de macros est désactivé.

Bravo, vous venez de créer votre première macro Excel en VBA. Vous pouvez le hurler sur les toits afin que tout le voisinage soit au courant.

Tester la macro

Vous allez maintenant essayer cette macro et vérifier si elle fonctionne correctement. Pour cela, vous placerez quelques autres formules dans la feuille de calcul (au cours de l'enregistrement de la macro, les formules originales ont été effacées).

1. **Entrez des formules dans la feuille de calcul.**

   Là encore, n'importe quelle formule conviendra.

2. **Sélectionnez la plage contenant les formules.**

3. **Appuyez sur Ctrl+Maj+C.**

   Excel exécute la macro en un éclair : toutes les formules qui se trouvent dans la plage sélectionnée sont converties en leurs valeurs courantes.

TRUC

Un autre moyen d'exécuter une macro consiste à choisir Outils/Macro/Macros ou à appuyer sur Alt+F8. Dans les deux cas, Excel ouvre la boîte de dialogue Macro. Sélectionnez la macro dans la liste – en l'occurrence, Conversion_formules – puis cliquez sur Exécuter.

Examiner la macro

Jusqu'à présent, vous avez enregistré une macro et vous l'avez testée. Pour peu que vous ayez l'esprit curieux, vous vous demandez sans doute à quoi elle ressemble.

Excel stocke les macros enregistrées dans le classeur, mais vous ne pouvez pas visionner le contenu d'une macro dans Excel. Pour afficher une macro et la modifier, vous devez activer l'éditeur Visual Basic Editor (VBE).

Procédez comme suit pour voir le contenu de la macro :

1. **Choisissez Outils/Macro/Visual Basic Editor ou appuyez sur Alt+F11.**

   La fenêtre Microsoft Visual Basic apparaît, comme le montre la Figure 2.4. Comme elle est très personnalisable, elle peut être sensiblement différente sur votre ordinateur. La fenêtre Microsoft Visual Basic contient plusieurs fenêtres qui vous intriguent certainement. D'ici peu, elles n'auront (presque) plus de secrets pour vous.

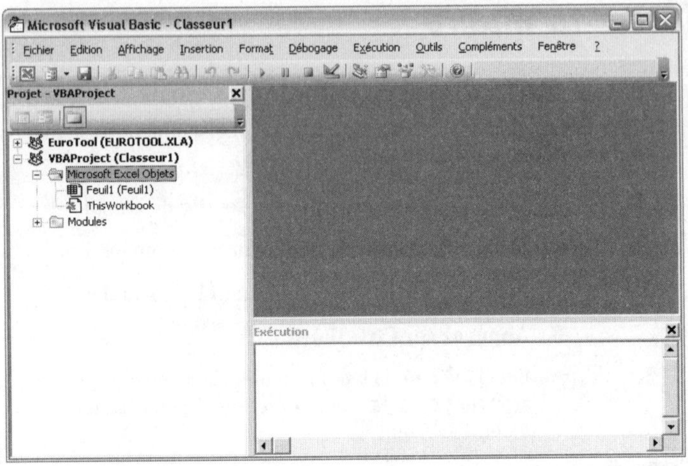

Figure 2.4 : C'est dans la fenêtre de Microsoft Visual Basic que vous affichez et modifiez le code VBA.

2. **Localisez la fenêtre nommée Projet.**

   La fenêtre Projet – appelée aussi Explorateur de projets – contient la liste de tous les classeurs actuellement ouverts. Chaque projet est organisé en *arborescence* qui peut être déployée pour afficher davantage d'informations, ou rétractée pour plus de compacité.

   TRUC

   L'éditeur VBE est constitué de plusieurs fenêtres qui peuvent être ouvertes ou fermées. Si une fenêtre n'est pas visible dans VBE, déroulez le menu Affichage et choisissez celle que vous désirez ouvrir. Par exemple, si la fenêtre Projet n'est pas ouverte, vous avez le choix entre Affichage/Explorateur de projets ou la pression sur Ctrl+R. Les autres fenêtres s'ouvrent d'une manière similaire.

3. **Sélectionnez le projet correspondant au classeur dans lequel vous avez enregistré la macro.**

   Si vous n'avez pas encore enregistré le classeur, le projet s'appelle sans doute VBAProject (Classeur1).

4. **Cliquez sur le signe plus (+), à gauche du dossier nommé Modules.**

   L'arborescence se déploie pour montrer le Module1, le seul du projet.

5. **Double-cliquez sur Module1.**

Le code VBA du module est affiché dans la fenêtre Code, comme le montre la Figure 2.5. La présentation peut être légèrement différente sur votre ordinateur.

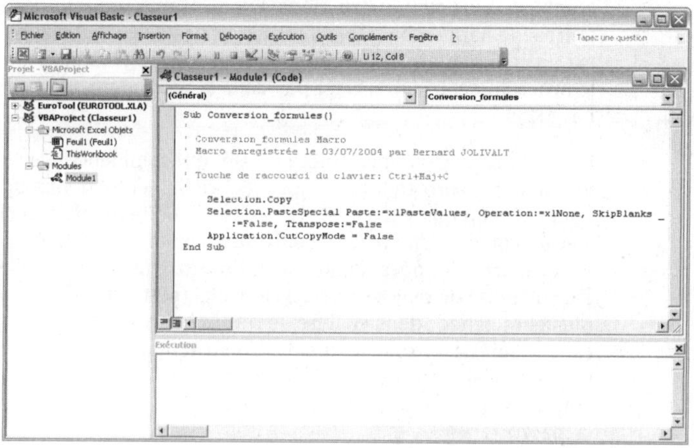

Figure 2.5 : L'éditeur VBE affiche le code VBA du Module1 du Classeur1.

Voici le code qui apparaît dans la fenêtre :

```
Sub Conversion_formules()
'
' Conversion_formules Macro
' Macro enregistrée le 03/07/2004 par Bernard JOLIVALT
'
' Touche de raccourci du clavier: Ctrl+Maj+C
'
    Selection.Copy
    Selection.PasteSpecial Paste:=xlPasteValues, _
        Operation:=xlNone, SkipBlanks:=False, _
        Transpose:=False
    Application.CutCopyMode = False
End Sub
```

Il est possible que, dans cette page, la présentation du listing soit différente de celle qui apparaît sur votre écran. Dans ce cas, c'est uniquement au niveau des retours chariot que cette différence existe ; sur cette page, les lignes ont été scindées en ajoutant un espace et un soulignement. En revanche, la programmation reste identique.

À ce point, le contenu de la macro, c'est du chinois pour vous (ou de l'amharique, ou du malayalam, ou de l'urdu, selon vos talents de polyglotte). Ne vous inquiétez pas ; dans quelques chapitres, tout sera clair.

La macro Conversion_formules (qui est en fait une *procédure Sub*), comporte plusieurs instructions. Excel les exécute les unes après les autres, de haut en bas. Une instruction précédée d'une apostrophe (') est un commentaire. Un commentaire sert uniquement à documenter le programme. Il n'intervient pas dans la programmation et est ignoré par Excel.

La véritable première instruction VBA, qui commence par le mot *Sub*, identifie la macro en tant que procédure Sub et lui donne un nom. Le nom est celui que vous aviez tapé dans la boîte de dialogue Enregistrer une macro. L'instruction suivante demande à Excel de copier les cellules sélectionnées. Celle qui suit recense les options sélectionnées dans la boîte de dialogue Collage spécial (cette instruction occupe plusieurs lignes ; dans ce livre, le retour chariot est indiqué par un espace suivi d'un soulignement). L'instruction suivante, celle comportant le CutCopyMode, annule l'affichage de l'indicateur du mode couper-copier. Enfin, la dernière instruction, End Sub, signale la fin de la macro.

Modifier la macro

Dans cette section, vous ajouterez une petite instruction à la macro qui demandera à l'utilisateur de confirmer ses intentions avant de procéder à la conversion. Ce genre de mise en garde ne met pas à l'abri des imprudents, mais c'est mieux que rien.

Vous ferez apparaître une boîte d'alerte demandant de cliquer sur un bouton Oui ou Non. Fort heureusement, il existe une instruction VBA qui s'acquitte très facilement de cette tâche.

TRUC

Le travail dans un module VBA ressemble beaucoup à du traitement de texte, la frappe au kilomètre en moins. C'est pourquoi vous devrez appuyer sur la touche Entrée à la fin de chaque ligne.

Voici comment vous introduirez la boîte d'alerte dans la macro :

1. **Dans l'éditeur VBE, activez le Module1.**
2. **Placez le pointeur au début de l'instruction** `Selection.Copy`**.**
3. **Appuyez sur Entrée afin d'insérer une nouvelle ligne puis tapez l'instruction VBA suivante :**

```
Réponse = MsgBox("Convertir les formules en valeurs ?", vbYesNo)
If Réponse <> vbYes Then Exit Sub
```

Pour aligner les nouvelles instructions avec celles déjà existantes, appuyez d'abord sur la touche Tab. Le retrait du texte est facultatif, mais il facilite considérablement la lecture de la macro. Elle ressemble à présent à celle que montre la Figure 2.6.

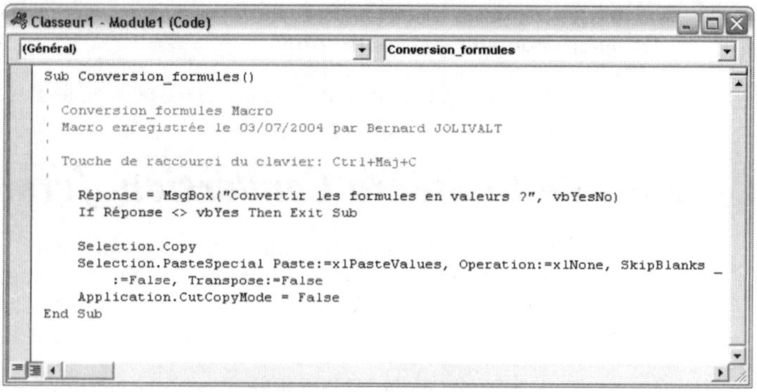

Figure 2.6 : La macro Conversion _formules après l'ajout de nouvelles instructions.

Ces nouvelles instructions obligent Excel à afficher une boîte de message avec deux boutons Oui et Non. Le clic de l'utilisateur est stocké dans une variable nommée Réponse. Si Réponse n'est pas égal à Oui, Excel quitte la sous-routine sans rien faire (<> est un opérateur d'inégalité). La Figure 2.7 montre la boîte de message ainsi produite.

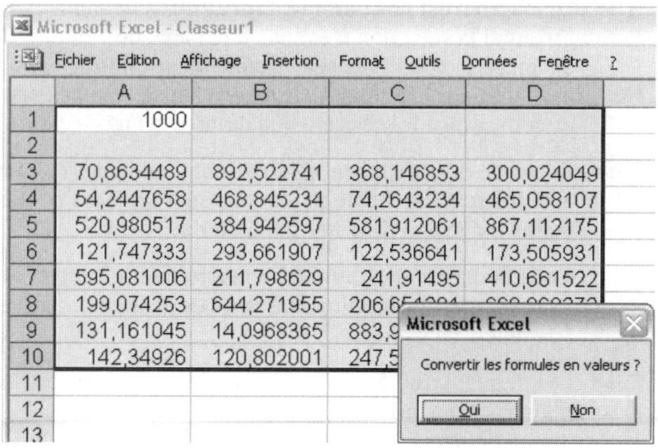

Figure 2.7 : La macro affiche cette boîte de message.

Activez une feuille de calcul puis vérifiez le fonctionnement de la macro révisée. Là encore, pour tester la macro, vous devrez créer quelques formules.

Tout comme vous aviez appuyé sur Alt+F11 pour accéder à l'éditeur VBE, presser Alt+F11 vous ramène dans Excel.

Vous constaterez que cliquer sur le bouton Non annule la macro, laissant les formules intactes, car Excel exécute aussitôt la partie *Exit Sub* (quitter Sub) de l'instruction. En revanche, si vous cliquez sur Oui, la macro poursuit son cours normal.

Si vous estimez cette macro utile, enregistrez-la avec le classeur.

À propos de la macro Conversion_formules

Arrivé à la fin de ce livre, vous comprendrez parfaitement le fonctionnement de la macro Conversion_formules et vous serez capable d'en développer d'autres, encore plus sophistiquées. En attendant, je vous livre quelques remarques complémentaires concernant cette macro :

- Pour que cette macro fonctionne, son classeur doit être ouvert. S'il est fermé, elle ne fonctionnera pas (le raccourci clavier Ctrl+Maj+C ne produira rien).
- Tant que le classeur contenant la macro est ouvert, cette macro peut être exécutée dans n'importe quel classeur actif. Autrement dit, il n'est pas nécessaire que le classeur qui héberge la macro soit actif.
- La macro n'est pas parfaite. Entre autres défauts, elle génère une erreur si la sélection n'est pas une plage de cellules. Par exemple, si vous avez sélectionné un graphique et que vous appuyiez sur Ctrl+Maj+C, la macro fait sa tête des mauvais jours et vous inflige le message que montre la Figure 2.8.
- Avant de démarrer l'enregistrement d'une macro, vous lui affectez une touche de raccourci. Ce n'est là qu'un des nombreux moyens d'exécuter une macro.
- Vous pourriez programmer la macro manuellement au lieu de l'enregistrer. Mais pour cela, vous devez bien maîtriser le VBA (patience, ça viendra…)
- Les deux instructions ajoutées après coup sont des exemples d'instructions non enregistrables. Vous ne pouvez les saisir que manuellement.

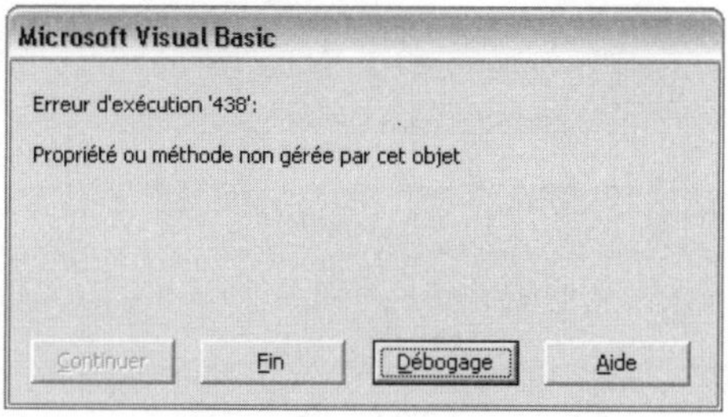

Figure 2.8 : Un message d'erreur de VBA signale que quelque chose ne va pas.

- Vos macros doivent être stockées dans votre Classeur de macros personnelles. En procédant ainsi, les macros sont disponibles chaque fois que vous démarrez Excel. Reportez-vous au Chapitre 6 pour en savoir plus sur votre Classeur de macros personnelles.
- Le classeur peut aussi être converti en fichier de macro complémentaire.

Vous voilà initié au monde mystérieux de la programmation Excel. J'espère que ce chapitre vous aura aidé à comprendre qu'elle est à votre portée.

Deuxième partie

Comment le VBA travaille avec Excel

"Il paraît que ce sont les ingénieurs qui travaillent sur le gros ordinateur qui ont fait le gâteau de cette année."

Dans cette partie...

Les quatre prochains chapitres fournissent toutes les bases indispensables pour connaître les tenants et les aboutissants du langage VBA. Vous en apprendrez plus sur les modules – les feuilles qui stockent votre code VBA – et vous découvrirez les modèles objets d'Excel (des notions à ne pas manquer). Vous saurez aussi faire la différence entre des sous-routines et des fonctions, avec en prime une petite prise en main de l'enregistreur de macros d'Excel.

Chapitre 3
Visual Basic Editor

Dans ce chapitre :

- Comprendre Visual Basic Editor.
- Découvrir les éléments de Visual Basic Editor.
- Savoir ce que contient un module VBA.
- Les trois moyens d'introduire du code VBA dans un module.

En tant qu'utilisateur chevronné d'Excel, vous en savez long sur les classeurs, les formules, les graphiques et autres joyeusetés de ce tableur. Le moment est à présent venu d'élargir vos horizons et de découvrir un aspect tout nouveau d'Excel : Visual Basic Editor, VBE pour les intimes. Dans ce chapitre, vous apprendrez à travailler avec l'éditeur VBE et à écrire du code VBA pur et dur.

À la découverte de Visual Basic Editor

Visual Basic Editor est une application distincte dans laquelle vous écrivez et modifiez les macros en Visual Basic. Il fonctionne dans Excel, ou plus exactement, c'est à partir d'Excel que vous y accédez.

VBE ne peut pas être démarré séparément d'Excel. Vous ne pouvez y accéder qu'à partir d'Excel (même si aucun classeur n'est ouvert).

Activer VBE

Le moyen le plus rapide d'activer VBE consiste à appuyer sur Alt+F11, à partir d'Excel. Appuyez de nouveau sur Alt+F11 pour revenir dans Excel.

L'éditeur VBE peut aussi être activé à partir des menus d'Excel, en choisissant Outils/Macro/Visual Basic Editor.

Les composants de VBE

TRUC

La Figure 3.1 montre la fenêtre du programme VBE et quelques-uns de ses composants. Comme il se passe beaucoup de choses dans cette fenêtre, agrandissez-la au maximum.

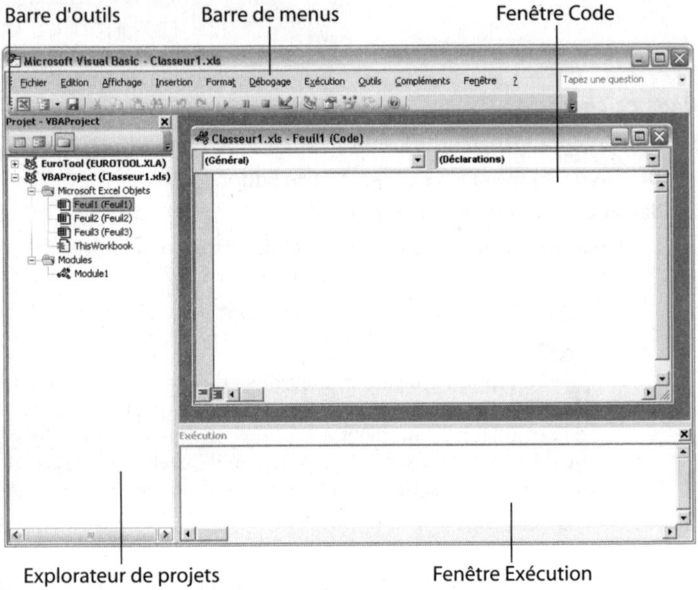

Figure 3.1 : La fenêtre VBE est personnalisable.

Il est fort probable que la fenêtre de votre éditeur VBE diffère quelque peu de celle de la Figure 3.1, car elle est hautement personnalisable. Les composants peuvent en effet être masqués, redimensionnés, ancrés, redisposés, etc.

En vérité, l'éditeur VBE possède bien plus de composants que ceux visibles dans la Figure 3.1. Nous les découvrirons au Chapitre 13 et dans la quatrième partie.

La barre de menus

La barre de menus de l'éditeur VBE contient les commandes qui permettent d'effectuer diverses actions dans les différentes parties du programme. Bon nombre de ces commandes ont des raccourcis clavier.

TRUC

L'éditeur VBE ne manque pas de raccourcis clavier. Vous les découvrirez comme d'habitude à droite des commandes.

La barre d'outils

La barre d'outils Standard, située par défaut juste sous la barre de menus (voir Figure 3.1), est l'une des quatre barres d'outils de VBE. Elles fonctionnent toutes sur le même principe que celles d'Excel et peuvent par conséquent être personnalisées, déplacées ou masquées. Vous les trouverez dans le menu Affichage/Barres d'outils.

La fenêtre Explorateur de projets

La fenêtre Explorateur de projets affiche l'arborescence de tous les classeurs actuellement ouverts dans Excel, y compris les macros complémentaires et les classeurs masqués. Nous étudierons cette fenêtre plus en détail dans la section "Travailler avec l'Explorateur de projets", plus loin dans ce chapitre.

Si la fenêtre de l'Explorateur de projets n'est pas visible, appuyez sur Ctrl+R ou choisissez Affichage/Explorateur de projets. Pour la fermer, cliquez sur son bouton Fermer, dans la barre de titre, ou cliquez du bouton droit n'importe où dans la fenêtre et, dans le menu contextuel, choisissez Masquer.

La fenêtre Code

La fenêtre Code – parfois appelée "fenêtre Module" – contient le code VBA. Une telle fenêtre est associée à chaque objet d'un projet. Pour voir la fenêtre de code d'un objet, double-cliquez sur cet objet (Feuil1, par exemple) dans la fenêtre Explorateur de projets. Si un objet n'a pas reçu de code VBA, sa fenêtre Code est vide.

Vous en apprendrez davantage dans la section "Travailler dans la fenêtre Code", plus loin dans ce chapitre.

La fenêtre Exécution

La fenêtre Exécution est ou n'est pas visible. Si vous ne la voyez pas, appuyez sur Ctrl+G ou choisissez Affichage/Fenêtre Exécution. Pour la fermer, cliquez sur son bouton Fermer, dans la barre de titre, ou cliquez du bouton droit n'importe où dans la fenêtre et, dans le menu contextuel, choisissez Masquer.

La fenêtre Exécution sert à exécuter directement des instructions VBA, notamment pour déboguer du code. Si vous débutez en VBA, elle ne vous sera pas très utile. Masquez-la pour gagner de la place.

Travailler avec l'Explorateur de projets

Dans l'éditeur VBE, chaque classeur et macro complémentaire que vous ouvrez est un projet. Un *projet* est en quelque sorte un ensemble d'objets disposés rationnellement. Un projet peut être déployé en cliquant sur le signe plus (+) à gauche de son nom, dans la fenêtre Explorateur de projets. Cliquez sur le signe moins (-) rétracte le projet. Dans la Figure 3.2, trois projets sont visibles.

Figure 3.2 : Trois projets sont visibles dans la fenêtre de l'Explorateur : Classeur1, Rentabilité.xls et Simulations.xls.

Lorsqu'il est déployé, un projet révèle au moins un *nœud* appelé Microsoft Excel Objets. Ce nœud peut lui aussi être déployé pour afficher chacune des feuilles de calcul du classeur – chaque feuille est considérée comme un objet – et également un autre objet appelé ThisWorkbook (cette feuille de calcul). Si un objet a reçu des modules VBA, l'arborescence du projet les montre aussi. Comme vous le découvrirez dans la quatrième partie, un projet peut aussi contenir un nœud appelé Forms qui contient des objets UserForm (forme utilisateur), également appelés *boîtes de dialogue personnalisées*.

Ajouter un nouveau module VBA

Procédez comme suit pour ajouter un nouveau module VBA à un projet :

1. **Sélectionnez le nom du projet dans la fenêtre Explorateur de projets.**
2. **Choisissez Insertion/Module.**

ou

1. **Cliquez du bouton droit sur le nom du projet.**
2. **Dans le menu contextuel, choisissez Insertion/Module.**

Quand vous enregistrez une macro, Excel insère automatiquement un module VBA contenant le code de l'enregistrement.

Supprimer un module VBA

Vous devez retirer un module VBA d'un projet ?

1. **Sélectionnez le nom du projet dans la fenêtre Explorateur de projets.**
2. **Choisissez Fichier/Supprimer xxx, où xxx est le nom du module.**

Vous pouvez supprimer des modules VBA, mais d'aucune manière les autres modules de code, notamment des objets Feuil ou ThisWorkbook.

Exporter ou importer des objets

Procédez comme suit pour exporter un objet :

1. **Sélectionnez un objet dans la fenêtre Explorateur de projets.**
2. **Choisissez Fichier/Exporter un fichier ou appuyez sur Ctrl+E.**

   Une boîte de dialogue vous invite à nommer le fichier. Notez que l'objet reste présent dans le projet ; seule une copie est exportée.

L'importation d'un fichier dans un projet s'effectue ainsi :

1. **Sélectionnez le nom d'un projet dans la fenêtre Explorateur de projets.**
2. **Choisissez Fichier/Importer un fichier ou appuyez sur Ctrl+M.**

Travailler dans la fenêtre Code

Quand vous connaîtrez mieux le VBA, vous travaillerez beaucoup dans la fenêtre Code. Les macros que vous enregistrez sont stockées dans des modules, mais vous pouvez aussi écrire directement dans un module VBA. Juste pour que les choses soient claires, sachez qu'un module VBA contient votre code VBA, et que le contenu d'un module VBA est affiché dans la fenêtre Code.

Agrandir et réduire les fenêtres

Si plusieurs projets sont ouverts, l'éditeur VBE peut être encombré de fenêtres Code, comme l'illustre la Figure 3.3.

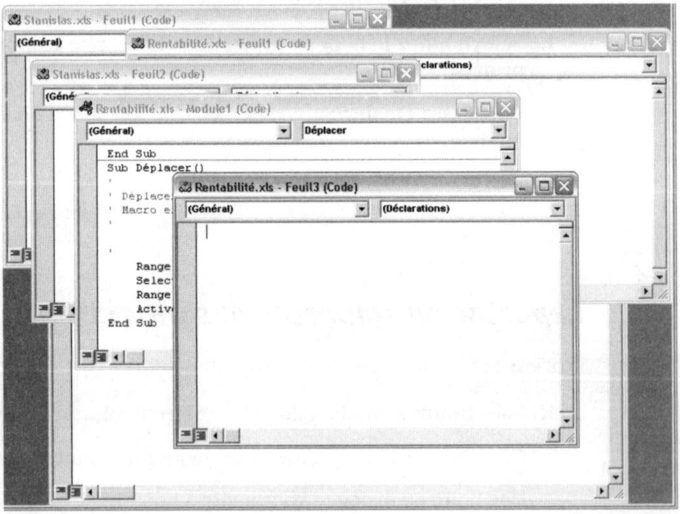

Figure 3.3 : Une accumulation de fenêtres Code n'est pas souhaitable.

À l'instar des feuilles de calcul Excel, les fenêtres Code peuvent être agrandies, réduites, masquées, redisposées, etc. La plupart des gens préfèrent les agrandir et bénéficier ainsi d'une surface de travail plus confortable.

Pour agrandir une fenêtre Code, cliquez sur le bouton Agrandir de sa barre de titre (ou plus simplement, double-cliquez dans la barre de titre). Pour ramener la fenêtre à ses dimensions d'origine, cliquez sur le bouton Niveau inférieur.

Vous voudrez parfois voir simultanément plusieurs fenêtres Code afin de comparer leur contenu ou de procéder à un copier-coller. Les fenêtres peuvent être disposées manuellement ou avec la commande Fenêtre/Mosaïque horizontale ou Fenêtre/Mosaïque verticale.

TRUC

Réduire une fenêtre Code l'ôte de la vue. Mais si vous cliquez sur le bouton Fermer, vous la quittez complètement. Pour la rouvrir, double-cliquez sur l'objet approprié, dans la fenêtre de l'Explorateur de projets.

Créer un module

De manière générale, un module VBA peut contenir trois types de code :

- **Des procédures Sub :** ce sont des ensembles d'instructions qui exécutent des actions.
- **Des procédures Function :** ce sont des ensembles d'instructions qui retournent une seule valeur (le principe est celui d'une fonction d'Excel comme SOMME).
- **Des déclarations :** ce sont une ou plusieurs instructions fournies à VBA à titre informatif. Par exemple, vous déclarerez le type des variables que vous comptez utiliser, ou définirez les paramètres d'un module.

Introduire du code VBA dans un module

Un module VBA est comme les mets factices que l'on voit parfois dans la vitrine de certains restaurants chinois : c'est appétissant mais pas nourrissant. Pour que la fenêtre Code soit opérationnelle, vous devez introduire du code VBA dans le module VBA. Vous avez le choix entre trois possibilités :

- Taper le code directement dans la fenêtre.
- Utiliser l'enregistreur de macros d'Excel pour enregistrer vos actions et les convertir en code VBA (nous y reviendrons au Chapitre 6).
- Copier le code d'un module et le coller dans un autre.

Entrer du code directement

La route la plus directe est parfois la meilleure. Entrer du code directement, c'est le taper dans le module en pianotant de vos doigts agiles sur le clavier. Le code ainsi saisi peut être sélectionné, copié, coupé, collé, etc.

Appuyez sur la touche Tab pour mettre les lignes en retrait et améliorer ainsi la lisibilité du code. Ce n'est pas une obligation mais c'est toutefois une excellente discipline. Vous comprendrez l'intérêt de cette présentation lorsque vous déchiffrerez les programmes proposés dans ce livre.

Une ligne de code VBA – appelée aussi *instruction* – peut être aussi longue que vous le désirez. En revanche, pour la faire revenir à la ligne, vous devrez utiliser le caractère de continuation, c'est-à-dire un espace suivi d'un soulignement (_). Voici un exemple d'instruction répartie sur trois lignes :

```
Selection.Sort Key1:=Range("A1"), _
    Ordre:=xlAscending, Header:=xlGuess, _
    Orientation:=xlTopToBottom
```

Cette instruction est exécutée comme si elle avait été saisie sur une seule ligne, sans les caractères de continuation. Remarquez le retrait de la deuxième et de la troisième ligne, qui met en évidence le fait qu'il s'agit d'une seule et même instruction, et non de trois instructions distinctes.

Un module VBA possède de multiples niveaux d'annulation et de rétablissement. Vous pouvez donc récupérer une instruction qui n'aurait pas dû être modifiée ou supprimée en cliquant, dans la barre d'outils, autant de fois que nécessaire sur le bouton Annuler pour revenir à une situation saine. Le bouton Répéter sert à rétablir une annulation. L'utilisation de ces fonctions d'annulation et de rétablissement est plus difficile à décrire qu'à utiliser. Vous comprendrez leur fonctionnement à l'usage.

Prêt à taper du code ? Eh bien ! Allons-y :

1. **Créez un nouveau classeur dans Excel.**
2. **Appuyez sur Alt+F11 pour activer l'éditeur VBE.**
3. **Dans la fenêtre de l'Explorateur de projets, cliquez sur le nom du nouveau classeur.**

4. **Choisissez Insertion/Module afin de placer un module VBA dans le projet.**
5. **Tapez le code que voici dans le module :**

```
Sub DevineMonNom()
    Msg = "Votre nom est-il " & Application.UserName & "?"
    Ans = MsgBox(Msg, vbYesNo)
    If Ans = vbNo Then MsgBox "Oups, autant pour moi."
    If Ans = vbYes Then MsgBox "Je suis devin (de Bordeaux)"
End Sub
```

6. **Assurez-vous que le curseur se trouve quelque part dans le texte que vous venez de taper.**
7. **Appuyez sur F5 pour exécuter la procédure.**

   La touche F5 est le raccourci de la commande Exécution/Exécuter Sub-UserForm. Si le code a été entré sans erreur, Excel exécute la procédure. Vous pourrez alors répondre à la question affichée dans la boîte de dialogue de la Figure 3.4.

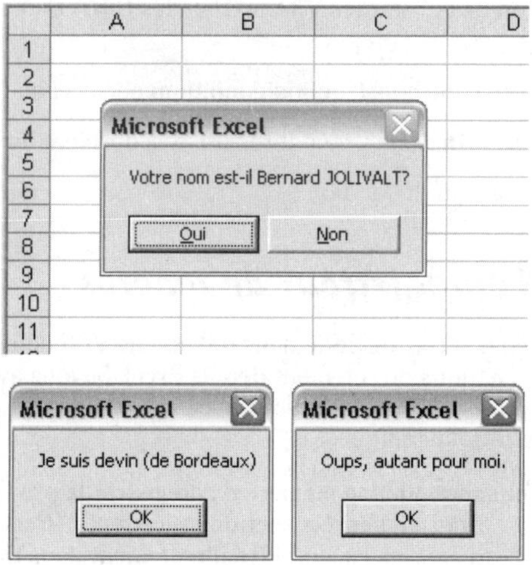

Figure 3.4 : La procédure DevineMonNom affiche cette boîte de dialogue (en haut). En bas, le résultat de chacune des réponses.

En entrant le code listé à l'Étape 5, vous aurez remarqué que l'éditeur VBE a procédé à quelques menues interventions. Par exemple, après avoir tapé l'instruction Sub, il a automatiquement inséré l'instruction End Sub. Et si vous avez oublié l'espace avant ou après le signe d'égalité, il l'aura fait à votre place. De plus, l'éditeur VBE modifie la casse et la couleur de certains textes. Rien de plus normal, c'est pour que votre prose soit toujours claire, nette et lisible.

Si vous avez effectué les sept étapes proposées, vous avez écrit une procédure VBA de type Sub, aussi appelée *macro*. Quand vous appuyez sur F5, Excel exécute le code et suit les instructions. Autrement dit, il évalue chaque instruction et fait ce qu'elles lui ordonnent de faire (que ce pouvoir nouveau sur la machine ne vous monte pas à la tête ni ne gonfle vos chevilles). Cette macro peut être exécutée de nombreuses fois. Mais à vrai dire, on s'en lasse assez vite.

Cette macro élémentaire se fonde sur les principes suivants, sur lesquels nous reviendrons plus loin dans ce livre :

- Définition d'une procédure Sub (à la première ligne).
- Affectation de valeurs aux variables (Msg et Ans).
- *Concaténation* (mise bout à bout) de chaînes de caractères (avec l'opérateur &).
- Utilisation d'une fonction VBA prédéfinie (MsgBox).
- Utilisation de constantes VBA prédéfinies (vbYesNo, vbNo et vbYes).
- Utilisation d'une construction conditionnelle If-Then (deux fois).
- Achèvement par une procédure Sub (à la dernière ligne).

C'est pas mal pour un début, non ?

Utiliser l'enregistreur de macros

Un autre moyen d'entrer du code dans un module VBA consiste à enregistrer vos actions directement depuis Excel. Si vous avez effectué l'exercice proposé au Chapitre 2, vous avez sans doute une petite expérience de cette technique.

Il n'existe absolument aucune manière d'enregistrer la procédure DevineMonNom programmée à la section précédente. Vous ne pouvez enregistrer que les actions exécutables directement dans Excel. Or, l'affichage d'un message dans une boîte de dialogue ne figure pas dans les commandes du tableur (c'est du VBA pur jus). L'enregistreur de macros est certes utile mais, dans de nombreux cas, vous devrez ajouter du code manuellement.

Voici un exemple d'enregistrement, étape par étape, d'une macro qui désactive l'affichage du quadrillage d'une feuille de calcul. Pour effectuer cet exercice, commencez par ouvrir un nouveau classeur vide et procédez comme suit :

1. **Activez une feuille de calcul du classeur.**

   N'importe laquelle fera l'affaire.

2. **Choisissez Outils/Macro/Nouvelle macro.**

   Excel affiche la boîte de dialogue Enregistrer une macro.

3. **Cliquez sur OK pour accepter les paramètres par défaut.**

   Excel insère automatiquement un nouveau module dans le projet correspondant au classeur actif. Dès lors, Excel convertit toutes vos actions en code VBA. Au cours de l'enregistrement, Excel affiche le mot *Enregistrement* dans la barre d'état. Il affiche aussi une petite barre d'outils comportant deux boutons : Arrêter l'enregistrement et Référence relative.

4. **Choisissez Outils/Options.**

   Excel affiche la boîte de dialogue Options.

5. **Cliquez sur l'onglet Affichage.**

6. **Décochez la case Quadrillage.**

   Si la feuille de calcul que vous utilisez n'est pas quadrillée, cochez la case Quadrillage.

7. **Cliquez sur OK pour fermer la boîte de dialogue.**

8. **Dans la petite barre d'outils, cliquez sur le bouton Arrêter l'enregistrement.**

   Excel cesse d'enregistrer vos actions.

Vos actions ont généré le code suivant :

```
Sub Macro1()
'
' Macro1 Macro
' Macro enregistrée le 04/07/2004 par Bernard JOLIVALT
'


'
    ActiveWindow.DisplayGridlines = False
End Sub
```

Essayez à présent cette macro :

1. **Activez une feuille de calcul dont le quadrillage est visible.**
2. **Choisissez Outils/Macro/Macros.**

   Ou alors, appuyez sur Alt+F8. Excel affiche une boîte de dialogue contenant toutes les macros disponibles.

3. **Sélectionnez Macro1.**
4. **Cliquez sur le bouton Exécuter.**

   Excel exécute la macro ; le quadrillage disparaît comme par magie. On ne peut pas dire que ce soit à se tordre de rire, mais ça vous donne une minuscule idée de ce que l'on peut faire avec des macros.

Bien entendu, il est possible d'exécuter autant d'actions que l'on veut pendant que l'enregistreur de macros fait sa besogne. Excel transcrira fidèlement toutes vos actions à la souris et au clavier en code VBA. C'est un peu comme un enregistrement audio, sauf qu'Excel n'arrive jamais au bout de la bande.

La macro qui précède n'est pas très pratique. Pour la rendre plus utile, activez le module et modifiez l'instruction comme suit :

```
ActiveWindow.DisplayGridlines = _
    Not ActiveWindow.DisplayGridlines
```

Grâce à cette modification, la macro devient une *bascule* : si un quadrillage est affiché, la macro le désactive. Mais si la feuille de calcul n'est pas quadrillée, la macro active le quadrillage. Oups… J'anticipe, mais je ne pouvais m'empêcher de livrer cette amélioration.

Copier du code VBA

La dernière technique d'introduction de code dans un module VBA consiste à le recopier à partir d'un autre module. Par exemple, une procédure Sub ou Function que vous auriez écrite pour un projet peut fort bien convenir à un autre projet. Au lieu de perdre du temps à ressaisir le code, il est plus efficace d'activer le module et de procéder à un classique copier-coller, via le Presse-papiers. Après avoir collé le code, modifiez-le au besoin.

Personnaliser l'environnement VBA

Si vous êtes vraiment motivé par la programmation Excel, vous passerez beaucoup de temps dans la fenêtre Code des modules. Pour rendre le travail plus confortable – inutile de chercher vos charentaises – l'éditeur VBE dispose de quelques options de personnalisation.

L'éditeur VBE actif, choisissez Outils/Options. La boîte de dialogue qui apparaît contient quatre onglets : Éditeur, Format de l'éditeur, Général et Ancrage. Dans les sections qui suivent, nous examinerons les options les plus utiles.

L'onglet Éditeur

La Figure 3.5 montre les divers paramètres de l'onglet Éditeur de la boîte de dialogue Options. Ils contrôlent le fonctionnement de divers aspects de l'éditeur VBE.

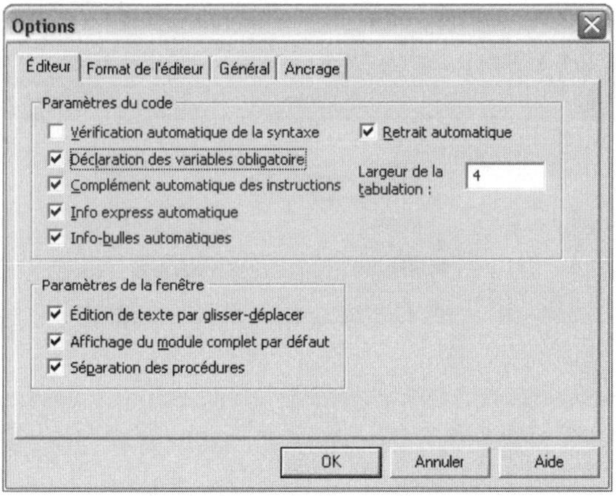

Figure 3.5 : L'onglet Éditeur de la boîte de dialogue Options.

Vérification automatique de la syntaxe

Je désactive généralement cette option car je trouve les boîtes de dialogue envahissantes ; je n'ai généralement pas besoin d'elles pour découvrir ce qui ne va pas. Mais avant d'être un vieux routard du VBA, cette assistance m'était très utile.

Déclaration des variables obligatoire

Quand l'option Déclaration des variables obligatoire est active, l'éditeur VBE insère l'instruction suivante au début de chaque nouveau module que vous créez :

```
Option Explicit
```

La modification de cette option n'affecte que les nouveaux modules et pas ceux déjà existants. Si elle apparaît dans votre module, vous devez explicitement définir chaque variable que vous utilisez. Vous découvrirez au Chapitre 7 pourquoi il est recommandé de développer cette habitude.

Complément automatique des instructions

J'apprécie cette option que je laisse active en permanence. La Figure 3.6 montre un exemple à l'intention de ceux qui débutent dans l'écriture du VBA.

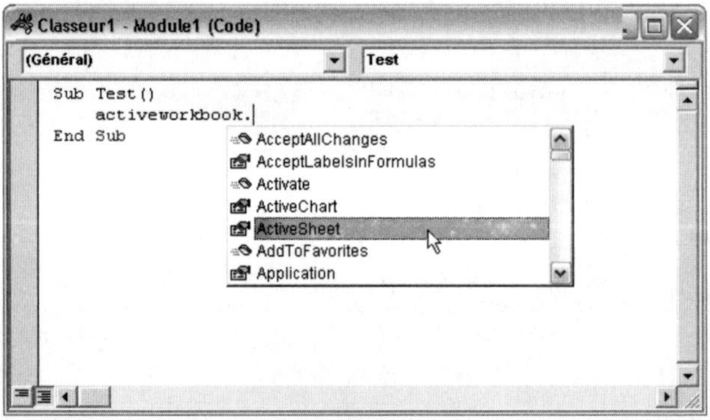

Figure 3.6 : Un exemple de complément automatique d'une instruction.

Info express automatique

L'option Info express automatique affiche une aide concernant les fonctions et les arguments que vous tapez, qui peut s'avérer fort utile comme le montre la Figure 3.7.

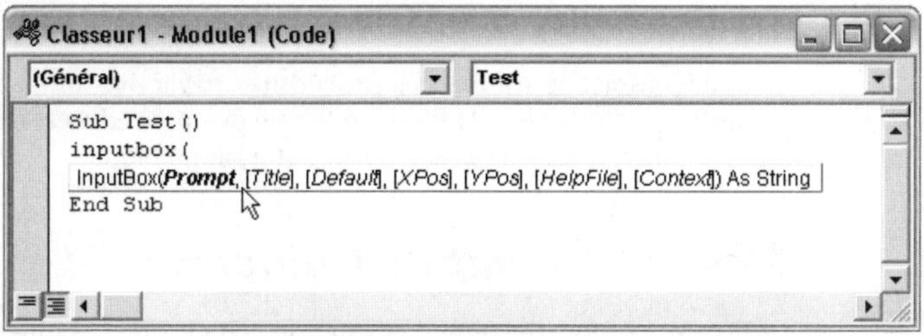

Figure 3.7 : L'Info express automatique fournit la syntaxe d'une fonction.

Info-bulles automatiques

Si l'option Info-bulles automatiques est active, l'éditeur VBE affiche la valeur de la variable que survole le curseur, lorsque vous déboguez du code. Vous apprécierez cette option à sa juste valeur lorsque vous entrerez dans le monde merveilleux du débogage, comme vous le découvrirez au Chapitre 13.

Retrait automatique

L'option Retrait automatique fait commencer chaque nouvelle ligne de code avec le même retrait que la précédente. Les retraits facilitant considérablement la relecture du code, cette option doit toujours être active.

Édition de texte par glisser-déplacer

L'option Édition de texte par glisser-déplacer permet de copier et de déplacer du texte en le tirant et en le déposant. Je laisse cette option active, bien que j'utilise à peine cette fonctionnalité.

Affichage du module complet par défaut

L'option Affichage du module complet par défaut définit l'état par défaut des nouveaux modules (elle n'affecte pas les modules existants). Lorsqu'elle est active – ce qui est mon choix –, les procédures présentes dans le fenêtre Code apparaissent sous la forme d'une liste déroulante. Si l'option est désactivée, vous ne voyez qu'une seule procédure à la fois.

Séparation des procédures

Quand l'option Séparation des procédures est active, une barre de séparation est placée à la fin de chacune des procédures, dans la fenêtre Code. C'est une présentation que j'aime bien.

L'onglet Format de l'éditeur

La Figure 3.8 montre l'onglet Format de l'éditeur de la boîte de dialogue Options. Il permet de personnaliser l'apparence de l'éditeur VBE.

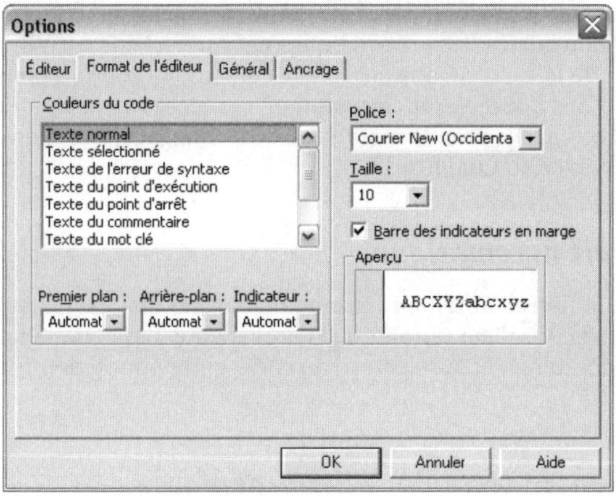

Figure 3.8 : Modifiez l'apparence de l'éditeur VBE grâce à ces options.

Couleurs du code

L'option Couleurs du code permet de définir la couleur du texte et de celle de l'arrière-plan en fonction des différents éléments de code VBA. Ces paramètres dépendent surtout de vos choix personnels. À mon avis, les couleurs par défaut sont parfaites. Il m'arrive cependant de les modifier.

Police

Le menu déroulant Police permet de choisir la fonte utilisée dans les modules VBA. Pour de meilleurs résultats, tenez-vous en à des polices à espacement fixe, comme le Courier New. Évitez les caractères à espacement proportionnel (comme l'Arial ou le Time New Roman) car les alignements verticaux sont irréguliers, ce qui complique la lecture du code.

Taille

Le paramètre Taille spécifie la hauteur des caractères en points pica, dans les modules VBA. Le choix dépend de la résolution de l'écran et de votre acuité visuelle.

Barre des indicateurs en marge

Cette option contrôle l'affichage des barres des indicateurs en marge, dans les modules VBA. Ne la décochez pas car, sinon, vous ne verriez plus les indicateurs graphiques si utiles lors du débogage du code.

L'onglet Général

La Figure 3.9 montre les options disponibles sous l'onglet Général de la boîte de dialogue Options. Dans la plupart des cas, les paramètres par défaut sont parfaits. Si vous tenez à entrer dans les détails, reportez-vous à l'aide de VBA.

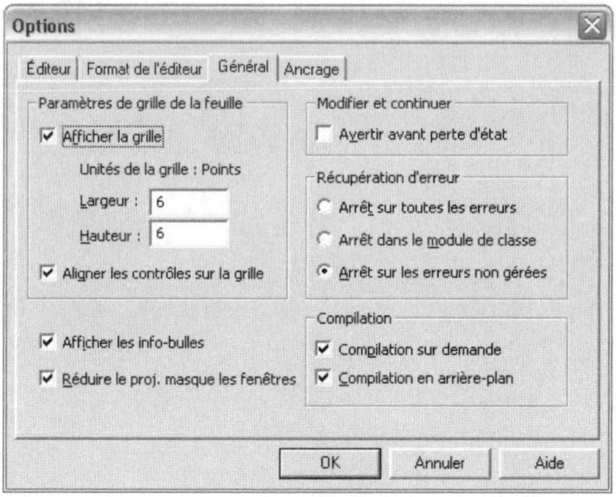

Figure 3.9 : L'onglet Général de la boîte de dialogue Options.

L'onglet Ancrage

Les options sous l'onglet Ancrage (Figure 3.10) définissent le comportement des diverses fenêtres de l'éditeur VBE. Lorsqu'une fenêtre est *ancrée*, elle est arrimée à l'une des bordures de l'interface de l'éditeur VBE. C'est la présentation conseillée, car les fenêtres sont ainsi plus faciles à identifier et à localiser. En revanche, si vous décochez toutes les cases, vous serez confronté à une belle pagaille de fenêtres. Généralement, les paramètres par défaut sont parfaits.

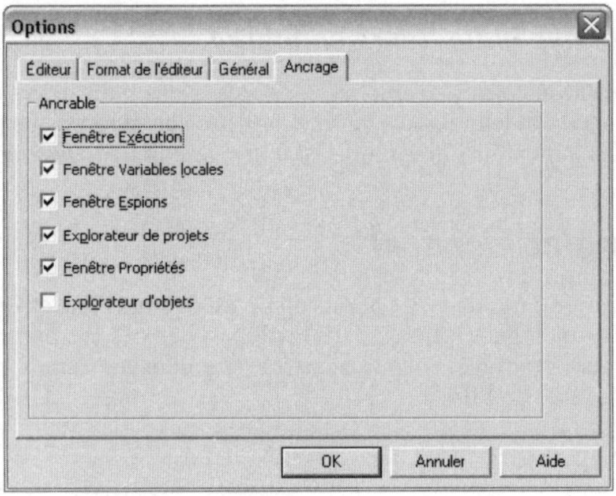

Figure 3.10 : L'onglet Ancrage de la boîte de dialogue Options.

Chapitre 4

Les modèles objets de VBA

Dans ce chapitre :

- Présentation du concept d'objet.
- En savoir plus sur la hiérarchie des objets d'Excel.
- Les collections d'objets.
- Faire référence à des objets spécifiques dans du code VBA.
- Accéder aux propriétés des objets et les modifier.
- Exécuter des actions à l'aide des méthodes d'un objet.

Dans ce chapitre, vous découvrirez les modèles objets d'Excel. Il s'agit de l'ensemble des objets contenus dans Excel, présentés hiérarchiquement. À la fin de ce chapitre, vous aurez de bonnes notions de base de ce qu'est la programmation orientée objet et vous comprendrez en quoi elles vous seront utiles pour bien programmer en VBA. Car après tout, la programmation Excel se ramène à des manipulations d'objets. Ce n'est pas plus compliqué que cela.

Excel est-il un objet ?

Si vous utilisez Excel depuis quelque temps, vous ne l'avez probablement jamais considéré comme un objet. Mais plus vous pratiquerez le VBA, plus vous le considérerez comme tel. Vous comprendrez qu'Excel est un objet qui en contient d'autres, qui à leur tour en contiennent aussi. Autrement dit, la programmation VBA consiste à travailler sur une hiérarchie d'objets.

Une hiérarchie d'objets

L'objet Application contient d'autres objets, dont voici une liste partielle :

- Addin (macro complémentaire).
- CommandBar (barre de commandes).
- Window (fenêtre).
- Workbook (classeur).
- WorksheetFunction (fonction de feuille de calcul).

Chacun des objets présents dans l'objet Application peut contenir d'autres objets. Voici par exemple une liste d'objets susceptibles de se trouver dans l'objet Workbook :

- Chart (graphique).
- Name (nom).
- VBProject (projet Visual Basic).
- Window (fenêtre).
- Worksheet (feuille de calcul ou de graphique).

À leur tour, chacun de ces objets peut contenir d'autres objets. Prenons par exemple un objet Worksheet, qui se trouve dans l'objet Workbook, qui lui-même appartient à l'objet Application. Les objets que peut contenir un objet Workbook sont :

- Comment (commentaire).
- Hyperlink (lien hypertexte).
- Name (nom).
- Outline (plan).
- PageSetup (mise en page).
- PivotTable (tableau croisé dynamique).
- Range (plage de cellules).

Vu sous un autre angle, si vous désirez effectuer une opération sur une plage de cellules d'une certaine feuille de calcul, vous visualiserez cette plage sous la forme d'une hiérarchie dont voici les éléments :

Plage de cellules / de la Feuille de calcul / du Classeur / d'Excel

Les collections

Les collections sont un autre concept-clé de la programmation VBA. Une *collection* est un groupe d'objets du même type. Et pour ajouter à la confusion ambiante, une collection est aussi un objet.

Voici quelques collections communément utilisées :

- **Workbooks :** collection de tous les objets Workbook (classeur) actuellement ouverts.
- **Worksheets :** collection de tous les objets Worksheet (feuille de calcul ou de graphique) contenus dans un objet Workbook donné.
- **Charts :** collection de tous les objets Chart (feuille de graphique) contenus dans un objet Workbook donné.
- **Sheets :** collection de tous les objets Sheet (feuille de calcul ou de graphique) contenus dans un objet Workbook donné.

Notez que les noms de collections sont au pluriel, ce qui est logique (c'est du moins ce que je pense).

Faire référence à des objets

Les informations qui précèdent ont été fournies pour vous préparer au concept qui en découle : faire référence à des objets dans le code VBA. Savoir faire référence à des objets est important car vous devez identifier celui avec lequel vous comptez travailler. Le langage VBA ne sait en effet pas lire dans vos pensées (c'est prévu pour Excel 2012).

Vous pouvez travailler d'un seul coup avec toute une collection d'objets. Le plus souvent, vous aurez à travailler avec tel ou tel objet de la collection, par exemple une feuille de calcul particulière d'un classeur. Pour faire référence à un seul objet d'une collection, vous mettez le nom de l'objet ou son numéro d'index entre parenthèses, juste après le nom de la collection, comme ceci :

```
Worksheets("Feuil1")
```

Notez que le nom de la feuille de calcul est entre guillemets. Si vous les omettez, Excel sera incapable d'identifier l'objet.

Si Feuil1 est la première (ou la seule) feuille de calcul de la collection, vous pouvez utiliser la référence suivante :

```
Worksheets(1)
```

N'OUBLIEZ PAS

Dans ce cas, le numéro ne doit pas être entre guillemets. Ces derniers ne doivent être utilisés que pour les noms d'objets.

Une autre collection nommée Sheets contient toutes les feuilles de calcul et les feuilles de graphique d'un classeur. Si Feuil1 est la première feuille d'un classeur, vous pouvez y faire référence ainsi :

```
Sheets(1)
```

Naviguer dans la hiérarchie

Rien n'est plus facile que de travailler avec un objet Application : vous commencez par taper Application. Dans le modèle objet d'Excel, tous les autres objets se trouvent en aval de l'objet Application. Partant de cet objet, vous descendez le long de la hiérarchie en connectant tous les objets que vous rencontrez avec l'opérateur point (.). Pour atteindre un objet Workbook nommé "Classeur1.xls", vous commencez à l'objet Application puis vous naviguez vers le bas jusqu'à l'objet de la collection Workbooks :

```
Application.Workbooks("Classeur1.xls")
```

Pour aller plus loin et atteindre une feuille de calcul spécifique, vous ajoutez un opérateur "point" et accédez à la collection d'objets Worksheets :

```
Application.Workbooks("Classeur1.xls").Worksheets(1)
```

Vous voulez aller plus loin encore ? Pour obtenir la valeur contenue dans la cellule A1 de la première feuille de calcul du premier classeur nommé Classeur1.xls, vous devez descendre d'un niveau supplémentaire, jusqu'à l'objet Range :

```
Application.Workbooks("Classeur1.xls").Worksheets(1).Range("A1").Value
```

Quand vous faites référence à l'objet Range de cette manière, il s'agit d'une référence pleinement qualifiée : vous avez indiqué exactement la plage désirée, dans quelle feuille de quel classeur, sans rien laisser au hasard.

Simplifier les références aux objets

Si vous deviez qualifier pleinement tous les objets auxquels il est fait référence, votre code serait plutôt long et peut-être difficile à lire. Fort heureusement, Excel propose des raccourcis qui améliorent la lisibilité et réduisent la frappe. Pour commencer, l'objet Application est toujours présumé. Les cas où il faut explicitement l'indiquer sont peu nombreux. Omettre la référence à l'objet Application abrège le dernier exemple en :

```
Workbooks("Classeur1.xls").Worksheets(1).Range("A1").Value
```

C'est déjà mieux. Mais on peut faire plus. Si Classeur1.xls est le classeur actif, vous pouvez omettre d'y faire référence. Ce qui réduit le code à :

```
Worksheets(1).Range("A1").Value
```

On poursuit sur cette lancée. Vous n'avez pas, comme qui dirait, une petite idée du prochain raccourci ? Eh oui, si la première feuille de calcul est actuellement active, Excel s'y référera, ce qui nous amène à ne taper que :

```
Range("A1").Value
```

N'OUBLIEZ PAS

Contrairement à ce que pensent certains, Excel ne possède pas d'objet Cell (cellule). Une *cellule* n'est qu'un objet Range (plage) ne comportant qu'un seul élément.

Les raccourcis décrits ici sont commodes, mais pas sans risque. Que se passe-t-il si vous présumez abusivement que Classeur1.xls est le classeur actif ? Vous obtiendriez une erreur ou pire, une valeur erronée sans vous rendre compte qu'elle est fausse. C'est pourquoi il est préférable de qualifier pleinement les références aux objets.

Propriétés et méthodes des objets

Il est certes important de savoir comment faire référence aux objets, mais vous ne pourrez rien faire de plus si vous vous en tenez là. Pour que l'instruction soit opérationnelle, vous devez procéder à l'une ou l'autre de ces deux actions :

- Lire ou modifier les *propriétés* d'un objet.
- Spécifier la *méthode* de l'action à utiliser avec un objet.

Excel comportant des milliers de propriétés et de méthodes, il y a de quoi s'y perdre. Je les côtoie depuis des années et je suis pourtant loin d'en avoir fait le tour. Mais, comme je le disais précédemment, vous n'utiliserez sans doute jamais la plupart des propriétés et des méthodes.

Les propriétés d'objet

Chaque objet a des propriétés. Vous pouvez considérer les *propriétés* comme des attributs qui décrivent l'objet : son apparence, son comportement, voire sa visibilité. Le langage VBA autorise deux interventions sur les propriétés d'un objet :

- L'examen des paramètres courants d'une propriété.
- La modification des paramètres de la propriété.

Par exemple, un objet Range ne couvrant qu'une seule cellule possède une propriété nommée Value qui contient la valeur présente dans la cellule. Vous pouvez écrire du code VBA qui affiche la propriété Value, ou du code VBA qui met la propriété Value à une certaine valeur. La macro qui suit utilise la fonction prédéfinie MsgBox pour afficher la valeur figurant dans la cellule A1 de la feuille de calcul Feuil1 (voir Figure 4.1).

```
Sub AfficherValue()
    Contents = Worksheets("Feuil1").Range("A1").Value
    MsgBox Contents
End Sub
```

Vous aurez souvent recours à la fonction MsgBox pour afficher des résultats pendant qu'Excel exécute votre code VBA. Nous y reviendrons plus en détail au Chapitre 15. Le code de notre exemple affiche le paramètre courant de la propriété Value d'une cellule. Mais comment modifier le paramètre de cette propriété ? La macro qui suit modifie la valeur affichée dans la cellule A1 en changeant la propriété Value de la cellule :

```
Sub ModifierValue()
    Worksheets("Feuil1").Range("A1").Value = 934
End Sub
```

Après qu'Excel a exécuté cette procédure, la cellule A1 de la feuille de calcul Feuil1 du classeur actif contient la valeur 934 (soit dit en passant, si le classeur actif ne contient pas de feuille nommée Feuil1, la macro renvoie un message d'erreur).

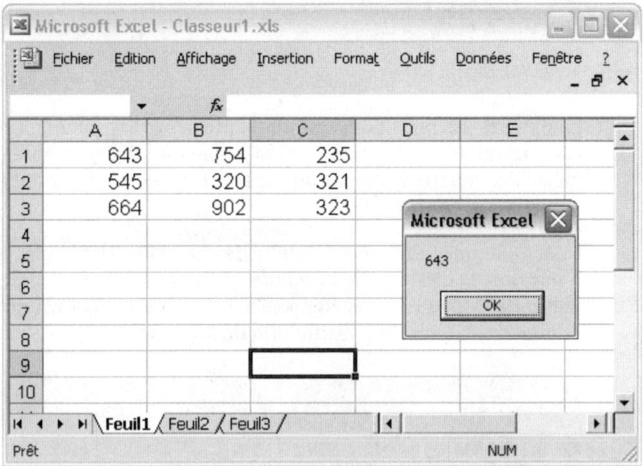

Figure 4.1 : Cette boîte de message affiche la propriété Value de l'objet Range.

Chaque objet a son propre jeu de propriétés et certaines sont communes à plusieurs objets. Par exemple, bon nombre d'objets – pas tous – ont une propriété Visible et la plupart ont une propriété Name.

Certaines propriétés sont en lecture seule : la valeur de la propriété est visible, mais elle ne peut pas être modifiée.

N'OUBLIEZ PAS

Comme je l'ai mentionné précédemment dans ce chapitre, une collection est aussi un objet. Par exemple, vous pouvez connaître le nombre de classeurs ouverts en accédant à la propriété Count (nombre) de la collection Worksheets. La procédure VBA que voici affiche un message indiquant le nombre de classeurs ouverts :

```
Sub ClasseursOuverts()
    MsgBox Workbooks.Count
End Sub
```

Les méthodes d'objet

Outre les propriétés, les objets ont des méthodes. Une *méthode* est une action que vous effectuez avec un objet. Une méthode peut modifier les propriétés d'un objet ou faire en sorte que l'objet effectue une action.

Cet exemple simple utilise la méthode Calculate appliquée à un objet Range pour calculer la formule de la cellule A1 de la feuille Feuil1 :

```
Sub CalculCellule()
    Worksheets("Feuil1").Range("A1").Calculate
End Sub
```

La plupart des méthodes ont un ou plusieurs arguments. Un *argument* est une valeur qui précise l'action à effectuer. Il figure après la méthode, séparé d'elle par un espace. De multiples arguments sont séparés par une virgule.

L'exemple qui suit active la feuille de calcul Feuil1 (du classeur actif), puis copie le contenu de la cellule A1 dans la cellule B1 grâce à la méthode Copy de l'objet Range. Ici, la méthode Copy n'a qu'un seul argument : la plage de destination de la recopie :

```
Sub Copie()
    Worksheets("Feuil1").Activate
    Range("A1").Copy Range("B1")
End Sub
```

Remarquez l'absence de la référence à la feuille de calcul, lorsqu'il est fait référence aux objets Range. Cela ne pose aucun problème car j'ai utilisé une instruction qui active Feuil1 à l'aide de la méthode Activate.

N'OUBLIEZ PAS

Une collection étant aussi un objet, les collections ont des méthodes. La macro qui suit applique la méthode Add (ajouter) à la collection Workbooks :

```
Sub AjoutClasseur()
    Workbooks.Add
End Sub
```

Cette instruction crée un nouveau classeur. Ou plus précisément, elle ajoute un nouveau classeur à la collection Workbooks.

Les événements d'objet

Dans cette section, j'aborde succinctement un sujet que vous devrez connaître : les événements. Les objets réagissent à divers *événements*. Par exemple, lorsque vous travaillez dans Excel et que vous activez un autre classeur, un événement Activate se produit. Vous pouvez ainsi créer une macro VBA conçue pour s'exécuter chaque fois qu'un événement Activate se produit.

Excel supporte de nombreux événements, mais tous les objets ne réagissent pas à tous les événements. Et certains ne réagissent même à aucun. Ce concept d'événement sera développé au Chapitre 11 ainsi que dans la quatrième partie.

En savoir plus

Vous en apprendrez plus sur les objets, les propriétés et les méthodes dans les chapitres qui suivent. En attendant, n'hésitez pas à consulter ces autres excellentes sources d'information :

- Le système d'aide de VBA.
- L'Explorateur d'objets.
- Le complément automatique des instructions.

L'aide de VBA

Le système d'aide de VBA décrit chaque objet, propriété et méthode disponibles. C'est une excellente source d'informations pour en savoir plus sur le langage VBA, sans doute plus complète que n'importe quel livre.

La Figure 4.2 montre un écran du système d'aide, en l'occurrence celui de l'objet Worksheet.

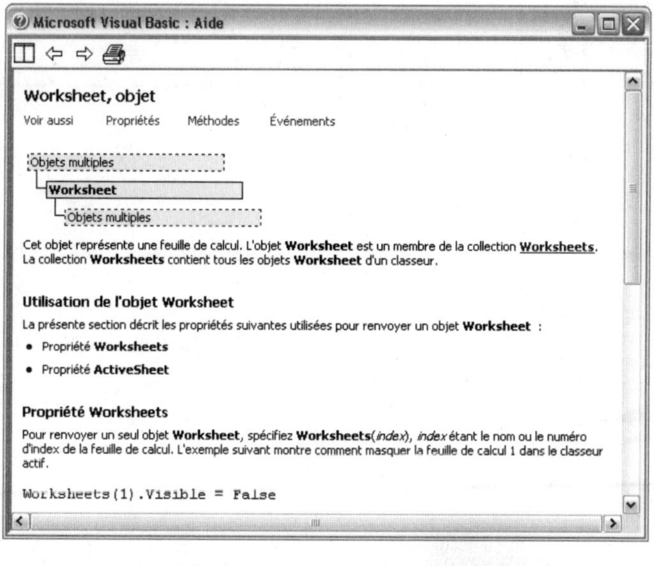

Figure 4.2 : Une page du système d'aide de VBA.

- Sous le titre, cliquez sur le mot Propriétés pour dérouler la liste complète des propriétés de l'objet.
- Cliquez sur le mot Méthodes pour dérouler la liste des méthodes.
- Cliquez sur Événements pour dérouler la liste des événements auxquels l'objet réagit.

L'Explorateur d'objets

L'éditeur VBE dispose d'un autre outil, l'Explorateur d'objets. Comme l'indique son nom, il permet de parcourir les objets disponibles. Pour accéder à l'Explorateur d'objets, appuyez sur F2 (dans l'éditeur VBE) ou choisissez Affichage/Explorateur d'objets. Une fenêtre semblable à celle de la Figure 4.3 s'ouvre.

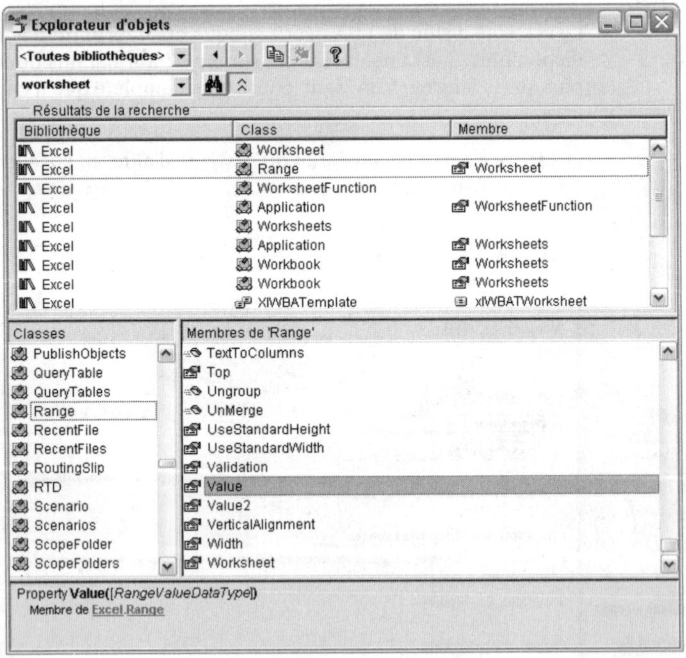

Figure 4.3 : Parcourir les objets avec l'Explorateur d'objets.

La liste déroulante tout en haut contient toutes les bibliothèques d'objets actuellement disponibles. Si vous désirez parcourir les objets d'Excel, choisissez Excel dans la liste.

Dans le champ juste dessous, vous entrez une chaîne de recherche. Par exemple, si vous recherchez tous les objets d'Excel ayant un rapport avec les liens, vous taperez **liens** – ou **link** dans certains cas – dans ce champ puis vous cliquerez sur le bouton Rechercher (celui avec les jumelles). La fenêtre Résultat de la recherche affiche tout ce qui, dans la bibliothèque d'objets, contient le mot *lien* (ou *link*). Si un résultat vous paraît digne d'intérêt, sélectionnez-le et appuyez sur F1 pour en savoir plus.

Chapitre 5

Les procédures VBA Sub et Function

Dans ce chapitre :

- Comprendre les différences entre les procédures Sub et Function.
- Exécuter des procédures Sub (de diverses manières).
- Exécuter des procédures Function (de diverses manières).

Dans les chapitres précédents, j'ai plusieurs fois mentionné des *procédures Sub* et éludé le fait que les *procédures Function* jouent aussi un rôle déterminant dans le langage VBA. Dans ce chapitre, je lèverai la confusion entre ces deux notions.

Sub et Function

Le code VBA que vous écrivez dans Visual Basic Editor est appelé *procédure*. Les deux types de procédures les plus connues sont Sub et Function.

- Une procédure Sub est un groupe d'instructions VBA qui exécute une ou plusieurs actions avec Excel.
- Une procédure Function est un groupe d'instructions VBA qui exécute un calcul et retourne une seule valeur.

La plupart des macros VBA que vous écrivez sont des procédures Sub. Vous pouvez les considérer comme des commandes : exécutez une procédure Sub et quelque chose se produit. Quoi ? Cela dépend du code VBA.

Les procédures Sub

Toute procédure Sub commence par le mot-clé Sub et finit par l'instruction End Sub. Voici un exemple :

```
Sub AfficheMessage()
    MsgBox "Et voilà !"
End Sub
```

Cet exemple montre une procédure nommée AfficheMessage. Une paire de parenthèses suit le nom. La plupart du temps, elles sont vides ; elles peuvent cependant contenir des arguments pour des procédures Sub appartenant à d'autres procédures.

L'enregistrement d'une macro avec l'enregistreur d'Excel produit toujours une procédure Sub.

Les procédures Function

Toute procédure Function commence par le mot-clé Function et finit par l'instruction End Function. Voici un exemple :

```
Function RacineCubique(nombre)
    RacineCubique = nombre ^ (1 / 3)
End Function
```

Cette fonction nommée RacineCubique accepte un argument nommé *nombre,* placé entre parenthèses. Une fonction peut avoir autant d'arguments que l'on souahite ou aucun. Lorsque cette fonction est exécutée, elle retourne une seule valeur : la racine cubique de l'argument passé à la fonction.

Le VBA permet de spécifier le type d'information retourné par une procédure Function. Nous verrons au Chapitre 7 comment spécifier des types de données.

Une procédure Function ne peut être exécutée que de deux manières : à partir d'une autre procédure (une procédure Sub ou une autre procédure Function) ou dans une formule à l'intérieur d'une feuille de calcul.

Une procédure Function ne peut pas être enregistrée à l'aide de l'enregistreur de macros d'Excel. Vous devez la programmer manuellement.

Nommer Sub et Function

À l'instar des gens, des animaux de compagnie et des cyclones, une procédure Sub ou Function a toujours un nom. Bien qu'il soit parfaitement admis de nommer son chien Face-en-poil ou Sac-à-puces, de telles libertés ne sont pas recommandées pour nommer des procédures. Vous devez en effet respecter quelques règles :

- Les lettres, les chiffres et certains caractères de ponctuation sont admis, mais le nom doit toujours commencer par une lettre.
- Espace et point sont prohibés dans un nom de procédure.
- Le langage VBA ne fait pas la différence entre les majuscules et les minuscules.
- Les caractères suivants sont interdits dans un nom : #, $, %, &, @, ^, * et !.
- Quand vous écrivez une procédure Function à utiliser dans une formule, assurez-vous que son nom n'est pas l'homonyme d'un nom de cellule, comme AC12.
- Un nom ne peut excéder 255 caractères (ce qui n'est déjà pas mal).

Idéalement, le nom d'une procédure doit évoquer clairement son utilisation. Une bonne pratique consiste à combiner des mots, comme dans ImpressionRapport, Tri_Tableau ou Vérif_Nomdefichier.

Exécuter des procédures Sub

En VBA, une procédure Sub peut être exécutée de diverses manières ; c'est une des raisons qui explique leur polyvalence. Voici une liste exhaustive – à ma connaissance – de tous les moyens d'exécuter une procédure Sub :

- Avec la commande Exécution/Exécuter Sub-UserForm, dans l'éditeur VBE. Excel exécute la procédure Sub à partir de la position du curseur. Ce menu propose deux alternatives : la touche F5 ou, dans la barre d'outils Standard, le bouton Exécuter Sub/UserForm. Ces techniques ne fonctionnent pas si la procédure exige un ou plusieurs arguments.
- À partir de la boîte de dialogue Macro, dans Excel, que vous ouvrez en choisissant Outils/Macro/Macros. Ou alors en

appuyant sur F8. Choisissez la procédure Sub dans la boîte de dialogue Macro (elle ne liste que les procédures n'exigeant pas d'argument), puis cliquez sur le bouton Exécuter.

- En appuyant sur la touche Ctrl et celle du raccourci clavier affecté à la macro, si bien sûr vous lui en avez affecté un.
- En cliquant, dans une feuille de calcul, sur un bouton ou sur une forme. Une procédure Sub doit avoir été attribuée au bouton ou à la forme.
- À partir d'une autre procédure Sub que vous avez écrite.
- À partir d'un bouton d'une barre d'outils (voir Chapitre 19).
- À partir d'un menu que vous avez personnalisé (voir Chapitre 20).
- Automatiquement lorsque vous ouvrez ou fermez un classeur (voir Chapitre 11).
- Lorsqu'un événement se produit. Comme vous le découvrirez au Chapitre 11, ces événements sont notamment l'enregistrement du classeur, la modification d'une cellule, l'activation d'une feuille, et bien d'autres actions.
- À partir de la fenêtre Exécution de l'éditeur VBE : tapez le nom de la procédure Sub et appuyez sur Entrée.

Quelques-unes de ces techniques seront mises en pratique dans les sections qui suivent. Mais auparavant, vous devrez entrer une procédure Sub dans un module VBA.

1. **Commencez avec un nouveau classeur.**
2. **Appuyez sur Alt+F11 pour activer le VBE.**
3. **Sélectionnez le classeur dans la fenêtre Projets.**
4. **Choisissez Insertion/Module afin d'ajouter un nouveau module au projet.**
5. **Tapez le code suivant dans le module :**

```
Sub RacineCubique()
    Nombre = InputBox("Entrez un nombre positif")
    MsgBox "La racine cubique est : " & Nombre ^ (1 / 3)
End Sub
```

Cette procédure demande à l'utilisateur d'entrer un nombre puis affiche la racine cubique de ce nombre dans une boîte de message, comme le montrent les Figures 5.1 et 5.2.

Figure 5.1 : Utilisation de la fonction VBA prédéfinie InputBox pour saisir un nombre.

Figure 5.2 : Affichage de la racine cubique au travers de la fonction MsgBox.

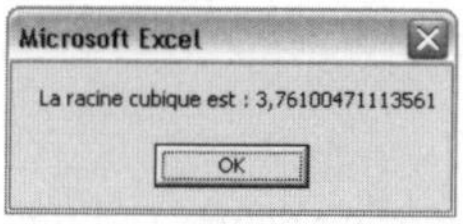

Soit dit en passant, RacineCubique n'est pas un exemple d'une bonne macro. Comme elle ne vérifie pas la saisie, elle peut facilement se fourvoyer et générer un message d'erreur. Pour vous en rendre compte par vous-même, cliquez sur le bouton Annuler ou entrez un nombre négatif.

Exécuter directement une procédure Sub

Le moyen le plus rapide d'exécuter cette procédure est de la lancer directement depuis le module VBA dans lequel vous l'avez programmée :

1. **Activez l'éditeur VBE puis sélectionnez le module VBA qui contient la procédure.**

2. **Placez le curseur n'importe où dans le code de la procédure.**

3. **Appuyez sur F5 (ou choisissez Exécution/Exécuter Run-UserForm).**

4. **Saisissez un nombre dans la boîte de dialogue puis cliquez sur OK.**

La procédure affiche la racine cubique du nombre que vous avez entré.

Vous ne pouvez pas utiliser la commande Exécution/Exécuter Sub-UserForm pour exécuter une procédure Sub comportant des arguments car il est impossible, dans ce cas, de transmettre les arguments à la procédure. Le seul moyen de l'exécuter consiste à l'appeler à partir d'une autre procédure qui, elle, fournira les arguments.

Exécuter une procédure depuis la boîte de dialogue Macro

Le plus souvent, vous exécuterez les procédures Sub depuis Excel, et non depuis l'éditeur VBE. Les étapes qui suivent expliquent comment exécuter la macro à partir de la boîte de dialogue Macro d'Excel.

1. **Activez Excel.**

   Le moyen le plus rapide d'y retourner depuis l'éditeur VBE est d'appuyer sur Alt+F11.

2. **Choisissez Outils/Macro/Macros (ou appuyez sur Alt+F8).**

   Excel affiche la boîte de dialogue de la Figure 5.3.

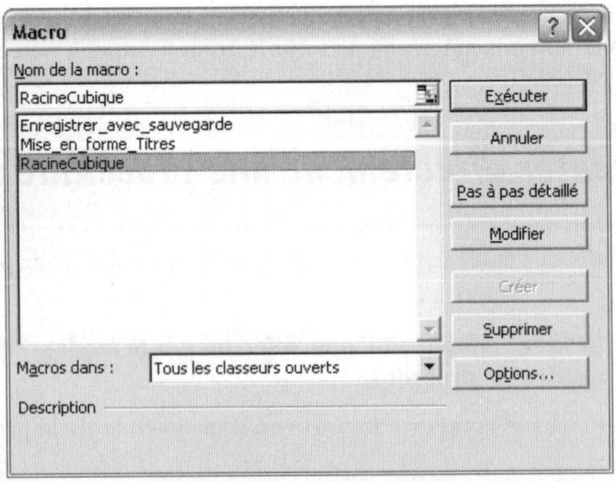

Figure 5.3 : La boîte de dialogue Macro liste toutes les procédures Sub disponibles.

3. **Sélectionnez la macro.**
4. **Cliquez sur le bouton Exécuter (ou double-cliquez sur le nom de la macro, dans la liste).**

Exécuter une procédure par un raccourci clavier

Une autre manière d'exécuter une macro consiste à appuyer sur des touches de raccourci. Mais auparavant, vous devez définir le raccourci clavier.

Un raccourci peut être affecté au travers de la boîte de dialogue Enregistrer une macro, avant de commencer l'enregistrement. Si vous créez la procédure autrement qu'en l'enregistrant, vous pouvez définir le raccourci (ou en modifier un) en procédant comme suit :

1. **Choisissez Outils/Macro/macros.**
2. **Sélectionnez le nom de la procédure Sub dans la liste des macros.**

   Dans cet exemple, la macro se nomme RacineCubique.
3. **Cliquez sur le bouton Options.**

   Excel affiche la boîte de dialogue de la Figure 5.4.

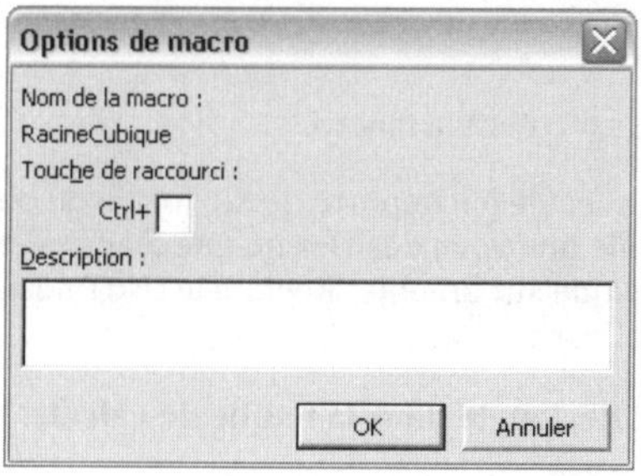

Figure 5.4 : La boîte de dialogue Options de macro permet de définir ou de redéfinir un raccourci clavier.

4. **Sous Touche de raccourci, cliquez dans le champ Ctrl+ puis tapez une lettre.**

   La lettre que vous venez de taper fait désormais partie de la combinaison de touches que vous utiliserez pour exécuter la macro. Par exemple, si vous avez entré **c**, vous démarrerez la macro avec Ctrl+C. Si vous avez entré un **C** majuscule, vous devrez appuyer sur Ctrl+Maj+C.

5. **Cliquez sur OK pour quitter la boîte de dialogue Options de macro.**

Exécuter une procédure depuis un bouton ou une forme

Il existe un autre moyen d'exécuter une macro : l'affecter, dans une feuille de calcul, à un bouton ou à toute autre forme. Voici comment :

1. **Activez une feuille.**
2. **Ajoutez un bouton depuis la barre d'outils Formulaires.**

   Pour afficher la barre d'outils Formulaires, cliquez du bouton droit sur n'importe quelle barre d'outils et, dans le menu déroulant, choisissez Formulaires.
3. **Dans la barre d'outils Formulaires, cliquez sur l'outil Bouton.**
4. **Tirez-le dans la feuille de calcul pour créer le bouton.**

   Après avoir ajouté un bouton dans la feuille de calcul, Excel affiche aussitôt la boîte de dialogue Affecter une macro que montre la Figure 5.5.
5. **Sélectionnez la macro que vous désirez affecter au bouton.**
6. **Cliquez sur OK.**

Cliquer sur le bouton exécutera la macro.

Une macro peut être affectée à n'importe quelle forme ou objet. Supposons par exemple que vous désiriez qu'une macro s'exécute lorsque l'utilisateur clique sur un objet Rectangle (NdT : disponible dans la barre d'outils Dessin) :

1. **Créez un objet Rectangle dans la feuille de calcul.**
2. **Cliquez du bouton droit sur le rectangle.**
3. **Dans le menu contextuel, choisissez Affecter une macro.**
4. **Sélectionnez la macro dans la boîte de dialogue Affecter une macro.**
5. **Cliquez sur OK.**

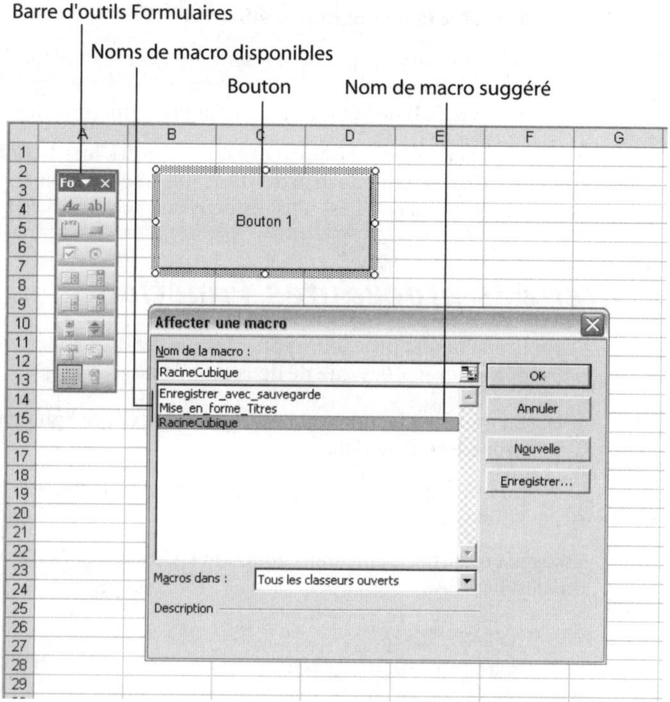

Figure 5.5 : Dès qu'un bouton est ajouté à une feuille de calcul, Excel propose de lui affecter une macro.

À présent, cliquer sur le rectangle exécutera la macro.

Exécuter une procédure à partir d'une autre procédure

Vous pouvez aussi exécuter une procédure à partir d'une autre procédure :

1. **Activez le module VBA contenant la routine RacineCubique.**
2. **Entrez cette nouvelle procédure (avant ou après le code RacineCubique, cela n'importe pas) :**

```
Sub NouveauSub()
    Call RacineCubique
End Sub
```

3. **Exécutez la macro NouveauSub.**

   Le moyen le plus rapide consiste à placer le curseur dans le code et à appuyer sur F5. Remarquez que cette procédure NouveauSub ne fait qu'exécuter la procédure RacineCubique.

À propos, le mot-clé Call (appeler) est facultatif. L'instruction peut se contenter du seul nom de la procédure Sub. Mais, à mon avis, utiliser Call est préférable car il est ainsi évident que la procédure est appelée.

Exécuter des procédures Function

Contrairement aux procédures Sub, les procédures Function ne peuvent être exécutées que de deux manières :

- En appelant la fonction depuis une procédure Sub ou une autre procédure Function.
- En utilisant la fonction dans une formule à l'intérieur d'une feuille de calcul.

Essayez cette très élémentaire fonction en la saisissant d'abord dans un module VBA :

```
Function RacineCubique(nombre)
    RacineCubique = nombre ^ (1/3)
End Function
```

Cette fonction ne casse pas des briques ; elle se contente de calculer la racine cubique du nombre passé comme argument. C'est cependant un bon point de départ pour comprendre le principe des fonctions. Elle illustre aussi un concept important : la manière dont une valeur est retournée. Car, vous ne l'avez sans doute pas oublié, les fonctions servent avant tout à retourner des valeurs.

Appeler une fonction à partir d'une procédure Sub

Une fonction ne pouvant pas être exécutée directement, vous devez l'appeler à partir d'une autre procédure. Entrez celle qui suit dans le même module VBA que celui contenant la fonction RacineCubique :

```
Sub AppelDeSub()
    Réponse = RacineCubique(125)
```

```
    MsgBox Réponse
End Sub
```

Quand vous exécutez la procédure AppelDeSub – à l'aide de n'importe laquelle des techniques décrites précédemment dans ce chapitre –, Excel affiche une boîte de message contenant la valeur de la variable Réponse, qui est 5.

Voici ce qui se passe : la fonction RacineCubique est exécutée avec l'argument 125. La fonction retourne une valeur. Cette dernière est affectée à la variable Réponse. Ensuite, la fonction MsgBox affiche la valeur contenue dans la variable Réponse. Essayez en modifiant l'argument passé à la fonction RacineCubique puis exécutez de nouveau la macro AppelDeSub. Elle fonctionne comme prévu.

Pendant que nous y sommes, la procédure AppelDeSub peut être légèrement simplifiée. La variable Réponse n'est en effet pas vraiment requise. Cette instruction produira le même résultat :

```
MsgBox RacineCubique(125)
```

Appeler une fonction depuis une formule

Voyons à présent comment cette procédure VBA Function peut être appelée depuis une formule présente dans une feuille de calcul. Activez une feuille de calcul du même classeur que celui contenant la définition de la fonction RacineCubique et entrez cette formule dans n'importe quelle cellule :

```
=RacineCubique(1728)
```

La cellule affiche 12, ce qui est bien la racine cubique de 1728.

Comme vous vous en doutez, vous pouvez utiliser une référence de cellule comme argument pour la fonction RacineCubique. Par exemple, si la cellule A1 contient une valeur, vous entrerez **=RacineCubique(A1)**. Dans ce cas, la fonction retourne le nombre produit par le calcul de la racine cubique de la valeur dans A1.

Cette fonction est utilisable autant de fois que vous le désirez dans une feuille de calcul. À l'instar des fonctions prédéfinies d'Excel, vos fonctions personnalisées apparaissent dans la boîte de dialogue Insérer une fonction. Dans la barre de formule, cliquez sur le bouton Insérer une formule, puis choisissez la catégorie Personnalisées.

Comme le montre la Figure 5.6, la syntaxe de la fonction apparaît sous la liste des fonctions personnalisées.

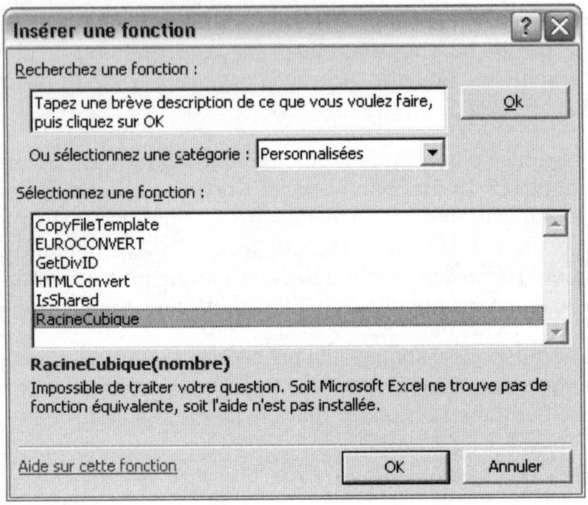

Figure 5.6 : La fonction RacineCubique figure parmi les fonctions de la catégorie Personnalisées.

TRUC

Si vous désirez que la boîte de dialogue Insérer une fonction affiche une description de votre fonction, procédez comme suit :

1. **Choisissez Outils/Macro/Macros.**

   Excel affiche la boîte de dialogue Macro ; RacineCubique n'y figure cependant pas (c'est en effet une procédure Function ; or, cette boîte de dialogue ne liste que les procédures Sub).

2. **Tapez le nom** RacineCubique **dans le champ Nom de la macro.**

3. **Cliquez sur le bouton Options.**

4. **Décrivez brièvement la macro dans la fenêtre Description.**

5. **Fermez la boîte de dialogue Options de macro.**

6. **Fermez la boîte de dialogue Macro en cliquant sur le bouton Annuler (et non OK).**

   La description apparaît dans la boîte de dialogue Insérer une fonction, comme le montre la Figure 5.7.

Les choses commencent à prendre forme. Vous en savez désormais beaucoup plus long sur les procédures Sub et Function. Dans le

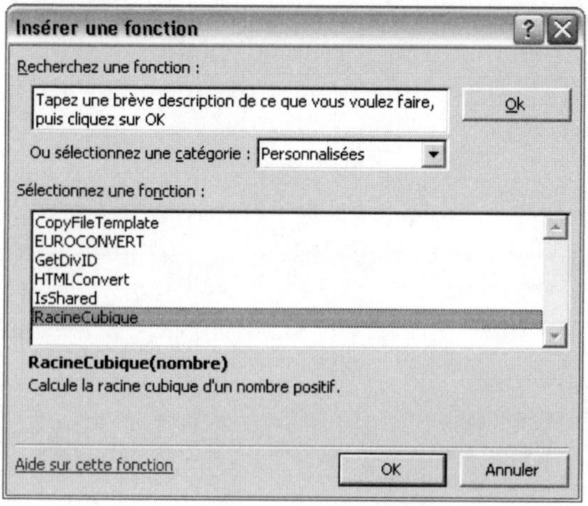

Figure 5.7 : Une brève description explique l'utilité de la fonction RacineCubique.

prochain chapitre, vous découvrirez tous les tenants et les aboutissants du développement de macros avec l'enregistreur de macros d'Excel.

Chapitre 6

L'enregistreur de macros d'Excel

Dans ce chapitre :

- Enregistrer les actions avec l'enregistreur de macros d'Excel.
- Les types de macros enregistrables.
- Les options d'enregistrement des macros.

Ce chapitre est consacré à la seconde option. L'enregistrement d'une macro n'est cependant pas toujours l'approche la plus indiquée. De plus, certaines macros ne peuvent tout simplement pas être enregistrées. L'enregistreur de macros n'en est pas moins utile. Même si la macro qu'il produit ne correspond pas exactement à ce que vous désirez, l'enregistreur reste un excellent outil d'apprentissage.

Enregistrement ou programmation ?

L'enregistrement d'une macro s'apparente à une prise de son : vous le démarrez, vous enregistrez ce qui se passe, puis vous l'arrêtez. L'analogie ne va toutefois pas plus loin. Le Tableau 6.1 compare l'enregistrement sonore avec celui d'une macro.

Les bases de l'enregistrement

L'enregistrement d'une macro s'effectue au travers des étapes qui suivent. Nous y reviendrons plus en détail dans ce chapitre.

1. **Détermination de ce que la macro doit faire.**
2. **Préparation du terrain.**

Tableau 6.1 : Enregistrement sonore et enregistrement de macros.

	Enregistreur audio	Enregistreur de macros
Équipement nécessaire	Un magnétophone et un microphone.	Un ordinateur et un exemplaire d'Excel.
Données enregistrées	Son.	Actions exécutées dans Excel.
Stockage des données	Sur une bande magnétique.	Dans un module VBA.
Exécution	En rembobinant la bande et en appuyant sur le bouton Lecture.	En choisissant (entre autres) Outils/Macro/Macros.
Montage et modifications	Oui, avec du matériel spécialisé.	Oui, à condition de savoir le faire.
Copie de l'enregistrement	Oui, sur un deuxième magnétophone.	Oui (sans matériel supplémentaire).
Fidélité de la copie	Dépend de la situation et de la qualité du matériel.	Dépend de la manière dont vous vous y prenez.
Correction d'une erreur	Par un nouvel enregistrement du son.	Par un nouvel enregistrement de la macro (ou son édition, si possible).
Visualisation de l'enregistrement	Non (il s'agit d'un ensemble d'impulsions magnétiques).	Oui, en activant le module VBA.
Peut-on gagner des sous avec l'enregistrement ?	Oui, mais il faut du talent.	Oui, mais il faut être doué.

3. **Décision de rendre les références aux cellules, soit relatives, soit absolues.**
4. **Commande Outils/Macro/Nouvelle macro.**
5. **Entrée du nom de la macro, de son raccourci clavier, de son emplacement de stockage et de sa description.**
6. **Clic sur OK, dans la boîte de dialogue Enregistrer une macro.**
7. **Exécution, à la souris ou au clavier, de toutes les actions à enregistrer.**
8. **Clic sur le bouton Arrêter l'enregistrement (ou choix de Outils/Macro/Arrêter l'enregistrement).**
9. **Test de la macro afin de vérifier son bon fonctionnement.**

L'enregistreur de macros a été conçu pour produire des macros simples et directes. Vous les utiliserez par exemple pour procéder à des mises en forme de plages de cellules ou pour créer des en-têtes de lignes et de colonnes dans une nouvelle feuille de calcul.

L'enregistreur de macros n'enregistre que des procédures Sub. Vous ne pourrez pas enregistrer de procédures Function.

L'enregistreur de macros pourra aussi s'avérer utile pour développer des macros plus complexes. Il m'arrive souvent d'enregistrer des actions, puis de copier le code ainsi obtenu dans une autre macro, plus sophistiquée. La plupart du temps, vous devrez modifier le code enregistré et ajouter quelques nouvelles instructions VBA.

Préparer l'enregistrement

Avant de franchir le pas et démarrer l'enregistreur de macros, prenez le temps de bien mesurer ce que vous allez faire : enregistrer une macro afin qu'Excel puisse répéter fidèlement les actions enregistrées.

En fait, le succès d'une macro enregistrée dépend de cinq facteurs :

- La configuration du classeur au moment de l'enregistrement de la macro.
- Ce qui est sélectionné au moment d'enregistrer.
- Le mode de référence choisi : absolu ou relatif.
- La pertinence des actions enregistrées.
- Le contexte dans lequel la macro enregistrée sera utilisée.

L'importance de ces facteurs deviendra limpide comme de l'eau de roche lorsque vous aurez effectué les exercices qui vous attendent.

Relatif ou absolu ?

Quand vous enregistrez des actions, Excel enregistre par défaut des références absolues aux cellules. Mais très souvent, ce mode n'est pas le bon : les références relatives s'imposent alors. Examinons dès à présent la différence entre les références absolues et relatives.

L'enregistrement en mode absolu

Les étapes qui suivent expliquent comment enregistrer une macro simple en mode absolu. Celle-ci place les noms des mois du premier trimestre dans une feuille de calcul :

1. **Choisissez Outils/Macro/Nouvelle macro.**
2. **Nommez cette macro Absolue.**
3. **Cliquez sur le bouton OK pour commencer l'enregistrement.**
4. **Activez la cellule B1 et tapez Janvier.**
5. **Activez la cellule C1 et tapez Février.**
6. **Activez la cellule D1 et tapez Mars.**
7. **Cliquez de nouveau dans la cellule B1 afin de la réactiver.**
8. **Arrêtez l'enregistreur de macros.**
9. **Appuyez sur Alt+F11 pour activer l'éditeur VBE.**
10. **Examinez le contenu de Module1 :**

```
Sub Absolue()
'
' Absolue Macro
' Macro enregistrée par Bernard JOLIVALT
'

'
    Range("B1").Select
    ActiveCell.FormulaR1C1 = "Janvier"
    Range("C1").Select
    ActiveCell.FormulaR1C1 = "Février"
    Range("D1").Select
    ActiveCell.FormulaR1C1 = "Mars"
    Range("B1").Select
End Sub
```

Lorsque ce code est exécuté, la macro sélectionne la cellule B1 puis insère les noms des trois mois dans la plage B1:D1, puis elle réactive la cellule B1.

Ces actions se succèdent quelle que soit la cellule qui était active au moment où vous avez exécuté la macro. Une macro enregistrée avec des références absolues produit toujours le même résultat lors de son exécution. En l'occurrence, les noms des trois mois seront toujours entrés dans la plage B1:D1.

L'enregistrement en mode relatif

Dans certaines circonstances, vous désirerez que la macro enregistrée considère les cellules d'une manière *relative*. Les noms des trois mois devront alors être entrés à partir de la cellule active. C'est là que vous opterez pour l'enregistrement relatif.

Pour voir comment le mode d'enregistrement relatif fonctionne, effacez la plage B1:D1 et effectuez les étapes suivantes :

1. **Activez la cellule B1.**
2. **Choisissez Outils/Macro/Nouvelle macro.**
3. **Nommez cette macro Relative.**
4. **Cliquez sur OK pour commencer l'enregistrement.**
5. **Dans la barre d'outils Arrêter l'enregistrement, cliquez sur le bouton Référence relative.**

   Il apparaît à présent enfoncé.
6. **Tapez Janvier dans la cellule B1.**
7. **Cliquez dans la cellule C1 et tapez Février.**
8. **Cliquez dans la cellule D1 et tapez Mars.**
9. **Sélectionnez de nouveau la cellule B1.**
10. **Arrêtez l'enregistreur de macros.**

Remarquez que cette procédure diffère légèrement de la précédente. Ici, vous avez activé la première cellule avant de commencer l'enregistrement. Ce détail est important lorsque vous enregistrez des macros basées sur la cellule active.

Cette macro commence toujours par entrer le texte dans la cellule active. Essayez : placez le pointeur dans n'importe quelle cellule et exécutez la macro Relative. Les noms des mois apparaissent toujours à partir de la cellule active.

Lorsque le mode d'enregistrement est relatif, le code généré par Excel diffère sensiblement de celui produit en mode absolu :

```
Sub Relative()
'
' Relative Macro
' Macro enregistrée par Bernard JOLIVALT
'
'
    ActiveCell.FormulaR1C1 = "Janvier"
    ActiveCell.Offset(0, 1).Range("A1").Select
    ActiveCell.FormulaR1C1 = "Février"
```

```
        ActiveCell.Offset(0, 1).Range("A1").Select
        ActiveCell.FormulaR1C1 = "Mars"
        ActiveCell.Offset(0, -2).Range("A1").Select
    End Sub
```

Pour tester cette macro, activez n'importe quelle cellule excepté B1. Les noms des mois apparaissent dans trois cellules, à partir de celle que vous avez activée.

Qu'est-ce qui est enregistré ?

Quand vous démarrez l'enregistreur de macros, Excel traduit toutes les actions effectuées à la souris ou au clavier en code VBA valide. Je pourrais sans doute m'étendre sur plusieurs pages pour expliquer comment Excel s'y prend, mais le moyen le plus efficace, pour comprendre ce processus, consiste à observer l'enregistreur à l'œuvre. La Figure 6.1 montre un écran rationnellement organisé pour l'enregistrement.

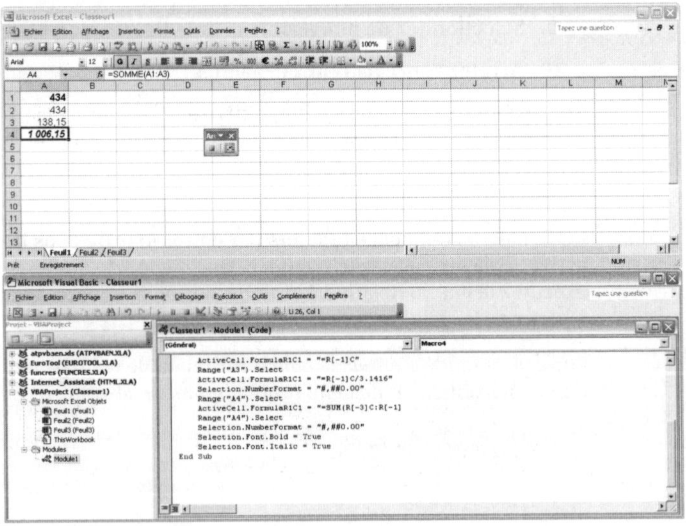

Figure 6.1 : Une disposition rationnelle permet de voir simultanément la fenêtre d'Excel et celle de l'éditeur VBE.

Procédez comme suit :

1. **Commencez avec un classeur vide.**

2. **Assurez-vous que la fenêtre d'Excel n'est pas agrandie en plein écran.**

   Cliquez au besoin sur le bouton Niveau inférieur, dans la barre de titre.

3. **Appuyez sur Alt+F11 pour activer l'éditeur VBE (là encore, veillez à ce que ce programme ne soit pas en plein écran).**

4. **Redimensionnez les deux fenêtres et positionnez-les de manière qu'elles soient toutes deux visibles.**

   Le mieux consiste à placer la fenêtre d'Excel en haut de l'écran et la fenêtre de l'éditeur en dessous. Réduisez toutes les autres applications ouvertes.

5. **Activez Excel puis choisissez Outils/Macro/Nouvelle macro.**

6. **Cliquez sur OK pour démarrer l'enregistreur de macros.**

   Excel introduit un nouveau module, nommé Module1, et commence à y enregistrer.

7. **Activez la fenêtre de l'éditeur VBE.**

8. **Dans la fenêtre de l'Explorateur de projets, double-cliquez sur Module1 pour afficher son contenu dans la fenêtre Code.**

Et maintenant, choisissez diverses commandes d'Excel et observez comment le code est généré en temps réel dans la fenêtre de l'éditeur VBE : sélectionnez des cellules, entrez des données, mettez les cellules en forme, utilisez menus et barres d'outils, créez un graphique, manipulez les objets du graphique, etc. Vous serez émerveillé de constater que la programmation du VBA par Excel n'est jamais prise en défaut.

Les options d'enregistrement

Plusieurs options s'offrent à vous lors de l'enregistrement des actions en code VBA. Rappelez-vous que la commande Outils/Macro/Nouvelle macro affiche la boîte de dialogue Enregistrer une macro avant que l'enregistrement proprement dit commence, comme le montre la Figure 6.2.

La boîte de dialogue Enregistrer une macro offre un certain contrôle sur la macro. Les sections qui suivent détaillent les options.

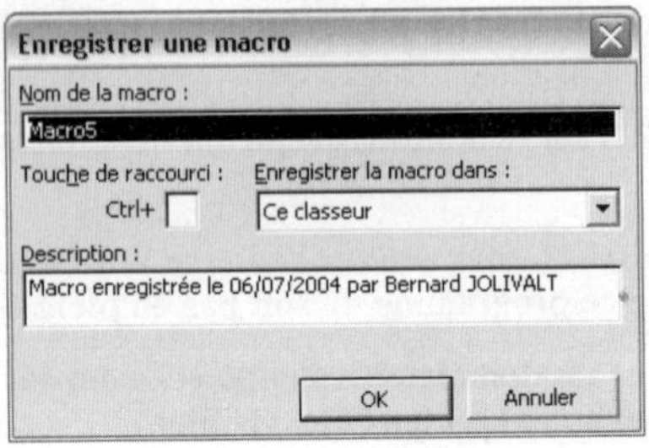

Figure 6.2 : La boîte de dialogue Enregistrer une macro propose plusieurs options.

Nom de la macro

Vous entrez dans ce champ le nom de la procédure Sub que vous enregistrerez. Par défaut, Excel propose les noms Macro1, Macro2, et ainsi de suite pour chaque macro que vous enregistrez. Généralement, j'accepte le nom par défaut. Si la macro fonctionne correctement, je lui donne un nom plus évocateur avant de la sauvegarder. Mais rien ne vous empêche de choisir son nom définitif dès le début.

Touche de raccourci

L'option Touche de raccourci permet d'exécuter une macro en appuyant sur une combinaison de touches. Par exemple, si vous avez entré **w** (en minuscule), vous exécuterez la macro en appuyant sur Ctrl+W. Si vous avez entré **W**, vous devrez appuyer sur Ctrl+Maj+W.

N'OUBLIEZ PAS

Un raccourci peut être ajouté ou modifié à tout moment. C'est pourquoi il est inutile de définir cette option lorsque vous enregistrez une macro. Reportez-vous au Chapitre 5 pour savoir comment affecter un raccourci à une macro existante.

Enregistrer la macro dans

Cette option indique à Excel où il doit stocker la macro qu'il enregistrera. Par défaut, il la place dans le module du classeur actif. Mais, si vous le préférez, il l'enregistrera dans un nouveau classeur (Excel ouvre dans ce cas un classeur vierge) ou dans le Classeur de macros personnelles.

Le Classeur de macros personnelles est un classeur caché qui s'ouvre automatiquement au démarrage d'Excel. C'est un bon endroit où placer les macros à utiliser dans plusieurs classeurs à la fois. Nommé

Perso.xls, le Classeur de macros personnelles est automatiquement créé par Excel la première fois que vous le spécifiez comme lieu de stockage pour une macro enregistrée.

Description

Quand vous enregistrez une macro, elle commence par cinq lignes de commentaires – dont trois sont vides – qui indiquent le nom de la macro, la date de sa création et son auteur (en réalité, le nom d'utilisateur mémorisé dans Excel). Vous pouvez placer ce que vous voulez dans cette fenêtre ou rien du tout. Pour ma part, je considère que c'est une perte de temps car je finis par supprimer ces lignes dans le module.

Est-elle efficace ?

Pour vous rendre compte combien un code enregistré peut s'avérer peu efficace, essayez ceci :

1. **Activez l'enregistreur de macros.**
2. **Choisissez Fichier/Mise en page.**

   La boîte de dialogue Mise en page apparaît.

3. **Assurez-vous que l'onglet Page est sélectionné.**
4. **Dans la rubrique Orientation, choisissez l'option Paysage, puis cliquez sur OK.**
5. **Désactivez l'enregistreur de macros.**

Pour voir le contenu de la macro, activez la feuille Module1. Cette commande si simple génère tout le code que voici :

```
Sub Macro1()
'
' Macro1 Macro
' Macro enregistrée par Bernard JOLIVALT
'

'
    With ActiveSheet.PageSetup
        .PrintTitleRows = ""
        .PrintTitleColumns = ""
    End With
```

```
    ActiveSheet.PageSetup.PrintArea = ""
    With ActiveSheet.PageSetup
        .LeftHeader = ""
        .CenterHeader = ""
        .RightHeader = ""
        .LeftFooter = ""
        .CenterFooter = ""
        .RightFooter = ""
        .LeftMargin = Application.InchesToPoints(0.787401575)
        .RightMargin = Application.InchesToPoints(0.787401575)
        .TopMargin = Application.InchesToPoints(0.984251969)
        .BottomMargin = Application.InchesToPoints(0.984251969)
        .HeaderMargin = Application.InchesToPoints(0.4921259845)
        .FooterMargin = Application.InchesToPoints(0.4921259845)
        .PrintHeadings = False
        .PrintGridlines = False
        .PrintComments = xlPrintNoComments
        .PrintQuality = -3
        .CenterHorizontally = False
        .CenterVertically = False
        .Orientation = xlLandscape
        .Draft = False
        .PaperSize = xlPaperA4
        .FirstPageNumber = xlAutomatic
        .Order = xlDownThenOver
        .BlackAndWhite = False
        .Zoom = 100
        .PrintErrors = xlPrintErrorsDisplayed
    End With
End Sub
```

Vous êtes sans doute surpris de la quantité de code générée par une seule commande. Pour avoir uniquement cliqué sur un seul bouton de la boîte de dialogue Mise en page, Excel a produit du code qui paramètre la totalité des options.

C'est là un bel exemple de macro qui en fait trop. Si vous désirez qu'elle se contente de basculer le mode d'impression Portrait en mode Paysage, supprimez tout le code superflu. La macro n'en sera que plus lisible et surtout plus rapide. La macro ci-dessus peut se réduire à ceci :

```
Sub Macro1()
    With ActiveSheet.PageSetup
        .Orientation = xlLandscape
    End With
End Sub
```

À l'exception des lignes qui définissent la propriété Orientation, tout le code des autres options a été supprimé. Il est même possible de simplifier davantage le code en éliminant la construction With.End With, dont nous n'avons pas besoin. Ce qui donne :

```
Sub Macro1()
    ActiveSheet.PageSetup.Orientation = xlLandscape
End Sub
```

Dans ce cas, la macro modifie, dans la feuille active, la propriété Orientation de l'objet PageSetup. Les autres propriétés sont inchangées. À propos, xlLandscape est une constante prédéfinie qui nous facilite la tâche. Nous étudierons les constantes prédéfinies au Chapitre 7.

Plutôt que d'enregistrer cette macro, vous pourriez l'entrer directement dans un module VBA. Pour ce faire, vous devez savoir quels objets, propriétés et méthodes vous devez utiliser. Bien qu'une macro enregistrée ne soit pas la panacée, elle vous a permis de découvrir que l'objet PageSetup (mise en page) possède une propriété Orientation. Une preuve de plus que l'enregistreur de macros vous aide à apprendre le VBA.

Troisième partie

Les concepts de la programmation

"On est très inquiets, Kevin n'est pas comme les autres enfants : il est incapable d'utiliser le raccourci qui permet de passer d'une application à une autre."

Dans cette partie...

C'est la partie du livre que vous attendiez avec impatience. Dans les huit prochains chapitres, vous découvrirez les éléments essentiels de la programmation d'Excel, avec en prime de lumineux exemples que vous pourrez adapter à vos propres besoins.

Chapitre 7

Les éléments essentiels du langage VBA

Dans ce chapitre :

- Savoir quand, pourquoi et comment documenter votre code.
- Utiliser des variables et des constantes.
- Indiquer au VBA le type de données utilisées.
- Savoir pourquoi vous devez parfois utiliser des étiquettes dans vos procédures.

Le VBA étant un langage de programmation vivant, il a recours à bon nombre d'éléments communs à tous les langages informatiques. Vous en découvrirez plusieurs dans ce chapitre : les commentaires, les variables, les constantes, les types de données, les tableaux et quelques autres gâteries. Si vous avez programmé dans d'autres langages, une partie de tout ce matériel vous est déjà familier. Sinon, si vous débutez, le moment est venu de retrousser vos manches et de mettre les mains dans le cambouis.

Commenter le code VBA

Un *commentaire* est l'instruction VBA la plus élémentaire. Comme le langage l'ignore totalement, vous pouvez y placer tout ce que bon vous semble : un pense-bête, une précision quant au code qui suit… Bref, vous pouvez user et abuser des commentaires pour décrire à quoi servent les différentes parties de votre code, ce qui n'est pas toujours évident à la seule lecture des lignes de programmation. Car bien souvent, le code qui paraît clair aujourd'hui ne l'est plus du tout quelques semaines ou mois plus tard. J'ai connu ça…

Un commentaire commence par une apostrophe ('). Le langage VBA ignore tout ce qui, dans la ligne, se trouve après l'apostrophe. Vous pouvez réserver la totalité d'une ligne à un commentaire, ou commencer le commentaire après du code, sur la même ligne. L'exemple qui suit montre une procédure VBA comportant trois commentaires (qui n'ont pas forcément une haute tenue littéraire) :

```
Sub ExempleDeCommentaires()
'   Cette procédure ne casse pas trois pattes à un canard
    x = 0  'x est la représentation de la vacuité
    'Affichage du résultat
    MsgBox x
End Sub
```

La règle de l'apostrophe qui précède un commentaire connaît une exception : le VBA n'interprète pas comme un début de commentaire l'apostrophe qui se trouve à l'intérieur des guillemets délimitant une chaîne de caractères. Par exemple, l'instruction suivante ne comporte aucun commentaire bien qu'elle contienne des apostrophes :

```
Msg = "L'addition n'est pas exécutée"
```

Quand vous écrirez du code, il vous arrivera parfois de vouloir tester une procédure sans la présence de telle ou telle instruction ou groupe d'instructions. Plutôt que de les supprimer – au risque de devoir les retaper plus tard, voire d'oublier leur contenu – il est préférable de les transformer en commentaires en les faisant précéder d'une apostrophe. Vous pourrez ensuite les rétablir en supprimant les apostrophes.

Quand vous testez une procédure, vous pouvez être amené à supprimer temporairement quelques instructions. Plutôt que de les supprimer, convertissez-les en commentaires. Ensuite, les tests terminés, convertissez de nouveau les commentaires en instructions. Dans l'éditeur VBE, choisissez Affichage/Barres d'outils/Édition pour accéder à la barre d'outils que montre la Figure 7.1. Pour convertir tout un bloc en commentaires, sélectionnez les instructions puis cliquez sur le bouton Commenter bloc. Pour ôter les apostrophes, sélectionnez les instructions puis cliquez sur le bouton Ne pas commenter bloc.

Tous les commentaires ne se valent pas. Par exemple, la procédure qui suit est abondamment documentée, mais les commentaires n'apportent rien car le code est suffisamment clair pour se passer d'explications.

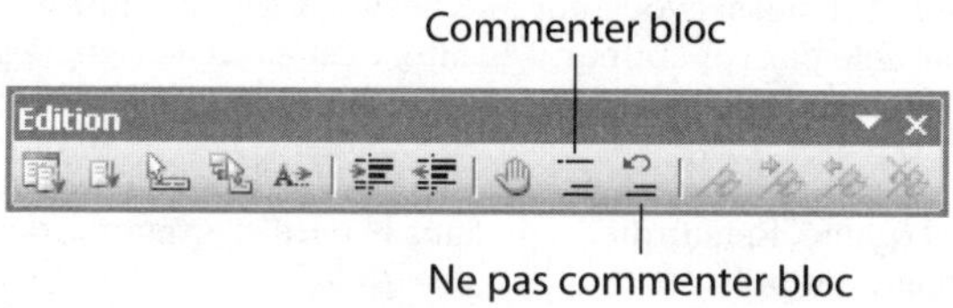

Figure 7.1 : La barre d'outils Édition contient quelques boutons utiles.

```
Sub CommentairesSuperflus()
'   Déclaration des variables
    Dim x As Integer
    Dim y As Integer
    Dim z As Integer
'   Démarrage de la routine
    x = 100 ' Affecte 100 à x
    y = 200 ' Affecte 200 à y
'   Ajoute x à y et stocke dans z
    z = x + y
'   Affichage du résultat
    MsgBox z
End Sub
```

Chacun développe son propre style de commentaires (en prose, en alexandrins...). Pour être utile, un commentaire doit cependant convoyer une information qui n'est pas immédiatement évidente aux yeux de celui qui lit le programme. Sinon, si vous truffez le code de redites et de pléonasmes, les commentaires ne feront que bouffer de l'octet et alourdir le fichier.

Variables, constantes et types de données

Le langage VBA sert principalement à manipuler des données. Il les stocke dans la mémoire de l'ordinateur ou sur un support magnétique ou optique (disque, disquette, bande, CD...). Certaines données – comme le contenu des plages des feuilles de calcul – résident dans des objets. D'autres sont stockées dans les variables que vous créez.

Les variables

Une *variable* est tout simplement un emplacement de stockage nommé, situé dans la mémoire de l'ordinateur. Comme vous disposez d'une grande souplesse pour nommer les variables, veillez à ce que leur nom soit aussi évocateur que possible. Une valeur est affectée à une variable par l'opérateur d'égalité, c'est-à-dire le signe "égal" (=). Nous y reviendrons dans la section "Les instructions d'affectation".

Dans ces exemples, les noms de variables se trouvent à gauche du signe d'égalité. Remarquez que, dans le dernier exemple, deux variables sont utilisées :

```
x = 1

Taux_d_interêt = 0.075

SalaireTotal = 243089

DonnéeEntrée = False

x = x + 1

NomUtilisateur = "Daffy Duck"

DateInitiale = #8 avr 2004#

MonChiffre = VotreChiffre * 1.25
```

Pour faciliter la lisibilité des variables, les programmeurs ont souvent recours au mélange des casses (comme dans SalaireTotal) ou au caractère de soulignement (comme dans Taux_d_intérêt).

Le VBA est truffé de mots réservés que vous n'avez pas le droit d'utiliser pour nommer des variables. Ces termes étant tous issus de l'anglais, le risque est faible pour les programmeurs non anglophones. Ces mots se trouvent dans :

- Les noms des fonctions VBA prédéfinies comme Ucase et Sqr.
- Les mots propres au langage VBA comme Sub, With et For.

Si vous tentez d'attribuer un de ces noms à une variable, vous récolterez une erreur de compilation ; le code ne pourra pas être exécuté. Donc, si une instruction d'affectation produit un message d'erreur, vérifiez soigneusement la programmation, notamment au niveau des noms de variable.

Les types de données

Un *type de données* est la forme sous laquelle un programme stocke les données en mémoire, par exemple en tant que nombres entiers, nombres réels ou chaînes de caractères. Bien que le VBA puisse se charger de ces détails, il ne le fera pas pour rien (le VBA est vénal). Lui confier la gestion de vos saisies entraîne un ralentissement de l'exécution ainsi qu'une utilisation inefficace de la mémoire. Pour des applications modestes, ces inconvénients passent généralement inaperçus. Mais pour des applications de plus grande envergure, plus complexes, qui risquent d'être lentes et de pénaliser la mémoire, vous devez vous familiariser avec la notion de types de données.

Le langage VBA reconnaît un grand nombre de types de données. Le Tableau 7.1 liste les plus courants.

Tableau 7.1 : Les types de données VBA prédéfinies.

Type de données	Longueur en octets	Plage de valeurs
Boolean (booléen)	2	Vrai ou faux
Integer (entier)	2	-32 768 à 32 767
Long	4	-1 147 483 648 à 1 147 483 647
Single (simple)	4	-3,402823E38 à 1,401298E45
Double, négatif	8	-1,79769313486232E308 à 4,94065645841247E-324
Double, positif	8	4,94065645841247E–324 à 1,79769313486232E308
Currency (monétaire)	8	-922 337 203 685 477,5808 à 922 337 203 685 477,5807
Date	8	1/1/100 à 31/12/9999
String (chaîne)	1 par caractère	Limites variables
Object (objet)	4	Tout objet défini
Variant (variable de type non explicitement déclarée)	Longueur variable	N'importe quel type de données
Défini par l'utilisateur	Longueur variable	Limites variables

De manière générale, choisissez le type de données le plus court – en terme d'octets – capable de gérer les informations qui lui sont transmises par le programme.

Déclaration et portée des variables

Avant d'utiliser des variables dans une procédure, il est recommandé de les *déclarer,* c'est-à-dire d'indiquer à VBA quel est le type de chacune d'elles. La déclaration des variables accélère l'exécution du programme tout en exploitant la mémoire plus efficacement. Le type de données par défaut, Variant, oblige le langage VBA à répéter sans cesse des contrôles qui prennent du temps et à réserver plus de mémoire que nécessaire. Si le VBA connaît le type d'une variable, il n'a plus à le rechercher et il réservera juste la mémoire suffisante pour stocker la donnée.

Pour vous obliger à déclarer toutes les variables utilisées, placez cette instruction en tête du module VBA :

```
Option Explicit
```

Lorsque cette instruction est présente, le code ne pourra pas être exécuté s'il contient une variable non déclarée.

N'OUBLIEZ PAS

Vous ne devez indiquer Option Explicit qu'une seule fois, au tout début du module. Cette instruction s'applique en effet à la totalité du module dans lequel elle se trouve. Si un projet comporte plusieurs modules, vous devrez placer l'instruction Option Explicit dans chacun d'eux.

Supposons que vous utilisiez une variable non déclarée – donc, de type Variant – nommée TauxCourant. Quelque part dans votre routine, vous écrivez :

```
TauxCourrant = 0.075
```

Cette variable mal orthographiée, difficile à repérer, produira probablement un résultat erroné. Si vous placez l'instruction Option Explicit au début du module – et que vous déclariez TauxCourant –, Excel signalera l'erreur lorsqu'il rencontrera la version mal orthographiée de cette variable.

TRUC

Pour insérer automatiquement l'instruction Option Explicit dans tous les modules VBA que vous créerez, activez l'option Déclaration des variables obligatoire. Vous la trouverez en choisissant, dans l'éditeur VBE, Outils/Option, puis l'onglet Éditeur. Je vous recommande vivement de le faire.

Vous connaissez à présent les avantages de la déclaration des variables. Reste à savoir comment le faire. Avant de rentrer dans les détails, nous devons aborder un autre sujet : la portée d'une variable.

Vous savez qu'un classeur peut comporter un nombre illimité de modules VBA. Et qu'un module VBA peut avoir n'importe quel nombre de procédures Sub et Function. La *portée* d'une variable définit quels modules et quelles procédures utiliseront la variable. Le Tableau 7.2 détaille ces portées.

Tableau 7.2 : La portée d'une variable.

Portée	Comment la variable est déclarée
Procédure seulement	Par une instruction Dim ou Static, dans la procédure où la variable est utilisée.
Module seulement	En plaçant une instruction Dim avant la première instruction Sub ou Function, dans le module.
Toutes les procédures dans tous les modules	En plaçant une instruction Public avant la première instruction Sub ou Function, dans le module.

Ne vous inquiétez pas si des notions vous échappent. Nous reviendrons sur tout ceci dans les prochaines sections.

Les variables de procédure

La portée la plus faible d'une variable est celle qui se situe au niveau "procédure" (qui est forcément de type Sub ou Function). Les variables de cette portée ne peuvent être utilisées que dans la procédure dans laquelle elles ont été déclarées. À la fin de la procédure, elles cessent d'exister et Excel libère la mémoire. Si vous exécutez de nouveau la procédure, les variables sont réinitialisées, les valeurs qu'elles contenaient à la fin étant toutefois perdues.

La manière la plus courante de déclarer une variable de procédure consiste à placer une instruction Dim entre des instructions Sub et End Sub, ou entre des instructions Function et End Function. Le mot-clé Dim est une abréviation de *dimension,* terme utilisé pour la réservation de la mémoire pour une variable. Généralement, l'instruction Dim est placée immédiatement après l'instruction Sub ou Function, et avant le code de la procédure.

L'exemple qui suit montre des variables de procédures déclarées par des instructions Dim :

```
Sub MonSub()
    Dim x As Integer
    Dim Premier As Long
    Dim Taux_d_intérêt As Single
    Dim DateDuJour As Date
    Dim NomUtilisateur As String
    Dim MaValeur
'   ... [ici, le code de la procédure] ...
End Sub
```

Remarquez que la dernière instruction Dim ne déclare pas un type de données, mais seulement la variable elle-même. Il en résulte que MaValeur sera de type Variant.

Soit dit en passant, plusieurs variables peuvent être déclarées avec une seule instruction Dim, comme ici :

```
Dim x As Integer, y As Integer, z As Integer
Dim Premier As Long, Dernier As Double
```

Contrairement à certains langages, le VBA n'autorise pas la déclaration globale du type de données d'un ensemble de variables séparées par des virgules. Par exemple, bien que valide, l'instruction ci-dessous ne déclare pas toutes les variables comme entiers :

```
Dim, i, j, k As Integer
```

Dans cet exemple, seule la variable k est déclarée comme entier ; les autres variables sont déclarées comme Variant.

Les variables de module

Parfois, une variable devra être disponible pour toutes les procédures d'un module. Il suffit pour cela de la déclarer avant la première instruction Sub ou Function, c'est-à-dire hors de toute procédure. Ceci s'effectue dans la section Déclarations, au début du module (c'est aussi à cet endroit que se trouve l'instruction Option Explicit étudiée précédemment dans ce chapitre). La Figure 7.2 montre la fenêtre du module lorsque vous travaillez dans la section Déclarations.

Supposons que vous désiriez déclarer la variable ValeurCourante afin de la rendre disponible dans toutes les procédures du module. Il suffit pour cela d'utiliser l'instruction Dim dans la section Déclarations :

```
Dim ValeurCourante As Integer
```

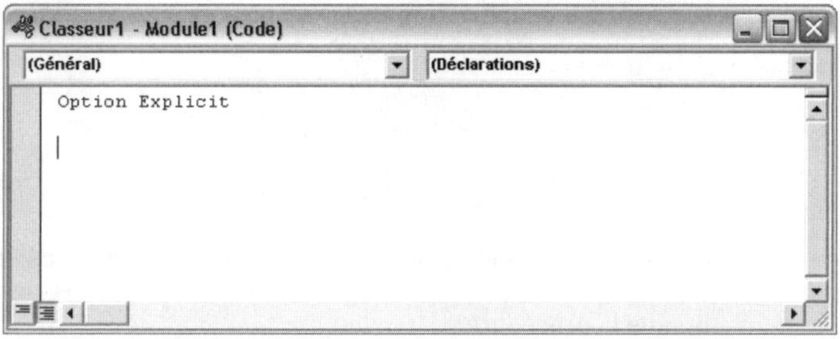

Figure 7.2 : Chaque module VBA comporte une section Déclarations. Elle apparaît avant toute procédure Sub ou Function.

Cette déclaration en place – à la bonne place –, la variable ValeurCourante est utilisable par n'importe quelle autre procédure du module ; elle conserve sa valeur en passant d'une procédure à une autre.

Les variables Public

Si une variable doit être disponible pour toutes les procédures de tous les modules VBA d'un classeur, déclarez-la au niveau "module" (dans la section Déclarations) en la faisant précéder du mot-clé Public :

```
Public TauxCourant As Long
```

Le mot-clé Public rend la variable TauxCourant disponible pour n'importe quelle procédure du classeur, même celles dans d'autres modules VBA du classeur. Cette instruction doit être placée avant la première instruction Sub ou Function d'un module.

Les variables Static

Normalement, à la fin d'une procédure, toutes les variables sont réinitialisées. Les *variables statiques* font exception à la règle dans la mesure où elles conservent leurs valeurs même lorsque la procédure est terminée. Une variable de type Static est déclarée au niveau "procédure". Elle peut s'avérer utile lorsque vous désirez savoir combien de fois une procédure a été exécutée. Vous déclarez à cette fin une variable statique que vous incrémentez chaque fois que la procédure est démarrée.

Comme le montre l'exemple qui suit, les variables statiques sont déclarées par le mot-clé Static :

```
Sub MonSub()
    Static Compteur As Integer
    Dim Msg As String
    Compteur = Compteur + 1
    Msg = "Nombre d'exécutions : " & Compteur
    MsgBox Msg
End Sub
```

Ce code conserve la trace du nombre de fois que la procédure a été exécutée. La valeur de la variable Compteur n'est pas réinitialisée lorsque la procédure se termine.

Les constantes

La valeur d'une variable peut changer – et c'est généralement le cas – au cours de l'exécution de la procédure (c'est pour cela que l'on parle de "variable"). Vous devrez parfois faire référence à une valeur ou à une chaîne qui ne change jamais, et qui est donc une *constante.* Par définition, une constante est immuable.

Comme le montre l'exemple qui suit, les constantes sont déclarées par l'instruction Const :

```
Const NombreTrim As Integer = 4

Const Taux = .0725, Période = 12

Const NomMod As String = "Macros Budget"

Public Const NomApplic As String = "Application Budget"
```

TRUC

L'utilisation de constantes à la place de valeurs spécifiques ou de chaînes est une excellente habitude. Par exemple, si votre procédure doit se référer plusieurs fois à une valeur spécifique, comme un taux d'intérêt, il est préférable de déclarer cette valeur comme constante puis de se référer à son nom plutôt qu'à la valeur. Le code est ainsi plus lisible et plus facile à modifier. Si un changement s'imposait, il suffirait de ne modifier qu'une instruction au lieu de plusieurs.

Si vous tentez de changer la valeur d'une constante dans une routine VBA, vous obtenez une erreur. Ce n'est pas étonnant car une constante, c'est une constante. Contrairement aux variables, la valeur d'une constante est immuable. Si vous devez modifier la valeur d'une constante, c'est en réalité une variable qu'il vous faut.

Excel et le langage VBA contiennent de nombreuses constantes prédéfinies, que vous pouvez utiliser sans avoir à les déclarer. En général, vous n'avez pas à connaître leur valeur pour les utiliser. L'enregistreur de macros utilise généralement des constantes plutôt que de véritables valeurs.

La procédure simple qui suit utilise une constante prédéfinie (xlCalculationManual) pour modifier la propriété Calculation de l'objet Application. Autrement dit, elle met le mode de recalcul d'Excel en mode manuel.

```
Sub CalculManuel()
    Application.Calculation = xlCalculationManual
End Sub
```

J'ai découvert la constante xlCalculationManual en enregistrant une macro qui modifie le mode de recalcul d'Excel. Je l'aurais aussi trouvée dans le système d'aide, sous la page Constantes Microsoft Excel que montre la Figure 7.3.

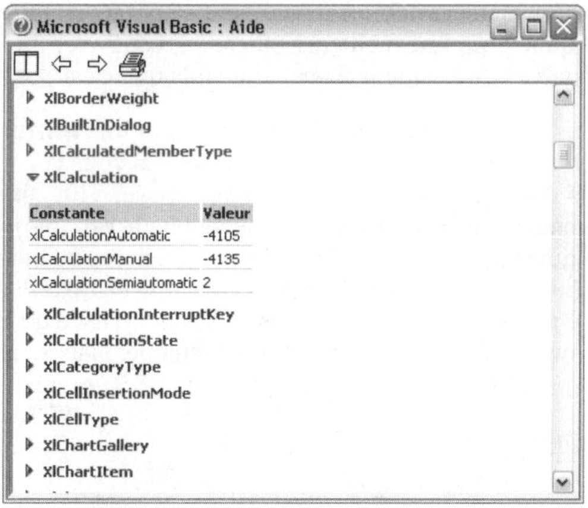

Figure 7.3 : L'aide de VBA contient la liste de toutes les constantes d'Excel.

La véritable valeur de la constante xlCalculationManual est -4135. Il est de toute évidence plus facile de recourir à un nom de constante plutôt que de rechercher la valeur (même si vous savez où elle se trouve). À propos, la constante qui remet le recalcul en mode automatique est xlCalculationAutomatic ; sa valeur est -4105. Comme vous le constatez, de nombreuses constantes prédéfinies ne sont que des chiffres arbitraires qui n'ont de sens que dans le langage VBA.

Pour connaître la véritable valeur d'une constante prédéfinie, exécutez une instruction du même genre que celle-ci :

```
MsgBox xlCalculationAutomatic
```

Les chaînes de caractères

Excel étant capable de traiter des nombres et du texte, il va de soi que le VBA sait en faire autant. En programmation, du texte est souvent appelé *chaîne de caractères*, ou plus simplement *chaîne*. Il existe deux sortes de chaînes dans le langage VBA :

- **Les chaînes de longueur fixe.** Le nombre de caractères qu'elles peuvent contenir est préalablement déclaré. La longueur maximale est de 65 526 caractères.
- **Les chaînes de longueur variable.** Théoriquement, elles peuvent contenir plus de deux milliards de caractères.

Dans une chaîne, chaque caractère occupe un octet. De plus, les chaînes de longueur variable consomment 16 octets supplémentaires. C'est pourquoi, pour une meilleure efficacité, vous avez intérêt à opter pour les chaînes de longueur fixe chaque fois que c'est possible.

Quand vous déclarez une variable de chaîne par une instruction Dim, vous pouvez spécifier la longueur de la chaîne si vous la connaissez (c'est alors une chaîne de longueur fixe) ou laisser VBA gérer dynamiquement l'affectation (chaîne de longueur variable). Dans l'exemple qui suit, la variable MaChaîne est déclarée comme chaîne d'une longueur maximale de 50 caractères (utilisez l'astérisque pour spécifier le nombre de caractères, jusqu'à concurrence de 65 526). La variable VotreChaîne est déclarée comme chaîne, mais sa longueur n'est pas spécifiée :

```
Dim MaChaîne As String * 50
Dim VotreChaîne As String
```

Les dates

Les dates sont un autre type de données fort utile. Elles peuvent certes être stockées dans une variable de type String mais, dans ce cas, vous ne pourrez pas les utiliser dans des calculs. Le type de données Date procure une bien meilleure souplesse. Vous pourrez en effet calculer une durée entre deux dates, ce qui est impossible avec des chaînes de caractères.

Une variable définie comme date est codée sur 8 octets. Elle peut contenir n'importe quelle date du 1er janvier de l'an 100 au 31 décembre 9999 (patience, un correctif dérivé du bogue de l'an 2000 sera fourni le moment venu pour le passage en l'an 10000). Cette plage de temps ouvre de vastes perspectives pour les simulations financières. Le type de données Date peut aussi être utilisé pour spécifier des heures ; c'est une bonne nouvelle dans la mesure où le VBA manque d'un type de données horaire.

Voici quelques exemples de déclaration de variables et de constantes avec le type de données Date :

```
Dim Aujourdhui As Date

Dim Heure2départ As Date

Const PremierJour as Date = #1/1/2005#

Const Midi = #12:00:00#
```

Comme le montrent les deux derniers exemples, les dates et les heures doivent être placées entre des dièses.

Les variables de type Date affichent la date et l'heure conformément au format de l'ordinateur, c'est-à-dire "jour mois année" ou sur 12 ou 24 heures. Ces paramètres, stockés dans la base de registre de Windows, peuvent être modifiés dans la boîte de dialogue Options régionales et linguistiques du Panneau de configuration.

Les instructions d'affectation

Une *instruction d'affectation* est une instruction VBA qui affecte le résultat d'une expression à une variable ou à un objet. L'aide de VBA les définit ainsi :

> "Instructions exécutables qui initialisent des actions. Ces instructions peuvent exécuter une méthode ou une fonction, elles peuvent également effectuer une boucle ou des branchements dans des blocs de code. Les instructions exécutables contiennent souvent des opérateurs mathématiques ou conditionnels."

Je ne saurais mieux dire.

Une grande partie de votre travail en VBA implique le développement – et le débogage – d'expressions. Si vous savez créer des formules dans Excel, vous n'aurez aucun problème pour créer des expressions. Quand la formule se trouve dans une feuille de calcul, Excel affiche le résultat dans une cellule. Une expression VBA, elle, peut être affectée à une variable.

Quelques instructions d'affectation

Dans les exemples d'instructions d'affectation qui suivent, les expressions se trouvent à droite du signe "égal" :

```
x = 1

x = x + 1

x = (y * 2) / (z * 2)

PrixMaison = 375000

FichierOuvert = True

Range("L'année").Value = 2005
```

TRUC

La longueur d'une expression n'est pas limitée. Utilisez les caractères de continuation (espace suivi d'un soulignement) pour revenir à la ligne et rendre le code plus lisible.

Les expressions utilisent souvent des fonctions : fonctions VBA prédéfinies, fonctions de feuille de calcul d'Excel ou celles que vous développez en VBA. Les fonctions sont décrites au Chapitre 9.

À propos du signe égal

Comme vous le constatez dans les exemples précédents, le langage VBA utilise le signe "égal" comme opérateur d'affectation. Or, pour vous, ce signe est probablement le symbole mathématique de l'égalité. C'est pourquoi une instruction comme celle-ci risque de vous faire bondir :

```
z = z + 1
```

Car, comment `z` serait-il égal à `z + 1` ? Réponse : c'est impossible. Dans ce cas de figure, l'instruction d'affectation augmente la valeur de `z` de `1`. Retenez simplement qu'une affectation utilise le signe "égal" comme opérateur, et non comme symbole d'égalité.

Les autres opérateurs

Les opérateurs jouent un rôle prédominant dans le langage VBA. En plus du signe "égal" évoqué dans la section précédente, il en existe plusieurs autres qui ne vous sont pas inconnus si vous avez déjà entré des formules dans une feuille de calcul. Sinon, vous les découvrirez dans le Tableau 7.3.

Tableau 7.3 : Les opérateurs VBA.

Fonction	Opérateur
Addition	+
Multiplication	*
Division	/
Soustraction	-
Puissance	^
Concaténation de chaînes	&
Division entière (sans reste)	\
Modulo (reste d'une division)	Mod

Comme le montre le Tableau 7.4, le langage VBA dispose aussi d'un ensemble d'opérateurs logiques.

Tableau 7.4 : Les opérateurs logiques du VBA.

Opérateur	Action	Description
Not	Non	Négation logique d'une expression
And	Et	Union logique de deux expressions
Or	Ou	Désunion logique de deux expressions
Xor	Ou exclusif	Exclusion logique d'une des deux expressions
Eqv	Équivalence	Équivalence logique d'une des deux expressions
Imp	Implication	Implication logique d'une des deux expressions

L'ordre de priorité des opérateurs VBA est exactement le même que dans les formules d'Excel. La mise à la puissance bénéficie de la priorité la plus élevée. Arrivent ensuite la multiplication et la division, suivies de l'addition et de la soustraction. L'ordre des priorités peut être modifié par des parenthèses : ce qui est entre parenthèses est toujours traité avant un opérateur.

Les tableaux

La plupart des langages de programmation supportent les tableaux. Un *tableau* est un ensemble de variables qui ont en commun leur nom. Il est fait référence à une variable spécifique d'un tableau en utilisant le nom du tableau suivi d'un numéro d'index. Vous définirez par exemple un tableau de 12 variables de type String pour y placer les mois de l'année. Si le nom du tableau est Mois, vous ferez référence au premier élément de ce tableau sous la forme Mois(1), au deuxième sous la forme Mois(2), et ainsi de suite.

Déclarer des tableaux

Avant de pouvoir utiliser des tableaux, vous devez les déclarer à l'aide d'une instruction Dim ou Public, comme vous le feriez pour des variables. Vous devez aussi spécifier le nombre d'éléments du tableau ; cette opération s'effectue en entrant le premier index, le mot-clé `to` et le dernier index, le tout entre parenthèses. Cet exemple déclare un tableau de 100 chiffres entiers :

```
Dim MonTableau(1 to 100) As Integer
```

Quand vous déclarez un tableau, vous pouvez choisir de ne spécifier que l'index supérieur ; le langage VBA présumera que l'index inférieur est 0. Par conséquent, les instructions suivantes déclarent chacune un tableau de 101 éléments :

```
Dim MonTableau(0 to 100) As Integer

Dim MonTableau(100) As Integer
```

TRUC

Si vous voulez que VBA considère que l'index inférieur du tableau est 1, placez l'instruction suivante dans la section Déclarations du module :

```
Option Base 1
```

Cette instruction force VBA à utiliser 1 comme premier index d'un tableau dont la déclaration ne comporte que l'index supérieur. Lorsque l'instruction ci-dessus est présente, les instructions ci-dessous sont identiques, car elles déclarent chacune un tableau de 100 éléments :

```
Dim MonTableau(1 to 100) As Integer

Dim MonTableau(100) As Integer
```

Les tableaux multidimensionnels

Les tableaux créés avec les exemples précédents sont tous à une seule dimension. Or, en VBA, un tableau peut en avoir jusqu'à soixante. En fait, vous n'aurez que rarement besoin de plus de deux ou trois dimensions. L'exemple ci-dessous déclare un tableau à deux dimensions de 100 chiffres entiers :

```
Dim MonTableau(1 to 10, 1 to 10) As Integer
```

Vous pouvez imaginer ce tableau sous la forme d'une matrice de 10 éléments sur 10. Pour faire référence à un élément spécifique, vous devez fournir deux numéros d'index. L'exemple qui suit montre comment une valeur peut être affectée à un élément de ce tableau :

```
MonTableau(3, 4) = 125
```

Cette instruction affecte une valeur à un seul élément du tableau. Si vous avez adopté la représentation sous la forme d'une matrice de 10 x 10 éléments, la valeur 125 est affectée à l'élément situé à l'intersection de la troisième rangée et de la quatrième colonne.

Un tableau à trois dimensions peut être considéré comme un cube. Visualiser des tableaux comportant davantage de dimensions est plus ardu. Au cube pourrait s'ajouter une évolution des paramètres dans la durée. Au-delà de cette quatrième dimension, nous entrerions dans des territoires inconnus qui glacent le mortel d'effroi.

Les tableaux dynamiques

Vous pouvez aussi créer des *tableaux dynamiques* dont le nombre d'éléments n'est pas prédéfini. Un tableau dynamique est déclaré en ne mettant rien entre les parenthèses :

```
MonTableau() As Integer
```

Avant de pouvoir utiliser ce tableau, vous devez le faire précéder de l'instruction ReDim pour indiquer au VBA le nombre d'éléments que comporte le tableau. Généralement, ce nombre est déterminé pendant que le code est exécuté. Vous pouvez utiliser l'instruction ReDim autant de fois que vous le désirez et modifer la taille du tableau aussi souvent que nécessaire.

L'exemple qui suit montre comment modifier le nombre d'éléments d'un tableau dynamique. Nous supposerons que la variable NombreElements contient une valeur calculée par votre code.

```
ReDim MonTableau(NombreElements)
```

Quand vous redimensionnez un tableau avec ReDim, vous effacez toutes les valeurs actuellement stockées dans les éléments du tableau. Ceci peut être évité avec le mot-clé Preserve :

```
ReDim Preserve MonTableau(NombreElements)
```

Si MonTableau contient dix éléments et que vous exécutiez l'instruction ci-dessus, les dix premiers éléments restent intacts, laissant de la place pour des éléments à venir (jusqu'à concurrence du nombre contenu dans la variable NombreElements).

Les étiquettes

Dans les toutes première versions du langage BASIC (*Beginner's All purpose Symbolic Instruction Code*), chaque ligne de code devait être numérotée. Par exemple, quand vous écriviez un programme en BASIC à la fin des années 70 (avec l'accoutrement qui allait avec, pantalon à pattes d'éléphant, chemise à fleurs et le *Guide du Routard* à portée de main), un programme ressemblait à ça :

```
010: LET X=5
020: LET Y=3
030: LET Z=X*Y
040: PRINT Z
050: END
```

Le langage VBA autorise la numérotation des lignes et même les étiquettes. Vous n'en placerez pas à chaque ligne, mais il vous arrivera de devoir en utiliser. Vous insérerez par exemple une étiquette lorsque vous utiliserez une instruction GoTo (aller à), comme nous le verrons au Chapitre 10. Une étiquette commence au premier caractère non vide d'une ligne et se termine par un signe "deux-points".

Chapitre 8

Les objets Range

Dans ce chapitre :

- En savoir plus sur les objets Range.
- Aborder les différentes manières de faire référence aux plages.
- Découvrir les propriétés des objets Range les plus utiles.

Au Chapitre 4, j'ai pris l'incommensurable risque de vous saturer avec la notion de modèle objet. Dans ce chapitre, j'ai aussi présenté les bases des propriétés et des méthodes. Dans celui-ci, nous examinerons de plus près les objets Range (plage). Pourquoi nous attarder dessus ? Parce que la plus grande partie de votre travail dans Excel est consacré à des objets Range. Vous me remercierez plus tard.

D'autres façons de faire référence aux plages

Plus vous programmerez en VBA, plus vous vous rendrez compte que ce langage est bien conçu et très logique (en dépit de ce que vous pourriez penser pour le moment). Il offre souvent plusieurs manières d'effectuer une action, vous laissant libre de choisir la plus appropriée à votre problème. Cette section est consacrée aux autres façons de faire référence à une plage.

La propriété Cells

Plutôt que de recourir au mot-clé Range, vous pouvez faire référence à une plage par sa propriété Cells (cellules).

La propriété Cells accepte deux arguments : ligne et colonne. Par exemple, l'expression suivante fait référence à la cellule C2 de la feuille Feuil2 :

```
Worksheets("Feuil2").Cells(2, 3)
```

Vous pouvez aussi demander à la propriété Cells de faire référence à une plage multicellule. Voici comment :

```
Range(Cells(1, 1), Cells(10, 10))
```

Cette expression fait référence à une plage de 100 cellules qui s'étendent de la cellule A1 (ligne 1, colonne 1) à la cellule J10 (ligne 10, colonne 10).

Les instructions qui suivent produisent toutes deux le même résultat : elles entrent la valeur 99 dans une plage de cellules de 10 x 10. Plus spécifiquement, ces instructions définissent la propriété Value de l'objet Range :

```
Range("A1:J10").Value = 99
Range(Cells(1, 1), Cells(10, 10)).Value = 99
```

La propriété Offset

La propriété Offset (décalage) propose un autre moyen fort commode de faire référence aux plages. Opérant sur un objet Range, elle retourne un autre objet Range, vous laissant faire référence à une cellule qui se trouve à un certain nombre de lignes et de colonnes de distance d'une autre cellule.

À l'instar de la propriété Cells, Offset accepte deux arguments. Le premier représente le nombre de lignes du décalage, le second le nombre de colonnes du décalage.

L'expression ci-dessous fait référence à une cellule qui se trouve une ligne sous la cellule A1 et deux colonnes à droite. Autrement dit, elle fait référence à la cellule plus communément appelée C2 :

```
Range("A1").Offset(1, 2)
```

La méthode Offset peut recevoir des arguments négatifs. Un décalage de ligne négatif fait référence à une ligne située au-dessus de la plage. Un décalage de colonne négatif fait référence à une colonne située à gauche de la plage. L'exemple qui suit fait référence à la cellule A1 :

```
Range("C2").Offset(-1, -2)
```

Comme vous vous en doutez, il est possible d'utiliser 0 comme argument(s) pour Offset. L'exemple qui suit fait référence à la cellule A1 :

```
Range("A1").Offset(0, 0)
```

La méthode Offset est surtout appréciable lorsque vous utilisez des variables comme arguments, plutôt que des chiffres. Le Chapitre 10 présente quelques exemples réalisés dans cet esprit.

Faire référence à des lignes et des colonnes entières

Si vous devez faire référence à une plage formée d'une ou plusieurs colonnes, vous utiliserez une expression comme celle-ci :

```
Columns("A:C")
```

Et si c'est à une ou plusieurs lignes qu'il faudra faire référence, vous écrirez :

```
Rows("1:5")
```

Quelques propriétés d'objet Range utiles

Un objet Range a des dizaines de propriétés. Vous pourriez écrire des programmes Excel en non-stop pendant les quarante années à venir sans les utiliser toutes. Dans cette section, je décris une partie des plus connues. Pour des détails exhaustifs, reportez-vous à l'aide de VBA.

Certaines propriétés Range sont en *lecture seule,* ce qui interdit de les modifier. Par exemple, chaque objet Range a une propriété Address qui contient l'adresse de la plage. Vous pouvez lire son contenu, mais pas le changer.

Les exemples qui suivent sont des instructions plutôt que des procédures complètes. Si vous le désirez, vous pouvez les essayer (je vous y encourage) en les intégrant dans une procédure Sub. Beaucoup de ces instructions ne fonctionnent correctement que si la feuille de calcul est la feuille active.

La propriété Value

La propriété Value représente la valeur contenue dans une cellule. Elle est en lecture-écriture, ce qui permet au code VBA de lire ou de modifier la valeur.

L'instruction qui suit affiche une boîte de message qui indique la valeur de la cellule A1 de Feuil1 :

```
MsgBox Worksheets("Feuil1").Range("A1").Value
```

Il va de soi que vous ne pouvez lire la propriété Value que pour un objet Range limité à une seule cellule. Par exemple, l'instruction que voici générerait une erreur :

```
MsgBox Worksheets("Feuil1").Range("A1:C3").Value
```

Il est cependant possible de modifier la propriété Value d'une plage, quelle que soit sa taille. Cette instruction entre le nombre 123 dans chacune des cellules d'une plage :

```
Worksheets("Feuil1").Range("A1:C3").Value = 123
```

TRUC

Value est la propriété par défaut d'un objet Range. En d'autres termes, si vous omettez une propriété pour Range, Excel utilise la propriété Value. Ces instructions entrent toutes deux la valeur 75 dans la cellule A1 de Feuil1 :

```
Worksheets("Feuil1").Range("A1").Value = 75
Worksheets("Feuil1").Range("A1") = 75
```

La propriété Text

La propriété Text retourne une chaîne qui représente le texte tel qu'il est affiché dans la cellule, c'est-à-dire la valeur mise en forme. Elle est en lecture seule. Par exemple, supposons que la cellule A1 contienne la valeur 12,3 et qu'elle soit mise en forme pour afficher deux décimales suivies du symbole de l'euro (12,30 €). L'instruction suivante affiche une boîte de message contenant 12,30 € :

```
MsgBox Worksheets("Feuil1").Range("A1").Text
```

En revanche, cette instruction affiche une boîte de message contenant 12,3 :

```
MsgBox Worksheets("Feuil1").Range("A1").Value
```

La propriété Count

La propriété Count, en lecture seule, retourne le nombre de cellules d'une plage (la totalité, pas uniquement les cellules non vides). Cette instruction accède à la propriété Count d'une plage et affiche le résultat (9) dans une boîte de message :

```
MsgBox Range("A1:C3").Count
```

Les propriétés Column et Row

La propriété Column retourne le numéro de colonne d'une plage d'une seule cellule ; la propriété Row retourne le numéro de ligne d'une plage d'une seule cellule. Les deux propriétés sont à lecture seule. L'instruction ci-dessous affiche 6 car la cellule se trouve dans la sixième colonne :

```
MsgBox Sheets("Feuil1").Range("F3").Column
```

Cette instruction affiche 3 parce que la cellule F3 se trouve sur la troisième ligne :

```
MsgBox Sheets("Feuil1").Range("F3").Row
```

Si l'objet Range couvre plus d'une cellule, la propriété Column retourne le numéro de la première colonne de la plage, tandis que la propriété Row retourne le numéro de la première ligne de la plage.

Ne confondez pas les propriétés Column et Row avec les propriétés Columns et Rows étudiées précédemment dans ce chapitre. Les premières, Column et Row, ne retournent qu'une seule valeur. En revanche, les propriétés Columns et Rows retournent un objet Range.

La propriété Address

La propriété Address, qui est à lecture seule, affiche l'adresse d'un objet Range en notation absolue (avec le signe "dollar" avant la lettre de la colonne et le chiffre de la ligne). Cette instruction affiche la boîte de message de la Figure 8.1 :

```
MsgBox Range(Cells(1, 1), Cells(5, 5)).Address
```

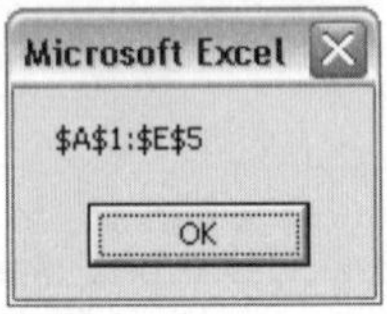

Figure 8.1 : Cette boîte de message affiche la propriété Address d'une plage de cellules.

La propriété HasFormula

La propriété HasFormula (a une formule), qui est en lecture seule, retourne True (vrai) si la plage à une seule cellule contient une formule. Si la plage englobe plusieurs cellules, VBA ne retourne True que si toutes les cellules de la plage contiennent une formule ou False (faux) si aucune cellule de la plage n'a de formule. La propriété retourne Null si la plage contient à la fois des cellules sans et avec formule.

Supposons par exemple que la cellule A1 contienne une valeur et la cellule A2 une formule. Les instructions qui suivent produisent une erreur car la plage n'est pas constituée uniquement de cellules sans formule, ou uniquement de cellules contenant des formules.

```
Dim TestFormule As Boolean
TestFormule = Range("A1:A2").HasFormula
```

Pour corriger cette situation, la meilleure solution consiste à vérifier que la variable TestFormule est déclarée comme Variant plutôt que comme Boolean. C'est ce qui a été fait ici :

```
Dim TestFormule As Variant
TestFormule = Range("A1:A2").HasFormula
If TypeName(TestFormule) = "Nul" Then MsgBox "Mêlé !"
```

La propriété Font

Comme je l'ai mentionné auparavant dans ce chapitre (voir "La propriété Cells"), une propriété peut retourner un objet. En voici un autre exemple : la propriété Font (police) d'un objet Range retourne un objet Font.

Un objet Font possède de nombreuses propriétés accessibles. Pour modifier un des aspects de la police d'une plage, vous devez d'abord accéder à l'objet Range de la plage, puis manipuler les propriétés de cet objet. Tout ceci paraît compliqué, mais il y a une logique à cela.

L'expression ci-dessous retourne l'objet Font d'une plage :

```
Range("A1").Font
```

L'instruction suivante met sur True la propriété Bold (gras) de l'objet Font contenu dans l'objet Range : la cellule affiche son contenu en gras.

```
Range("A1").Font.Bold = True
```

Pour découvrir d'autres exemples de manipulations d'objets Font, enregistrez une macro contenant des modifications de la police (gras, italique, taille, couleur...). Reportez-vous au Chapitre 6 pour savoir comment enregistrer une macro.

La propriété Interior

Voici un autre exemple encore de propriété qui retourne un objet. La propriété Interior de l'objet Range retourne un objet Interior. La référence à ce type d'objet s'effectue comme avec la propriété Font décrite dans la section précédente.

Par exemple, l'instruction qui suit met à 3 la propriété ColorIndex de l'objet Interior contenu dans l'objet Range :

```
Range("A1").Interior.ColorIndex = 3
```

Autrement dit, cette instruction met la couleur d'arrière-plan de la cellule en rouge.

Les valeurs de ColorIndex – qui s'étendent de 1 à 56 – correspondent à la palette de couleur actuellement utilisée par Excel. Le meilleur moyen de déterminer la propriété ColorIndex d'une couleur particulière est d'enregistrer une macro contenant un changement de couleur d'une cellule. Si vous tenez à utiliser les couleurs standard, recourez plutôt la propriété Color avec une des constantes prédéfinies : vbBlack (noir), vbRed (rouge), vbGreen (vert), vbYellow (jaune), vbBlue (bleu), vbMagenta (pourpre), vbCyan (turquoise) ou vbWhite (blanc). Par exemple, l'instruction que voici met la cellule A1 en jaune :

```
Range("A1").Interior.Color = vbYellow
```

La propriété Formula

La propriété Formula représente une formule contenue dans une cellule. Comme elle est en lecture-écriture, vous pouvez y accéder pour insérer une formule dans une cellule. Par exemple, cette instruction entre une formule SOMME dans la cellule A13 :

```
Range("A13").Formula = "=SOMME(A1:A12)"
```

Notez que la formule est une chaîne de caractères et qu'elle est donc entre guillemets. Si vous utilisez la propriété Formula pour déterminer une formule déjà présente dans la cellule, alors que la cellule en question n'en a pas, la propriété Formula retourne la propriété Value de la cellule.

La propriété NumberFormat

La propriété NumberFormat représente le format d'un nombre (exprimé sous la forme d'une chaîne de caractères) de l'objet Range. Cette propriété étant en lecture-écriture, le code VBA peut modifier la mise en forme des nombres. L'instruction qui suit applique à la colonne A un format de nombre "pourcentage" avec deux décimales :

```
Columns("A:A").NumberFormat = "0.00%"
```

Procédez comme suit pour voir une liste des autres formats de nombre :

1. **Activez une feuille de calcul.**
2. **Ouvrez la boîte de dialogue Format de cellule en appuyant sur Ctrl+Maj+1.**
3. **Cliquez sur l'onglet Nombre.**
4. **Dans la liste Catégorie, sélectionnez Personnalisée. Vous accédez ainsi à des chaînes de caractères correspondant à des mises en forme supplémentaires que vous pourrez utiliser avec la propriété NumberFormat.**

Quelques méthodes d'objet Range utiles

Comme vous le savez, une méthode VBA exécute une action. Un objet Range en possède des dizaines mais, là encore, vous ne les utiliserez jamais toutes. Dans cette section, je recense les méthodes d'objet Range les plus communément utilisées.

La méthode Select

La méthode Select sert à sélectionner une plage de cellules. Cette instruction sélectionne une plage dans la feuille de calcul active :

```
Range("A1:C12").Select
```

Avant de sélectionner une plage, assurez-vous que la feuille de calcul où elle se trouve est active. Sinon, vous obtiendrez un message d'erreur ou alors, une plage erronée sera sélectionnée. Par exemple, si Feuil1 contient la plage à sélectionner, vous utiliserez cette instruction :

```
Sheets("Feuil1").Activate
Range("A1:C12").Select
```

Contrairement à ce que vous pourriez penser, l'instruction ci-dessous génère une erreur. Autrement dit, vous devez utiliser deux instructions au lieu d'une : la première pour activer la feuille, la seconde pour sélectionner la plage.

```
Sheets("Feuil1").Range("A1:C12").Select
```

Les méthodes Copy et Paste

Vous pouvez effectuer des opérations Copier et Coller, en VBA, en recourant aux méthodes Copy et Paste. En toute logique, la méthode Copy s'applique à l'objet Range, mais la méthode Paste s'applique à l'objet Worksheet. Cette brève macro copie la plage A1:A12 puis la colle dans une plage qui commence à la cellule C1 :

```
Sub CopiePlage()
    Range("A1:A12").Select
    Selection.Copy
    Range("C1").Select
    ActiveSheet.Paste
End Sub
```

Remarquez dans l'exemple ci-dessus – produit par l'enregistreur de macros – que l'objet ActiveSheet (feuille active) est utilisé avec la méthode Paste. Il s'agit là d'une version spéciale de l'objet Worksheet qui fait référence à la feuille de calcul présentement sélectionnée. Remarquez aussi que la macro sélectionne la plage avant de la copier ; vous n'avez donc pas à sélectionner une plage avant d'utiliser cette macro. En fait, la procédure qui suit accomplit la même tâche que l'exemple ci-dessus, mais avec une seule instruction :

```
Sub CopiePlage 2()
    Range("A1:A12").Copy Range("C1")
End Sub
```

Cette procédure exploite le fait que la méthode Copy peut utiliser un argument correspondant à la plage de destination de l'opération de copie.

Chapitre 9

VBA et les fonctions de feuille de calcul

Dans ce chapitre :

- Augmenter la puissance des expressions VBA grâce à des fonctions.
- Utiliser les fonctions VBA prédéfinies.
- Utiliser les fonctions de feuille de calcul Excel dans votre code VBA.
- Écrire des fonctions personnalisées.

Dans les chapitres précédents, j'ai fait allusion au fait qu'il est possible d'utiliser des fonctions dans vos expressions VBA. Vous trouverez toutes les explications dans ce chapitre. Les fonctions améliorent l'efficacité de votre code VBA sans exiger de grandes capacités de programmation.

Qu'est-ce qu'une fonction ?

Une *fonction* effectue un calcul et retourne une seule valeur. La fonction SOMME, bien sûr, retourne le total d'une plage de cellules. Il en va de même pour les fonctions utilisées dans les expressions VBA : chacune exécute une tâche et retourne une seule valeur.

Les fonctions VBA proviennent de trois sources :

- Les fonctions prédéfinies fournies par VBA.
- Les fonctions de feuille de calcul fournies par Excel.
- Les fonctions personnalisées écrites en VBA par vous, ou par quelqu'un d'autre.

Utiliser les fonctions VBA

Dans cette section, je présente quelques exemples d'utilisation de fonctions VBA dans du code. La fonction MsgBox sert à afficher une valeur dans une boîte de message. Eh oui ! MsgBox est bel et bien une fonction VBA, certes inhabituelle, mais néanmoins une fonction fort utile qui affiche un message dans une boîte. Reportez-vous au Chapitre 15 pour en savoir plus sur la fonction MsgBox.

Des exemples de fonctions VBA

Dans cette section, je présente quelques exemples d'utilisation de fonctions VBA dans du code. Dans bon nombre d'entre eux, la fonction MsgBox est mise à contribution pour afficher une valeur dans une boîte de dialogue. Eh oui ! MsgBox est une fonction VBA, certes inhabituelle, mais elle en est une. Pour en savoir plus sur elle, reportez-vous au Chapitre 15.

WEB

Le classeur contenant les exemples est disponible sur le site Web des Éditions First Interactive, à l'adresse suivante : `www.efirst.com` (consultez l'introduction pour plus de détails).

Afficher la date du système

Ce premier exemple utilise la fonction Date de VBA pour afficher l'heure du système (celle mémorisée sur la carte mère de l'ordinateur) dans une boîte de message :

```
Sub AffichageDate()
    MsgBox Date
End Sub
```

Notez que la fonction Date n'a aucun argument. Contrairement aux fonctions de feuille de calcul, une feuille de calcul sans arguments n'exige pas la paire de parenthèses vides. En fait, si vous les ajoutez, le langage VBA les supprime.

Déterminer la longueur d'une chaîne

La procédure qui suit utilise la fonction VBA Len, qui retourne la longueur d'une chaîne de caractères. Elle accepte un seul argument : la chaîne. Lorsque vous exécutez cette fonction, la boîte de message affiche 14 car l'argument comporte 14 caractères.

```
Sub DéterminerLongueur()
    Dim Chaîne As String
    Dim LongueurChaîne As Integer
    Chaîne = "Salut à vous !"
    LongueurChaîne = Len(Chaîne)
    MsgBox LongueurChaîne
End Sub
```

Excel aussi a des fonctions, que vous utilisez habituellement dans les formules d'une feuille de calcul. Les versions Excel et VBA de ces fonctions agissent de la même manière.

Afficher la partie entière d'un nombre

La procédure ci-dessous utilise la fonction Fix, qui retourne la partie *entière* d'un nombre, c'est-à-dire la valeur sans la partie décimale :

```
Sub Entier()
    Dim Valeur As Double
    Dim Entier As Integer
    Valeur = 123.456
    Entier = Fix(Valeur)
    MsgBox Entier
End Sub
```

La boîte de message affiche 123.

N'OUBLIEZ PAS

Le VBA dispose d'une fonction similaire nommée Int. La différence entre les fonctions Fix et Int réside dans leur gestion des nombres négatifs :

- Int retourne le premier entier négatif inférieur ou égal à l'argument.
- Fix retourne le premier entier négatif supérieur ou égal à l'argument.

Déterminer la taille d'un fichier

La procédure Sub proposée ici affiche la taille en octets d'un fichier, le fichier exécutable du tableur (Excel.exe) en l'occurrence. Elle utilise pour cela la fonction FileLen.

```
Sub TailleFichier()
    Dim Fichier As String
```

```
    Fichier = "C:\Program Files\Microsoft Office\OFFICE11\Excel.exe"
    MsgBox FileLen(Fichier)
End Sub
```

Remarquez que, dans cette routine, l'emplacement du fichier est explicitement indiqué. Ce n'est généralement pas une bonne idée, car le fichier peut ne pas se trouver dans le lecteur `C`, ni le fichier dans le dossier ou le sous-dossier mentionné. Cette instruction est bien meilleure :

```
Fichier = Application.Path & "\EXCEL.EXE"
```

Path (chemin) est une propriété de l'objet Application. Elle retourne le nom du dossier dans lequel l'application (Excel, en l'occurrence) est installée.

Identifier l'objet sélectionné

Cette procédure utilise la fonction TypeName qui retourne le type de l'objet sélectionné sous la forme d'une chaîne :

```
Sub AfficheTypeSélectionné()
    Dim TypeSélectioné As String
    TypeSélectioné = TypeName(Selection)
    MsgBox TypeSélectioné
End Sub
```

Selon l'objet sélectionné, la boîte de message affichera Range, ChartObject, TextBox, etc.

La fonction TypeName est très souple. Vous pouvez aussi l'utiliser pour déterminer le type de données d'une variable.

Les fonctions VBA qui font plus que retourner une valeur

Quelques fonctions VBA font mieux que de se contenter de retourner une seule valeur. Vous les trouverez dans le Tableau 9.1.

Découvrir les fonctions VBA

Comment savoir quelles sont les fonctions que propose le langage VBA ? La meilleure source est dans l'aide de VBA. Vous trouverez dans

Tableau 9.1 : Les fonctions qui en font plus.

Fonction	Ce qu'elle fait
MsgBox	Affiche une boîte de dialogue contenant un message et des boutons. La fonction retourne un code qui identifie le bouton sur lequel l'utilisateur a cliqué. Pour les détails, reportez-vous au Chapitre 15.
InputBox	Affiche une boîte de dialogue simplifiée dans laquelle l'utilisateur tape une donnée. La fonction retourne ce qui a été entré dans la boîte. Nous y reviendrons au Chapitre 15.
Shell	Exécute un autre programme. La fonction retourne l'*identificateur de tâche* de l'autre programme (ou une erreur si elle ne parvient pas à le démarrer).

le Tableau 9.2 une liste des plus importantes de ces fonctions (j'ai fait l'impasse sur les plus spécialisées et les plus obscures).

TRUC

Pour obtenir tous les détails d'une fonction, tapez son nom dans un module VBA, placez le curseur dans le nom et appuyez sur F1.

Tableau 9.2 : Les principales fonctions prédéfinies.

Fonction	Ce quelle fait
Abs	Retourne la valeur absolue d'un nombre.
Array	Retourne une variable de type Variant contenant un tableau.
Asc	Convertit le premier caractère d'une chaîne en valeur ASCII.
Atn	Retourne l'arctangente d'un nombre.
Choose	Retourne une valeur provenant d'une liste d'éléments.
Chr	Convertit une valeur ANSI en chaîne de caractères.
Cos	Retourne le cosinus d'un nombre.
CurDir	Retourne le chemin courant.
Date	Retourne la date courante du système.
DateAdd	Retourne une date à laquelle un intervalle de temps spécifié a été ajouté (par exemple, un mois d'une date particulière).
DateDiff	Retourne un entier indiquant l'intervalle de temps entre deux dates (par exemple, le nombre de mois entre votre date de naissance et aujourd'hui).
DatePart	Retourne un entier contenant une partie d'une date (le jour d'une année, par exemple).

Fonction	Ce quelle fait
DateSerial	Convertit une date en numéro de série temporel.
DateValue	Convertit une chaîne en date.
Day	Retourne une valeur représentant le jour du mois.
Dir	Retourne le nom du fichier ou du répertoire correspondant à la chaîne de recherche.
Erl	Retourne le numéro de la ligne où s'est produite une erreur.
Err	Retourne le numéro d'erreur d'une condition d'erreur.
Error	Retourne le message d'erreur correspondant à un numéro d'erreur.
Exp	Retourne la base d'un logarithme naturel (e) mis à une puissance.
FileLen	Retourne le nombre d'octets d'un fichier.
Fix	Retourne la partie entière d'un nombre.
Format	Affiche une expression dans un format particulier.
GetSetting	Retourne une valeur provenant du registre de Windows.
Hex	Convertit un nombre décimal en nombre hexadécimal.
Hour	Retourne la partie "heure" d'une expression de temps.
InputBox	Affiche une boîte de saisie.
InStr	Retourne la position d'une chaîne à l'intérieur d'une autre chaîne.
Int	Retourne la partie entière d'un nombre.
IPmt	Retourne le montant d'une annuité basée sur des versements et sur un taux d'intérêt.
IsArray	Retourne True si la variable est un tableau.
IsDate	Retourne True si l'expression est une date.
IsEmpty	Retourne True si la variable n'a pas été initialisée.
IsError	Retourne True si une expression est une valeur d'erreur.
IsMissing	Retourne True si un argument facultatif n'a pas été passé à une procédure.
IsNull	Retourne True si une expression ne contient pas de données valides.
IsNumeric	Retourne True si une expression peut être évaluée comme nombre.
IsObject	Retourne True si une expression fait référence à un objet Automation OLE.
LBound	Retourne le plus petit indice pour la dimension d'un tableau.
LCase	Retourne une chaîne convertie en minuscules.
Left	Retourne le nombre de caractères spécifié à partir de la gauche d'une chaîne.
Len	Retourne le nombre de caractères d'une chaîne.
Log	Retourne le logarithme naturel d'un nombre de base e.

Fonction	Ce quelle fait
LTrim	Retourne la copie d'une chaîne sans les espaces situés avant.
Mid	Retourne un nombre spécifié de caractères prélevés à l'intérieur d'une chaîne.
Minute	Retourne la partie "minutes" d'une heure.
Month	Retourne la partie "mois" d'une date.
MsgBox	Affiche une boîte et retourne facultativement une valeur.
Now	Retourne la date et l'heure courante du système.
RGB	Retourne la valeur numérique RVB représentant une couleur.
Right	Retourne le nombre de caractères spécifié à partir de la droite d'une chaîne.
Rnd	Retourne un nombre aléatoire entre 0 et 1.
RTrim	Retourne la copie d'une chaîne sans les espaces situés après.
Second	Retourne la partie "secondes" d'une heure.
Sgn	Retourne un entier indiquant le signe du nombre.
Shell	Démarre un fichier exécutable.
Sin	Retourne le sinus d'un nombre.
Space	Retourne une chaîne formée du nombre d'espaces spécifiés.
Sqr	Retourne la racine carrée d'un nombre.
Str	Retourne la représentation textuelle (chaîne) d'un nombre.
StrComp	Retourne une valeur indiquant le résultat d'une comparaison de chaînes.
String	Retourne une chaîne formée par la répétition d'un caractère.
Tan	Retourne la tangente d'un nombre.
Time	Retourne l'heure courante du système.
Timer	Retourne le nombre de secondes écoulées depuis minuit.
TimeSerial	Retourne l'heure pour l'heure, la minute et la seconde spécifiées.
TimeValue	Convertit une chaîne en numéro de série temporel.
Trim	Retourne une chaîne sans les espaces qui la précédaient ou la suivaient.
TypeName	Retourne une chaîne décrivant le type de données d'une variable.
UBound	Retourne le plus grand indice pour la dimension d'un tableau.
UCase	Retourne une chaîne convertie en majuscules.
Val	Retourne le nombre représenté sous forme de chaîne.
VarType	Retourne une valeur indiquant le sous-type d'une variable.
Weekday	Retourne un nombre correspondant au jour de la semaine.
Year	Retourne la partie "année" d'une date.

Utiliser les fonctions de feuille de calcul en VBA

Bien que le langage VBA propose un ensemble conséquent de fonctions prédéfinies, vous n'y trouverez pas forcément celle qu'il vous faut. Fort heureusement, il est possible d'utiliser la plupart des fonctions de feuille de calcul d'Excel dans les procédures VBA. Les seules qui ne sont pas utilisables sont celles qui ont un équivalent en VBA.

Le langage VBA rend les fonctions de feuille de calcul d'Excel disponibles grâce à l'objet WorksheetFunction contenu dans l'objet Application (rappelez-vous que l'objet Application est Excel). C'est pourquoi, toute instruction qui utilise une fonction de feuille de calcul doit utiliser le qualificateur Application.WorksheetFunction. En d'autres termes, vous devez faire précéder le nom de la fonction par **Application.WorksheetFunction** (avec le point de séparation), comme dans cet exemple :

```
Total = Application.WorksheetFunction.Sum(Range("A1:A12"))
```

Vous pouvez omettre la partie Application de l'expression car elle est implicite. Vous pouvez aussi omettre la partie WorksheetFunction, car VBA saura que vous comptez utiliser une fonction de feuille de calcul. Mais dans ce cas, vous devez inclure la partie Application. Par conséquent, ces trois expressions qui calculent la somme d'une plage fonctionnent toutes de la même manière :

```
Total = Application.WorksheetFunction.Sum(Range("A1:A12"))
Total = WorksheetFunction.Sum(Range("A1:A12"))
Total = Application.Sum(Range("A1:A12"))
```

Ma préférence va à la deuxième formulation, WorksheetFunction, car elle indique clairement que le code utilise une fonction d'Excel.

Des exemples de fonctions de feuille de calcul

Dans cette section, vous apprendrez à utiliser des fonctions de feuille de calcul dans vos expressions VBA.

Obtenir la valeur maximale d'une plage

Cet exemple montre comment utiliser la fonction MAX dans une procédure VBA. Elle affiche la valeur maximale présente dans une plage nommée Liste, dans la feuille de calcul active.

```
Sub Maximum()
    Dim LeMaximum As Double
    LeMaximum = WorksheetFunction.Max(Range("Liste"))
    MsgBox LeMaximum
End Sub
```

Vous pouvez aussi utiliser la fonction MIN pour obtenir la valeur la plus faible de la plage. Et bien sûr, d'autres fonctions de feuille de calcul peuvent être utilisées de la même manière. Par exemple, la fonction LARGE peut être utilisée pour déterminer la énième plus grande valeur de la plage :

```
DeuxièmeRang = WorksheetFunction. _
    Large(Range("Liste"),2)
```

Notez que la fonction LARGE utilise deux arguments. Le deuxième représente la énième plus grande valeur (la deuxième ici).

Calculer le remboursement d'un emprunt

Le prochain exemple utilise la fonction de calcul PMT (VMP, dans la version française) pour calculer le remboursement d'un emprunt. Trois variables sont utilisées pour stocker les données passées comme arguments à la fonction Pmt. Une boîte de message affiche le remboursement.

```
Sub RembEmprunt()
    Dim TauxIntérêt As Double
    Dim Emprunté As Double
    Dim Périodicité As Integer
    TauxIntérêt = 0.0825 / 12
    Périodicité = 30 * 12
    Emprunté = 150000
    MsgBox WorksheetFunction.Pmt(TauxIntérêt, Périodicité, -Emprunté)
End Sub
```

Les valeurs peuvent aussi être entrées directement comme arguments de la fonction :

```
MsgBox WorksheetFunction.Pmt(0.0825 /12, 360, -150000)
```

Le stockage des paramètres dans des variables est toutefois plus commode car ainsi, le code est beaucoup plus facile à lire et à modifier.

Utiliser une fonction de recherche

L'exemple qui suit utilise la table de recherches que montre la Figure 9.1. La plage A1:B13 est nommée ListePrix.

	A	B
1	Pièce	Prix
2	A-132	39,95
3	A-183	12,95
4	B-942	16,49
5	C-832	3,99
6	C-999	17,59
7	D-873	19,99
8	F-143	39,95
9	G-771	49,95
10	K-873	129,95
11	M-732	89,95
12	P-101	3,95
13	R-932	13,95

Figure 9.1 : La plage – nommée ListePrix – contient les prix des pièces.

```
Sub ObtenirLePrix()
    Dim NumPièce As Variant
    Dim Prix As Double
    NumPièce = InputBox("Entrez le numéro de la pièce")
    Sheets("Prix").Activate
    Prix = WorksheetFunction. _
       VLookup(NumPièce, Range("ListePrix"), 2, False)
    MsgBox "La pièce " & NumPièce & " coûte " & Prix & " €"
End Sub
```

La feuille de calcul "Obtenir le prix" se trouve dans le classeur d'exemple téléchargeable.

La procédure se déroule de cette manière :

1. **Après que l'utilisateur a cliqué sur le gros bouton gris, la fonction VBA InputBox lui demande d'entrer le numéro d'une pièce.**

   La Figure 9.2 montre la boîte de dialogue qui apparaît lorsque cette instruction est exécutée.

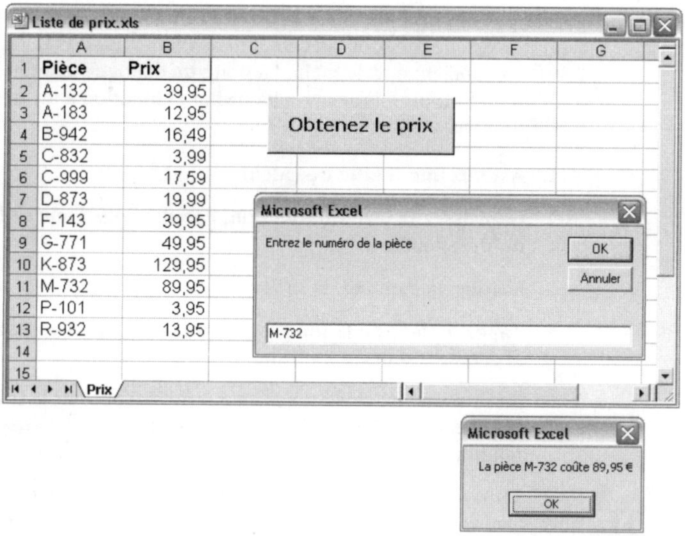

Figure 9.2 : La boîte de message affichée par la fonction InputBox.

2. **L'instruction affecte à la variable NumPièce le numéro de la pièce entré par l'utilisateur.**

3. **L'instruction suivante active la feuille de calcul Prix, pour le cas où elle ne serait pas actuellement active.**

4. **Le code utilise la fonction VLookup (RECHERCHEV en français) pour trouver la pièce dans la table.**

   Remarquez que les arguments utilisés dans cette instruction sont les mêmes que ceux que vous utiliseriez, dans la feuille de calcul, avec la fonction RECHERCHEV. Cette instruction affecte le résultat de la fonction à la variable Prix.

5. **Le code affiche le prix de la pièce au travers de la fonction MsgBox (en bas à droite dans la Figure 9.2).**

Cette procédure est dépourvue de toute gestion des erreurs. C'est pourquoi elle échoue lamentablement si vous entrez un numéro de pièce inexistant. Une instruction gérant les erreurs rendrait cette routine plus fiable et plus agréable à utiliser. Nous aborderons ces notions au Chapitre 12.

Entrer des fonctions de feuille de calcul

Il n'est pas possible d'utiliser la boîte de dialogue Insérer une fonction pour placer une fonction de calcul dans un module VBA. Vous devez l'entrer à l'ancienne : à la main. La boîte de dialogue Insérer une fonction peut toutefois servir à identifier la fonction à utiliser et à voir quels sont ses arguments.

1. **Activez une feuille de calcul.**
2. **Choisissez Insertion/Fonction, comme vous l'auriez fait habituellement.**
3. **Étudiez la syntaxe de la fonction.**
4. **Tapez le nom de la fonction – dans sa version anglaise – et ses arguments dans le module.**

   NdT : rappelez-vous que le seul moyen d'obtenir la traduction de la fonction est de créer une macro où vous l'utiliserez (entrer un minimum d'arguments est suffisant) et d'ouvrir son module.

TRUC

Procédez comme suit pour afficher la liste des compléments automatiques des instructions, qui contient toutes les fonctions de feuille de calcul :

1. **Dans un module, tapez Application.WorksheetFunction. (n'omettez pas le point final).**

   Le point tapé, l'éditeur VBE affiche une liste déroulante contenant la totalité des fonctions de feuille de calcul, dans leur version anglaise, la seule reconnue par VBA, *heavens to Betsy !*

2. **Si cette manipulation ne fonctionne pas, choisissez – toujours dans l'éditeur VBE – Outils/Options.**
3. **Cliquez sur l'onglet Éditeur.**
4. **Cochez la case Complément automatique des instructions.**

   L'Étape 1 devrait à présent fonctionner. Notez toutefois que la version en français d'Excel 2003 et l'éditeur VBE ne fournissent aucune aide sur les fonctions complémentaires.

Plus sur les fonctions de feuille de calcul

Les débutants confondent souvent les fonctions prédéfinies d'Excel avec les fonctions de feuille de calcul d'Excel. Le VBA n'essaie jamais de réinventer la roue : en règle générale, vous n'y trouverez pas d'équivalent à une fonction de feuille de calcul.

TRUC

Quand vous avez besoin d'une fonction, commencez d'abord par voir si le langage VBA en propose une répondant à vos besoins. Si non, recherchez parmi les fonctions de feuille de calcul. Si rien ne convient, vous devrez peut-être la programmer vous-même, sous la forme d'une fonction VBA personnalisée.

L'objet WorksheetFunction contient les fonctions de feuille de calcul utilisables dans des procédures VBA. L'Explorateur d'objets que montre la Figure 9.3 permet d'en voir la liste. Procédez comme suit pour afficher la totalité des fonctions VBA disponibles :

1. **Dans l'éditeur VBE, appuyez sur F2.**

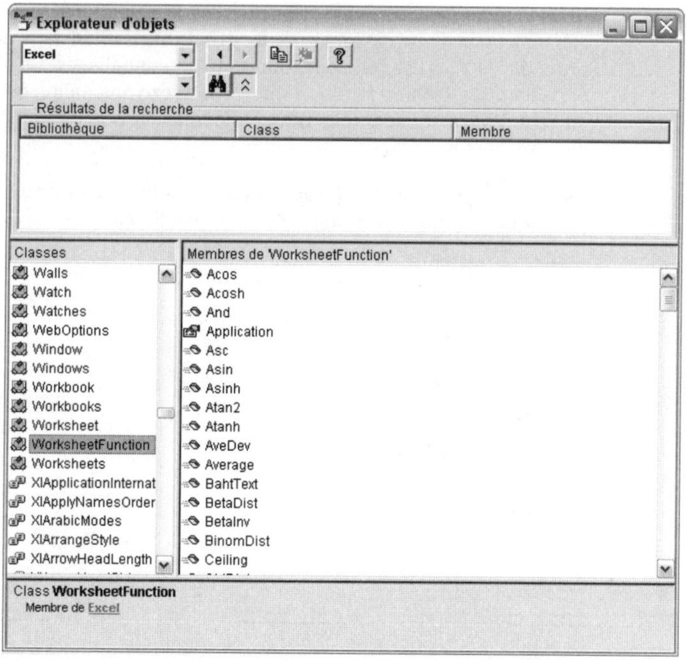

Figure 9.3 : L'Explorateur d'objets affiche toutes les fonctions disponibles pour une programmation en VBA.

L'Explorateur d'objets apparaît.

2. **Dans la liste déroulante Projet/bibliothèque (le champ tout en haut à gauche), choisissez Excel.**

3. **Dans la liste Classes, sélectionnez WorksheetFunction.**

   La liste Membres de 'WorksheetFunction' affiche toutes les fonctions utilisables dans votre code.

Pour la plupart des fonctions de feuille de calcul qui ne sont pas disponibles comme méthodes d'objet Application, vous pouvez utiliser un opérateur VBA prédéfini ou une fonction équivalents. Par exemple, la fonction de feuille MOD ne figure pas parmi les fonctions WorksheetFunction car elle a un équivalent : l'opérateur prédéfini Mod. De par sa conception, un opérateur VBA est plus rapide qu'une fonction Excel, dans un module VBA.

Les fonctions personnalisées

Nous venons de voir les fonctions VBA et les fonctions de feuille de calcul. La troisième catégorie de fonctions utilisables dans des procédures VBA est celle des fonctions personnalisées. Une *fonction personnalisée* est une fonction que vous avez vous-même programmée en VBA. Pour l'utiliser, vous devez la définir dans le classeur où vous en aurez besoin.

Voici un exemple de définition d'une procédure Function simple, puis de son utilisation dans une procédure VBA Sub :

```
Function MultiplieParDeux(nombre1, nombre2)
    MultiplieParDeux = nombre1 * nombre2
End Function

Sub AfficherRésultat()
    Dim nb1 As Double, nb2 As Double
    Dim Résultat As Double
    nb1 = 123
    nb2 = 544
    Résultat = MultiplieParDeux (nb1, nb2)
    MsgBox Résultat
End Sub
```

La fonction personnalisée MultiplieParDeux a deux arguments. La procédure Sub nommée AfficherRésultat affiche une boîte de message montrant la valeur retournée par la fonction MultiplieParDeux.

La fonction MultipliePar Deux ne sert pas à grand-chose. Il est beaucoup plus efficace d'effectuer la multiplication dans la procédure Sub AfficherRésultat. Je n'ai proposé cet exemple que pour montrer comment une procédure Sub peut exploiter une fonction personnalisée.

Les fonctions personnalisées sont aussi utilisables dans les formules d'une feuille de calcul. Par exemple, si MultiplieParDeux était définie dans votre classeur, vous pourriez écrire une formule comme celle-ci :

```
= MultiplieParDeux(A1,A2)
```

Cette formule retourne le produit des valeurs placées dans les cellules A1 et A2.

Chapitre 10

Contrôler le déroulement du programme et prendre des décisions

Dans ce chapitre :

- Découvrir les techniques de contrôle du déroulement des routines VBA.
- L'incontournable instruction GoTo.
- Les structures If-Then et Select Case.
- Exécuter des boucles dans les procédures.

Certaines procédures démarrent au commencement du code puis s'exécutent ligne par ligne jusqu'à la fin, sans jamais déroger à ce déroulement linéaire. C'est le cas des macros que vous enregistrez dans Excel. Mais bien souvent, vous devrez pouvoir contrôler le déroulement de votre code, pouvoir sauter des instructions, en exécuter d'autres plusieurs fois, ou tester des conditions qui détermineront ce que la procédure devra faire. C'est de tout cela qu'il est question dans ce chapitre.

Un long fleuve peu tranquille

Ceux qui découvrent l'informatique ont du mal à comprendre comment le tas de ferraille qu'est l'ordinateur est capable de prendre des décisions intelligentes. La réponse réside dans les structures de programmation supportées par la plupart des langages informatiques. Le Tableau 10.1 les résume succinctement (nous reviendrons cependant sur ces notions plus loin dans ce chapitre).

Tableau 10.1 : Les constructions logicielles capable de prendre des décisions.

Construction	Action	Ce qu'elle fait
GoTo	Aller à	Saute des lignes de code jusqu'à l'instruction spécifiée.
If-Then	Si-alors	Exécute une action si la condition est vérifiée (True).
Select Case	Choix	Exécute une action parmi plusieurs, selon la valeur retournée.
For-Next	Pour-ensuite	Exécute une série d'instructions en boucle autant de fois que spécifié.
Do-While	Exécuter-tant que	Exécute une série d'instructions en boucle tant que la condition est vraie (True).
Do-Until	Exécuter-jusqu'à ce que	Exécute une série d'instructions en boucle jusqu'à ce que la condition soit vraie (True).

L'instruction GoTo

L'instruction GoTo est le moyen le plus radical de changer le cours d'un programme. Elle transfère en effet le contrôle du programme à une nouvelle instruction, précédée d'une étiquette.

Les routines VBA peuvent contenir autant d'étiquettes que vous le désirez. Une *étiquette* est un texte suivi par le signe "deux-points" (reportez-vous au Chapitre 7 pour en savoir plus sur les étiquettes).

Cette procédure démontre le fonctionnement d'une instruction GoTo :

```
Sub Démo_GoTo()
    NomUtilisateur = InputBox("Tapez votre nom : ")
    If NomUtilisateur <> "Bill Gates" Then GoTo NomErroné
    MsgBox ("Bienvenue Bill...")
'   ...[Tripotée de lignes de code ici] ...
    Exit Sub
NomErroné:
```

```
    MsgBox "Désolé, vous n'êtes pas Bill Gates."
End Sub
```

La procédure utilise la fonction InputBox pour obtenir le nom de l'utilisateur. Si celui-ci entre un autre nom que "Bill Gates", le programme saute à l'étiquette NomErroné, affiche un message – une fin de non-recevoir –, puis la procédure se termine. En revanche, si le nom "Bill Gates" est entré, la procédure affiche un message de bienvenue puis exécute le code adéquat (non mentionné dans l'exemple). L'instruction Exit Sub met fin à la procédure avant que la deuxième fonction MsgBox soit exécutée.

Cette routine simple fonctionne, mais VBA permet de faire mieux – et plus structuré – que de recourir à GoTo. En général, vous n'utiliserez GoTo que si vous n'avez pas d'autres moyens d'exécuter une action. En pratique, le seul cas où vous utiliserez une instruction GoTo est la détection des erreurs (nous y reviendrons au Chapitre 12).

Décisions, décisions...

Dans cette section, nous étudierons deux structures de programmation qui agrémenteront vos procédures VBA de deux impressionnantes capacités de prise de décisions : If-Then et Select Case.

La structure If-Then

Que ce soit dit une bonne fois pour toutes : la structure de contrôle If-Then est la plus importante du VBA. Vous l'utiliserez probablement quotidiennement, comme je le fais. Comme dans la vie courante, l'efficacité découle de judicieuses décisions prises au moment opportun. Il en va de même en programmation.

La syntaxe d'une structure If-Then est la suivante :

```
If condition Then instructions [Else autres_instructions]
```

Ce qui peut se traduire par : si *la condition est vérifiée,* alors *il faut exécuter ces instructions,* sinon *les autres.*

Une structure If-Then sert à exécuter conditionnellement une ou plusieurs instructions. La clause facultative Else, lorsqu'elle est mentionnée, permet d'exécuter une ou plusieurs autres instructions si la condition testée n'est pas vraie. Tout ça vous paraît compliqué ? Ne vous en faites pas, quelques exemples clarifieront ces notions.

Un exemple If-Then

La routine suivante démontre une structure If-Then sans la clause Else :

```
Sub Bonjour()
    If Time < 0.5 Then MsgBox "Bonjour"
End Sub
```

La procédure Bonjour utilise la fonction Time du VBA pour récupérer l'heure du système. Si elle est inférieure à 0,5 (c'est-à-dire avant midi), la routine affiche un message. Si Time est supérieure ou égale à 0,5, la routine s'achève sans que rien ne se passe.

Pour afficher un message lorsque Time est égale ou supérieure à 0,5, nous ajouterons une autre instruction If-Then après la première :

```
Sub Bonjour()
    If Time < 0.5 Then MsgBox "Bonjour"
    If Time >= 0.5 Then MsgBox "Bon après-midi"
End Sub
```

Remarquez l'utilisation de l'opérateur >= (supérieur ou égal) dans la deuxième instruction If-Then. L'égalité garantit que le programme fonctionne même s'il est démarré exactement à 12:00 heures.

Un exemple If-Then-Else

Une autre approche du problème précédent implique le recours à la clause Else. Voici le même programme, mais avec une structure If-Then-Else :

```
Sub Bonjour()
    If Time < 0.5 Then MsgBox "Bonjour" Else _
    MsgBox "Bon après midi"
End Sub
```

Notez la présence des caractères de continuation (espace et soulignement). L'instruction If-Then-Else est en effet une seule et même instruction. Le VBA offre cependant une manière légèrement différente de coder une construction If-Then-Else, basée sur l'utilisation d'une instruction End If. La procédure Bonjour peut donc être réécrite sous la forme :

```
Sub Bonjour()
    If Time < 0.5 Then
        MsgBox "Bonjour"
    Else
        MsgBox "Bon après-midi"
    End If
End Sub
```

En fait, vous pouvez insérer n'importe quel nombre d'instructions sous la partie If, et n'importe quel nombre d'instructions sous la partie Else.

Serait-il possible d'étendre la routine Bonjour afin qu'elle gère trois conditions : le matin, l'après-midi et le soir ? Vous avez deux options : utiliser des instructions If-Then ou utiliser une structure If-Then-Else *imbriquée*. L'imbrication consiste à placer une structure If-Then-Else à l'intérieur d'une autre. Pour la condition triple, la première approche est la plus simple :

```
Sub Bonjour2()
  Dim Msg As String
  If Time < 0.5 Then Msg = "jour"
  If Time >= 0.5 And Time < 0.75 Then Msg = " après-midi"
  If Time >= 0.75 Then Msg = "soir"
  MsgBox "Bon" & Msg
End Sub
```

La variable Msg affiche différents textes selon le moment de la journée. La dernière instruction MsgBox affiche les salutations : Bonjour, Bon après-midi ou Bonsoir.

Cette routine effectue les mêmes actions, mais avec une structure If-Then-Else imbriquée :

```
Sub Bonjour3()
  Dim Msg As String
  If Time < 0.5 Then Msg = "jour" Else
    If Time >= 0.5 And Time < 0.75 Then Msg = " après-midi" Else
       If Time >= 0.75 Then Msg = "soir"
  MsgBox "Bon" & Msg
End Sub
```

L'exemple ci-dessus fonctionne parfaitement, mais il pourrait être simplifié en omettant la dernière partie If-Then. Car, la routine ayant déjà testé deux conditions (le matin et l'après-midi), la seule condition restante est le soir. Voici la procédure modifiée :

```
Sub Bonjour4()
  Dim Msg As String
  If Time < 0.5 Then Msg = "jour" Else
    If Time >= 0.5 And Time < 0.75 Then _
       Msg = " après-midi" Else Msg = "soir"
  MsgBox "Bon" & Msg
End Sub
```

Utiliser ElseIf

Pour une routine aussi courte que celle de notre exemple, vous n'avez pas à vous soucier de la vitesse d'exécution. En revanche, pour des applications de grande envergure, où la rapidité compte, vous avez intérêt à connaître l'autre syntaxe de la structure If-Then. La syntaxe ElseIf est la suivante :

```
If condition Then
    [instructions]
[ElseIf condition-n Then
    [instructions_elseif]] . . .
[Else
    [instructions_else]]
End If
```

Et voici comment la routine Bonjour peut être réécrite avec cette syntaxe :

```
Sub Bonjour5()
  Dim Msg As String
  If Time < 0.5 Then
    Msg = "jour"
      ElseIf Time >= 0.5 And Time < 0.75 Then
         Msg = " après-midi"
           Else
             Msg = "soir"
  End If
  MsgBox "Bon" & Msg
End Sub
```

Quand une condition est vraie, VBA exécute les instructions conditionnelles et la structure If s'achève. Autrement dit, le VBA ne perd pas son temps à évaluer les conditions superflues, d'où une meilleure efficacité de la procédure, comparée aux exemples précédents. L'inconvénient – car il y en a toujours un – est que le code est plus difficile à comprendre.

Un autre exemple If-Then

Voici un autre exemple qui utilise la forme simple de la structure If-Then. Cette procédure demande une quantité à l'utilisateur, puis il affiche le rabais approprié, basé sur la quantité commandée :

```
Sub AfficheRabais()
    Dim Quantité As Integer
    Dim Rabais As Double
    Quantité = InputBox("Quelle quantité ?")
    If Quantité > 0 Then Rabais = 0.1
    If Quantité >= 25 Then Rabais = 0.15
    If Quantité >= 50 Then Rabais = 0.2
    If Quantité >= 75 Then Rabais = 0.25
    MsgBox "Le rabais est de " & Rabais & " %"
End Sub
```

Le classeur contenant ces exemples est disponible sur le site Web des Éditions First Interactive, à l'adresse suivante : `www.efirst.com` (consultez l'introduction pour plus de détails).

Remarquez que, dans cette routine, chaque instruction If-Then est exécutée et que la valeur de Rabais peut varier au cours de l'exécution des instructions. Mais en fin de compte, la routine affiche la valeur correcte de Rabais.

La procédure qui suit exécute la même tâche, mais avec la syntaxe ElseIf. Dans ce cas, la routine s'achève juste après l'exécution d'une instruction dont la condition est vraie :

```
Sub AfficheRabais2()
  Dim Quantité As Integer
  Dim Rabais As Double
  Quantité = InputBox("Quelle quantité ?")
  If Quantité > 0 And Quantité < 25 Then
    Rabais = 0.1
      ElseIf Quantité >= 25 And Quantité < 50 Then
        Rabais = 0.15
           ElseIf Quantité >= 50 And Quantité < 75 Then
             Rabais = 0.2
               ElseIf Quantité >= 75 Then
                 Rabais = 0.25
  End If
  MsgBox "Le rabais est de " & Rabais & " %"
End Sub
```

Personnellement, je trouve ces multiples structures If-Then plutôt lourdes. Je n'utilise généralement une structure If-Then que pour de simples décisions binaires. Dès qu'une décision porte sur trois choix ou plus, la structure Select Case offre une approche plus simple, plus élégante et plus efficace.

La structure Select Case

La structure Select Case est utile pour des décisions impliquant trois options ou plus (bien qu'elle fonctionne aussi avec deux options, ce qui en fait une alternative à la structure If-Then-Else).

La syntaxe de la structure Select Case est la suivante :

```
Select Case expression_à_tester
[Case liste_de_n_expressions
    [n_instructions]] . . .
[Case Else
      [autres_instructions]]
End Select
```

Ne vous laissez pas impressionner par cette syntaxe officielle. En vérité, la structure Select Case est facile à utiliser.

Un exemple Select Case

L'exemple qui suit montre comment utiliser la structure Select Case. Il s'agit là aussi d'un autre moyen de coder les exemples présentés dans la section précédente :

```
Sub AfficheRabais3()
    Dim Quantité As Integer
    Dim Rabais As Double
    Quantité = InputBox("Quelle quantité ?")
    Select Case Quantité
        Case 0 To 24
            Rabais = 0.1
        Case 25 To 49
            Rabais = 0.15
        Case 50 To 74
            Rabais = 0.2
        Case Is >= 75
            Rabais = 0.25
    End Select
```

```
    MsgBox "Le rabais est de " & Rabais & " %"
End Sub
```

Dans cet exemple, la variable Quantité est évaluée. La routine vérifie différents cas de figure (de 0 à 24, de 25 à 49, de 50 à 74, et de 75 ou plus).

N'importe quel nombre d'instructions peut suivre chaque instruction Case ; elles seront toutes exécutées si la condition définie par Case est vraie. Si vous n'utilisez qu'une seule instruction, comme dans cet exemple, vous pouvez la placer sur la même ligne que le mot-clé Case, précédée par un signe "deux-points" (le caractère de séparation des instructions, dans le langage VBA). À mon avis, cette présentation rend le code plus compact et un peu plus clair. Voici la routine dans ce format :

```
Sub AfficheRabais4()
    Dim Quantité As Integer
    Dim Rabais As Double
    Quantité = InputBox("Quelle quantité ?")
    Select Case Quantité
        Case  0 To 24: Rabais = 0.1
        Case 25 To 49: Rabais = 0.15
        Case 50 To 74: Rabais = 0.2
        Case Is >= 75: Rabais = 0.25
    End Select
    MsgBox "Le rabais est de " & Rabais & " %"
End Sub
```

Lorsque VBA exécute une structure Select Case, la structure est quittée dès qu'une condition s'est révélée vraie.

Un exemple de Select Case imbriquée

Des structures Select Case peuvent être imbriquées. Cette routine examine la cellule active et affiche un message décrivant son contenu. Notez que la procédure comporte trois structures Select Case, qui ont chacune leur propre instruction End Select.

```
Sub VérifCellule()
   Dim Msg As String
   Select Case IsEmpty(ActiveCell)
      Case True
         Msg = "est vide"
      Case Else
```

```
            Select Case ActiveCell.HasFormula
               Case True
                  Msg = "contient une formule"
               Case False
                 Select Case IsNumeric(ActiveCell)
                    Case True
                       Msg = "contient un nombre"
                    Case Else
                       Msg = "contient du texte"
                 End Select
            End Select
      End Select
      MsgBox "La cellule " & ActiveCell.Address & " " & Msg
   End Sub
```

Le classeur contenant ces exemples est disponible sur le site Web des Éditions First Interactive, à l'adresse suivante : `www.efirst.com`.

Le principe de cette structure est le suivant :

1. Déterminer si la cellule est vide.
2. Si elle n'est pas vide, déterminer si elle contient une formule.
3. Si ce n'est pas une formule, déterminer si elle contient une valeur numérique ou du texte.

À la fin de la routine, la variable Msg contient une chaîne décrivant le contenu de la cellule, comme le montre la Figure 10.1.

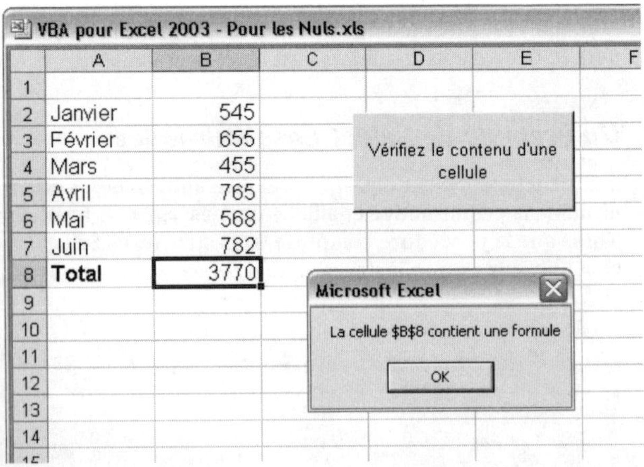

Figure 10.1 : Le message affiché par la procédure VérifCellule.

Les structures Select Case peuvent être imbriquées avec autant de niveaux que vous le désirez. Veillez cependant à ce que chaque instruction Select Case ait son instruction End Select correspondante.

TRUC

Comme vous le constatez ci-dessus, les retraits rendent le code beaucoup plus compréhensible. Pour vous en convaincre, voici le même programme sans aucun retrait :

```
Sub VérifCellule()
Dim Msg As String
Select Case IsEmpty(ActiveCell)
Case True
Msg = "est vide"
Case Else
Select Case ActiveCell.HasFormula
Case True
Msg = "contient une formule"
Case False
Select Case IsNumeric(ActiveCell)
Case True
Msg = "contient un nombre"
Case Else
Msg = "contient du texte"
End Select
End Select
End Select
MsgBox "La cellule " & ActiveCell.Address & " " & Msg
End Sub
```

Pas très clair, n'est-ce pas ?

Coder en boucle

Une *boucle* est un bloc d'instructions VBA réexécuté un certain nombre de fois. Le nombre de boucles peut être fixé par vous ou imposé par une variable.

Il existe deux types de boucles : les bonnes et les mauvaises.

Le code qui suit est une mauvaise boucle (elle entre des nombres successifs dans une plage de cellules). Elle commence par demander à l'utilisateur d'entrer deux valeurs : une valeur de départ et le nombre total de cellules à remplir (comme InputBox retourne une chaîne, cette dernière doit être convertie en nombres entiers grâce à la fonction CInt). Le déroulement du programme est contrôlé par une instruction GoTo. La variable ComptCell compte le nombre de cellules remplies.

Tant que la valeur de ce compteur est inférieure au nombre indiqué par l'utilisateur, le programme revient en boucle à l'étiquette UneAutre.

```
Sub MauvaiseBoucle()
    Dim ValDépart As Integer
    Dim NombreVoulu As Long
    Dim ComptCell As Long
    ValDépart = CInt(InputBox("Valeur de départ ? "))
    NombreVoulu = CInt(InputBox("Combien de cellules ? "))
    ActiveCell = ValDépart
    ComptCell = 1
UneAutre:
    ActiveCell.Offset(ComptCell, 0) = ValDépart + ComptCell
    ComptCell = ComptCell + 1
    If ComptCell < NombreVoulu Then GoTo UneAutre Else _
       Exit Sub
End Sub
```

Cette routine fonctionne comme prévu. Alors, en quoi est-elle mauvaise ? Comme je l'ai mentionné précédemment dans ce chapitre, vous devez éviter d'utiliser GoTo sauf si vous ne pouvez pas faire autrement. Utiliser GoTo pour effectuer des boucles :

- Est contraire aux principes de la programmation structurée (reportez-vous à l'encadré "Vous avez dit "programmation structurée" ?" plus haut dans ce chapitre).
- Rend le code plus difficile à lire.
- Expose davantage aux erreurs que les procédures de boucles structurées.

Le langage VBA dispose de suffisamment de commandes de boucles pour que vous puissiez vous passer complètement des instructions GoTo, lorsque vous devez programmer des décisions. Là encore, la seule exception concerne la gestion des erreurs.

Ceci dit, nous pouvons étudier une structure en boucle digne de ce nom.

Les boucles For-Next

La plus simple des boucles est celle basée sur une structure For-Next. Voici sa syntaxe :

```
For compteur = début To fin [Step intervalle]
    [instructions]
    [Exit For]
    [instructions]
Next [compteur]
```

La boucle est contrôlée par une variable compteur qui commence à une valeur et s'arrête à une autre. Les instructions entre l'instruction For et l'instruction Next sont celles qui sont répétées au cours de la boucle. Un exemple nous en dira bien plus que moult explications.

Un exemple de boucle For-Next

L'exemple qui suit montre une boucle For-Next dépourvue de la valeur facultative Step ou de l'instruction facultative Exit For. Cette routine boucle 100 fois en utilisant la fonction Rnd de VBA pour entrer un nombre aléatoire dans 100 cellules.

```
Sub RemplissageCellules()
    Dim Compteur As Integer
    For Compteur = 1 To 100
        ActiveCell.Offset(Compteur - 1, 0) = Rnd
    Next Compteur
End Sub
```

Dans cet exemple, Compteur – la variable qui compte le nombre de boucles – commence à la valeur 1 et l'augmente de 1 à chaque boucle. Comme nous n'avons pas spécifié de valeur Step, VBA utilise la valeur par défaut, c'est-à-dire 1. La méthode Offset utilise la valeur de Compteur comme argument. À la première boucle, la procédure entre un nombre dans la cellule active, avec un décalage de zéro ligne. À la deuxième boucle (Compteur = 2), la procédure entre un nombre dans une cellule décalée d'une ligne par rapport à la cellule active (Compteur -1) et ainsi de suite.

Une boucle For-Next-Step

La valeur Step sert à fixer un pas dans une boucle For-Next. Voici la même procédure que dans la section précédente, mais remaniée pour insérer un nombre aléatoire dans des cellules régulièrement espacées :

```
Sub RemplissageCellulesStep()
    Dim Compteur As Integer
```

```
    For Compteur = 1 To 100 Step 2
        ActiveCell.Offset(Compteur - 1, 0) = Rnd
    Next Count
End Sub
```

Nous avions commencé l'étude des boucles par une mauvaise boucle comportant une instruction GoTo. Voici le même listing – disponible, comme tous les exemples de ce chapitre, dans le fichier téléchargeable – converti en boucle de bonne facture basée sur une structure For-Next :

```
Sub BonneBoucle()
    Dim ValDépart As Integer
    Dim NombreVoulu As Long
    Dim ComptCell As Long
    ValDépart = CInt(InputBox("Valeur de départ ? "))
    NombreVoulu = CInt(InputBox("Combien de cellules ? "))
    For ComptCell = 1 To NombreVoulu
        ActiveCell.Offset(ComptCell - 1, 0) = _
          ValDépart + ComptCell - 1
    Next ComptCell
End Sub
```

Une boucle For-Next / Exit For

Une boucle For-Next peut aussi comporter une ou plusieurs instructions Exit For. Lorsque le VBA rencontre cette instruction, la boucle s'arrête aussitôt.

L'exemple suivant, lui aussi disponible dans le classeur téléchargeable, montre l'utilisation de l'instruction Exit For. Cette routine repère la valeur la plus élevée dans la colonne A :

```
Sub DémoExitFor()
  Dim ValeurMaxi As Double
  Dim Ligne As Long
  ValeurMaxi = Application.WorksheetFunction. _
     Max(Range("A:A"))
  For Ligne = 1 To 65536
      If Range("A1").Offset(Ligne - 1, 0).Value = ValeurMaxi Then
          Range("A1").Offset(Ligne - 1, 0).Activate
          MsgBox "La valeur maximale est à la ligne " & Ligne
          Exit For
      End If
  Next Ligne
End Sub
```

La routine détecte la valeur maximale, dans la colonne, grâce à la fonction MAX d'Excel, et affecte cette valeur à la variable ValeurMaxi. La boucle For-Next la compare ensuite au contenu de chacune des cellules de la colonne. Si la valeur de la cellule examinée est égale à celle de ValeurMaxi, la routine n'a plus besoin de faire d'autres boucles car sa tâche est terminée. L'instruction Exit For met alors fin à la boucle. Mais auparavant, la procédure active la cellule contenant la valeur maximale et informe l'utilisateur de son emplacement.

Un exemple de For-Next imbriquée

Jusqu'à présent, nos exemples reposent sur des boucles simples. Mais en vérité, vous pouvez placer n'importe quel nombre d'instructions dans une boucle et de boucles For-Next à l'intérieur d'autres boucles For-Next.

L'exemple qui suit utilise une boucle For-Next pour insérer des nombres aléatoires dans une plage de cellules de 12 lignes sur 5 colonnes, comme le montre la Figure 10.2. Remarquez que la routine exécute une *boucle interne* (boucle avec le compteur Ligne) à chaque itération de la *boucle externe* (boucle avec le compteur Colonne). Autrement dit, la routine exécute 60 fois l'instruction Cells(Ligne,Colonne) = Rnd.

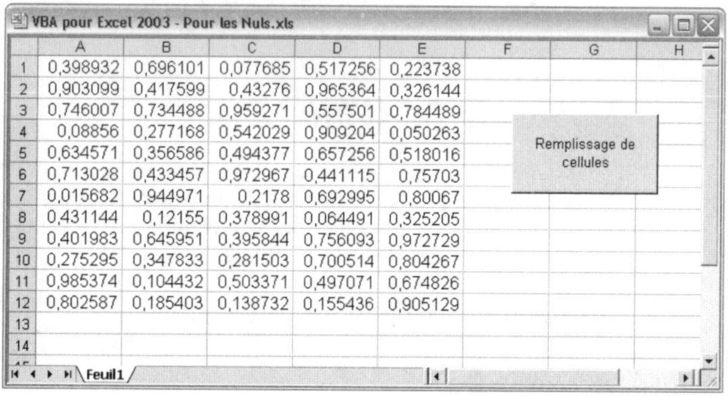

Figure 10.2 : Ces cellules ont été remplies avec une boucle For-Next.

```
Sub RemplissageCellules2()
    Dim Colonne As Integer
    Dim Ligne As Long
    For Colonne = 1 To 5
        For Ligne = 1 To 12
```

```
            Cells(Ligne, Colonne) = Rnd
        Next Ligne
    Next Colonne
End Sub
```

Le prochain exemple utilise des boucles For-Next pour remettre à zéro un tableau à trois dimensions. La routine exécute l'instruction au milieu de toutes les boucles (instruction d'affectation) un millier de fois avec, à chaque fois, une combinaison de valeurs `i`, `j` et `k` différente.

```
Sub BouclesImbriquées()
    Dim Tableau(10, 10, 10)
    Dim i As Integer
    Dim j As Integer
    Dim k As Integer
    For i = 1 To 10
        For j = 1 To 10
            For k = 1 To 10
                Tableau(i, j, k) = 0
            Next k
        Next j
    Next i
End Sub
```

Reportez-vous au Chapitre 7 pour en savoir plus sur les tableaux.

La boucle Do-While

Le langage VBA supporte un autre type de structure en boucle : Do-While. Contrairement à une boucle For-Next, la boucle Do-While s'exécute jusqu'à ce que la condition spécifiée soit devenue vraie. Voici la syntaxe d'une boucle Do-While :

```
Do [While condition]
    [instructions]
    [Exit Do]
    [instructions]
Loop
```

L'exemple ci-dessous est basé sur une boucle Do-While. Cette routine utilise la cellule active comme point de départ, puis elle descend dans la colonne, multipliant par deux la valeur présente dans chaque cellule. La boucle continue ainsi jusqu'à ce que la routine rencontre une cellule vide.

```
Sub DémoDoWhile()
    Do While ActiveCell.Value <> Empty
        ActiveCell.Value = ActiveCell.Value * 2
        ActiveCell.Offset(1, 0).Select
    Loop
End Sub
```

Certaines personnes préfèrent programmer une boucle Do-While en tant que boucle Do-Loop While. Cet exemple se comporte exactement comme la procédure précédente, mais la syntaxe de sa boucle est différente :

```
Sub DémoDoLoopWhile()
    Do
        ActiveCell.Value = ActiveCell.Value * 2
        ActiveCell.Offset(1, 0).Select
    Loop While ActiveCell.Value <> Empty
End Sub
```

La boucle Do-Until

La structure de la boucle Do-Until est similaire à celle de la boucle Do-While. Elles diffèrent en revanche au niveau de leur gestion de la condition testée. Le programme exécute une boucle Do-While *aussi longtemps* que la condition est vraie. Dans une boucle Do-Until, le programme exécute le programme *jusqu'à ce que* la condition soit vraie.

Voici la syntaxe de la boucle Do-Until :

```
Do [Until jusqu'à ce que condition vraie]
     [instructions]
    [Exit Do]
    [instructions]
Loop
```

L'exemple qui suit est le même que celui présenté pour la boucle Do-While, sauf qu'il a été réécrit en fonction d'une boucle Do-Until :

```
Sub DémoDoUntil()
    Do Until IsEmpty (ActiveCell.Value)
        ActiveCell.Value = ActiveCell.Value * 2
        ActiveCell.Offset(1, 0).Select
    Loop
End Sub
```

Vous rencontrerez peut-être une variante de la boucle Do-Until, j'ai nommé la boucle Do-Loop Until. L'exemple ci-dessous, qui produit le même effet que la procédure précédente, montre la syntaxe de ce type de boucle :

```
Sub DémoDoLoopUntil()
    Do
        ActiveCell.Value = ActiveCell.Value * 2
        ActiveCell.Offset(1, 0).Select
    Loop Until IsEmpty (ActiveCell.Value)
End Sub
```

ATTENTION !

Il existe une subtile différence dans la manière d'opérer des boucles Do-Until et Do-Loop Until. Dans la première, le test est effectué au début de la boucle, avant même qu'elle ait commencé à traiter des instructions. Cela signifie qu'il est possible que le code à l'intérieur de la boucle ne soit pas exécuté si la condition du test est vraie. En revanche, dans l'autre version, la condition est testée à la fin de la boucle. Il en résulte que les instructions contenues dans la boucle sont exécutées au moins une fois.

Effectuer une boucle dans une collection

Le langage VBA supporte un autre type de boucle : la boucle qui s'exécute sur chacun des objets d'une collection. Vous vous rappelez qu'une collection est un ensemble d'objets du même type. Par exemple, chaque classeur comporte une collection de feuilles de calcul (la collection Worksheets) et qu'Excel comporte une collection de tous les classeurs ouverts (la collection Workbooks).

Quand vous devez effectuer une boucle à travers chacun des objets d'une collection, vous utiliserez la structure For Each-Next. La syntaxe est :

```
For Each élément In collection
    [Instructions]
    [Exit For]
    [Instructions]
Next [élément]
```

L'exemple que voici effectue une boucle à travers chacune des feuilles de calcul du classeur actif et supprime la première rangée de chacune d'elle :

```
Sub SupprimeLigne1()
    Dim Feuille As Worksheet
    For Each Feuille In ActiveWorkbook.Worksheets
        Feuille.Rows(1).Delete
    Next Feuille
End Sub
```

Dans cet exemple, la variable Feuille est une variable d'objet qui représente chacune des feuilles de calcul du classeur.

L'exemple qui suit effectue une boucle à travers les cellules d'une plage, en vérifiant chacune d'elles. Le programme permute le signe des valeurs : les chiffres négatifs deviennent positifs et inversement. Cette opération est obtenue en multipliant à chaque fois la valeur par -1. Remarquez que j'ai utilisé une construction If-Then, avec la fonction isNumeric, pour m'assurer que la cellule contient bien une valeur numérique :

```
Sub ChangeSigne()
    Dim Cellule As Range
    For Each Cellule In Range("A1:E50")
        If IsNumeric(Cellule.Value) Then
            Cellule.Value = Cellule.Value * -1
        End If
    Next Cellule
End Sub
```

Voici un autre exemple qui boucle à travers chaque graphique de la Feuil1 (c'est-à-dire entre chaque membre de la collection ChartObjects) et les transforme en graphiques de type Courbes. Si aucun graphique ne se trouve dans Feuil1, il ne passe rien.

```
Sub ChangeGraphiques()
    Dim Graphique As ChartObject
    For Each Graphique In Sheets("Feuil1").ChartObjects
        Graphique.Chart.ChartType = xlLine
    Next Graphique
End Sub
```

Chapitre 11

Procédures et événements automatiques

Dans ce chapitre :

- Connaître les types d'événements qui peuvent déclencher une exécution.
- Savoir où placer le gestionnaire d'événement du code VBA.
- Exécuter une macro à l'ouverture ou à la fermeture d'un classeur.
- Exécuter une macro quand un classeur ou une feuille de calcul est activé.

Il existe bien des manières d'exécuter une procédure Sub. L'une consiste à faire en sorte qu'elle le soit automatiquement. Dans ce chapitre, vous découvrirez tout ce qu'il faut savoir pour exploiter ces fonctionnalités particulièrement puissantes. Je vous expliquerai comment préparer le terrain pour qu'une macro soit déclenchée lorsqu'un événement particulier se produit.

Se préparer aux grands événements

De quels types d'événements est-il question ici ? C'est une bonne question. Un *événement* est fondamentalement quelque chose qui se produit dans Excel (on ne saurait être plus précis).

La plupart des programmeurs n'ont guère à se soucier de la majorité des événements de cette liste. Vous devez cependant savoir qu'ils existent car, un jour ou l'autre, ils pourront vous être utiles. Dans ce chapitre, nous étudierons les événements les plus communément utilisés. Pour rester simple, nous n'en aborderons que deux : les classeurs et les feuilles de calcul.

Le Tableau 11.1 liste les plus courants des événements liés à un classeur. Vous pouvez accéder à la liste complète en procédant ainsi :

1. **Dans la fenêtre Projet, choisissez l'objet ThisWorkbook.**
2. **Affichez la fenêtre Code.**

   Pour cela, choisissez Affichage/Code ou appuyez sur F7.

Tableau 11.1 : Les événements de classeur (objet Workbook).

Événement	Lorsqu'il est déclenché :
Activate	Le classeur est activé.
AddinInstall	Une macro complémentaire est installée (utile seulement avec les macros complémentaires).
AddinUninstall	La macro complémentaire est désinstallée (utile seulement avec les macros complémentaires).
BeforeClose	Le classeur est fermé.
BeforePrint	Le classeur est imprimé.
BeforeSave	Le classeur est enregistré.
Deactivate	Le classeur est désactivé.
NewSheet	Une nouvelle feuille de calcul est insérée dans le classeur.
Open	Le classeur est ouvert.
SheetActivate	Une feuille de calcul du classeur est activée.
SheetBefore DoubleClick	Un double clic se produit dans une cellule de la feuille de calcul.
SheetBefore RightClick	Un clic du bouton droit se produit dans une cellule de la feuille de calcul.
SheetCalculate	Une feuille de calcul du classeur est recalculée.
SheetChange	Une cellule du classeur est modifiée.
SheetDeactivate	Une feuille de calcul du classeur est désactivée.
SheetFollowHyperlink	Un clic se produit sur un lien hypertexte du classeur.
SheetSelectionChange	La sélection est modifiée.
WindowActivate	La fenêtre du classeur est activée.
WindowDeactivate	La fenêtre du classeur est désactivée.
WindowResize	La fenêtre du classeur est redimensionnée.

3. **Dans la liste déroulante Objet (dans le coin supérieur gauche de la fenêtre), choisissez Workbook.**

4. **Déployez la liste déroulante Procédure (dans le coin supérieur droit de la fenêtre Code).**

   La liste des événements apparaît.

Le Tableau 11.2 liste les événements de feuille de calcul les plus courants. La totalité de ces événements est accessible en procédant ainsi :

1. **Dans la fenêtre Projet, choisissez l'objet Worksheet.**

2. **Affichez la fenêtre Code.**

3. **Dans la liste déroulante Objet (dans le coin supérieur gauche de la fenêtre), choisissez Worksheet.**

4. **Déployez la liste déroulante Procédure.**

Tableau 11.2 : Les événements de feuille de calcul (objet Worksheet).

Événement	Lorsqu'il est déclenché :
Activate	La feuille de calcul est activée.
BeforeDoubleClick	Un double clic se produit dans la feuille de calcul.
BeforeRightClick	Un clic du bouton droit se produit dans la feuille de calcul.
Calculate	La feuille de calcul est recalculée.
Change	Une cellule de la feuille de calcul est modifiée.
Deactivate	La feuille de calcul est désactivée.
FollowHyperlink	Un lien hypertexte est activé.
SelectionChange	La sélection est modifiée.

Les événements sont-ils utiles ?

Vous vous demandez certainement en quoi ces événements peuvent être utiles. Voici un exemple.

Supposons que plusieurs personnes entrent des données dans votre feuille de calcul. Toute valeur entrée doit être supérieure à 1 000. Vous pourriez écrire une macro simple qui serait exécutée chaque fois que quelqu'un entre des données dans la cellule (une saisie de données est un événement). Si la donnée est inférieure à 1 000, la macro affiche un rappel à l'ordre.

Dans Excel, la commande Données/Validation propose un autre moyen d'effectuer ce contrôle, sans même le recours au VBA. Mais, comme vous le découvrirez plus loin dans ce chapitre, dans la section "Un exemple de validation de données", le VBA apporte des avantages non négligeables.

Programmer des procédures d'événement

En langage VBA, une *procédure d'événement* est une procédure qui s'exécute en réponse à un événement. Elle est toujours de type Sub (et non Function). Une fois que vous en aurez assimilé le principe, l'écriture d'une procédure d'événement ne posera pas de problème particulier. La programmation se réduit en effet à ces quelques étapes que nous détaillerons d'ici peu :

1. **Identifier l'événement qui doit déclencher la procédure.**
2. **Appuyer sur Alt+F11 pour activer l'éditeur VBE.**
3. **Dans la fenêtre Projet de l'éditeur VBE, double-cliquer sur l'objet approprié listé sous Microsoft Excel Objets.**

   Pour un événement lié au classeur, l'objet est ThisWorkbook. Pour un événement lié à la feuille de calcul, l'objet est un objet de type Worksheet (comme Feuil1).

4. **Dans la fenêtre Code de l'objet, écrire la procédure d'événement qui devra être exécutée lorsque l'événement se produira.**

   Cette procédure aura un nom spécial qui l'identifie en tant que procédure d'événement.

Ces étapes vous paraîtront plus claires en progressant dans ce chapitre.

Où placer le code VBA ?

Il est très important de savoir où le code doit être placé. Il doit résider dans la fenêtre Code d'un module Objet. La procédure ne fonctionnerait pas si elle était placée dans un module VBA standard.

La Figure 11.1 montre la fenêtre VBE avec un projet affiché dans la fenêtre Projet (reportez-vous au Chapitre 3 pour les généralités sur l'éditeur VBE). Remarquez que le projet est constitué de plusieurs objets :

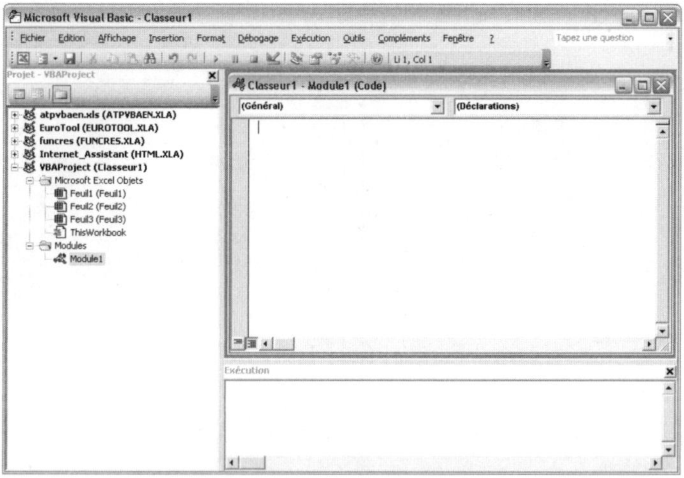

Figure 11.1 : L'éditeur VBE affiche les éléments d'un seul projet.

- Un objet pour chacune des feuilles du classeur (en l'occurrence, les trois objets Feuil).
- Un objet nommé ThisWorkbook.
- Un module VBA inséré manuellement avec la commande InsertionModule.

Double-cliquer sur n'importe lequel de ces objets affiche le code associé à l'élément.

La procédure d'événement doit être écrite dans la fenêtre Code de l'élément ThisWorkbook (si l'événement concerne le classeur) ou dans l'un des objets Feuil (si l'événement concerne une feuille de calcul ou de graphique).

Écrire une procédure d'événement

Lors de l'écriture d'une procédure d'événement, l'éditeur VBE vous vient en aide en affichant une liste de tous les événements reconnus par Excel.

La Figure 11.2 montre la fenêtre Code de l'objet ThisWorkbook (elle a été agrandie pour occuper tout l'espace disponible). Pour afficher cette fenêtre vide, double-cliquez sur l'objet ThisWorkbook, dans la fenêtre Projet. Deux listes déroulantes se trouvent en haut de la fenêtre Code.

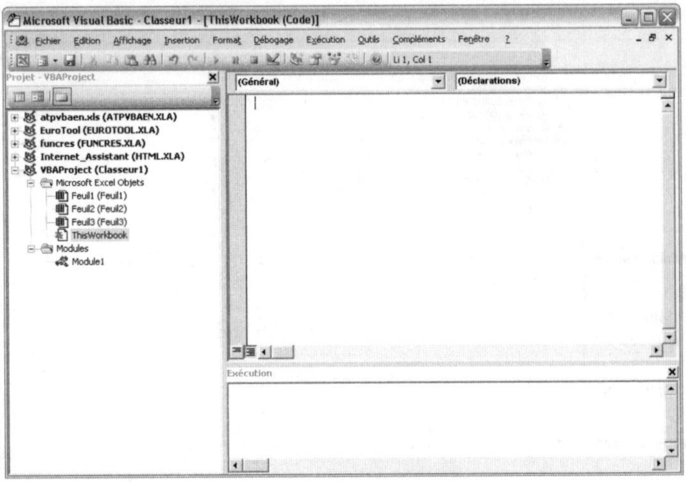

Figure 11.2 : La fenêtre Code vide de l'objet ThisWorkbook.

N'OUBLIEZ PAS

Par défaut, la liste Objet – en haut à gauche de la fenêtre Code – affiche Général. Pour écrire une procédure d'événement, vous devez la dérouler et sélectionner l'unique autre option, Workbook. Si la procédure d'événement est destinée à une feuille, double-cliquez sur l'élément Feuil approprié, dans la fenêtre Projet, avant de sélectionner Worksheet dans la liste Objet.

La Figure 11.3 montre la liste, en haut à droite, qui contient tous les événements de classeur reconnus par Excel. Quand vous en sélectionnez un, l'éditeur VBE crée automatiquement la procédure d'événement à votre place. Si vous avez d'abord sélectionné Workbook dans la liste Objet, l'éditeur présumera que vous désirez une procédure d'événement pour l'événement Open et la créera, comme le révèle la Figure 11.3.

N'OUBLIEZ PAS

L'instruction Sub de certaines procédures d'événement exige un ou plusieurs arguments. Par exemple, si vous avez sélectionné SheetActivate dans la liste des événements d'un objet Workbook, l'éditeur VBE écrira cette instruction Sub :

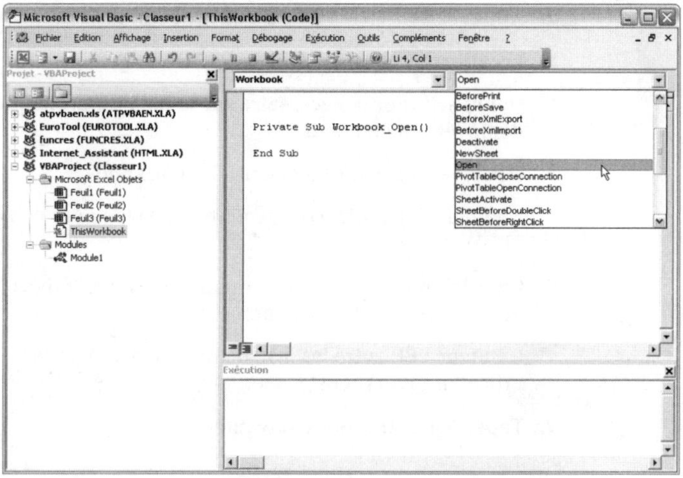

Figure 11.3 : La liste déroulante affiche tous les événements de classeur.

```
Private Sub Workbook_SheetActivate(ByVal Sh As Object)
```

Ici, `Sh` est l'argument passé à la procédure. C'est une variable qui représente la feuille dans le classeur activé. Des exemples éclairciront cette notion.

Exemples préliminaires

Vous trouverez dans cette section quelques exemples qui vous mettront le pied à l'étrier.

L'événement de classeur Open

L'un des événements les plus communément utilisé est l'événement de classeur Open. Imaginons un classeur que vous utilisez quotidiennement. Dans cet exemple, la procédure Workbook_Open est exécutée chaque fois que le classeur est ouvert. Elle vérifie le jour de la semaine : si c'est vendredi, le code affiche un message de rappel.

Procédez comme suit pour exécuter cette procédure exécutée chaque fois que l'événement Workbook_Open se produit :

1. **Ouvrez le classeur.**

   N'importe quel classeur convient.

2. **Appuyez sur Alt+F11 pour activer l'éditeur VBE.**

3. **Localisez le classeur dans la fenêtre Projet.**

4. **Double-cliquez si nécessaire sur le nom du projet pour déployer ses éléments.**

5. **Double-cliquez sur l'élément ThisWorkbook.**

   L'éditeur VBE affiche une fenêtre Code vide pour l'objet ThisWorkbook.

6. **Dans la fenêtre Code, sélectionnez Workbook dans la liste déroulante Objet (à gauche).**

   L'éditeur VBE entre les instructions de début et de fin de la procédure Workbook_Open.

7. **Tapez les instructions suivantes :**

```
Private Sub Workbook_Open()
    Dim Msg As String
    If WeekDay(Now) = 6 Then
        Msg = "Nous somme Vendredi. "
        Msg = Msg & "Pensez à sauvegarder votre travail."
        MsgBox Msg
    End If
End Sub
```

La fenêtre Code se présente maintenant comme à la Figure 11.4.

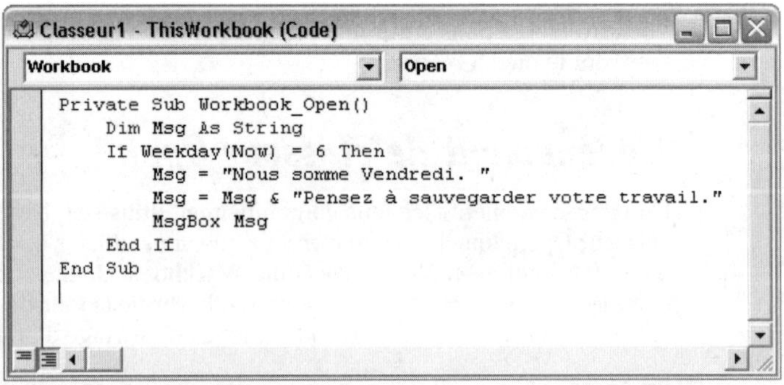

Figure 11.4 : La procédure d'événement est exécutée au moment de l'ouverture du dossier.

La procédure Workbook_Open est exécutée automatiquement chaque fois que le classeur est ouvert. Elle utilise la fonction WeekDay de VBA pour déterminer le jour de la semaine. Si c'est vendredi (jour 6), un message rappelle à l'utilisateur qu'il doit effectuer sa sauvegarde hebdomadaire. Les autres jours, rien ne se produit.

Vous aurez du mal à tester cette procédure un autre jour que le vendredi. Il existe cependant un moyen de la vérifier, en la modifiant. Par exemple, la version qui suit affiche le message chaque fois que le classeur est ouvert (mais au bout d'un moment, croyez-moi, elle devient insupportable) :

```
Private Sub Workbook_Open()
    Msg = "C'est un chouette classeur, ça !"
    MsgBox Msg
End Sub
```

Une procédure Workbook_Open peut presque tout faire. Elle est souvent utilisée pour :

- Afficher un message de bienvenue (comme "Au travail prolétaire !").
- Ouvrir d'autres classeurs.
- Activer une feuille particulière du classeur.
- Définir des menus personnalisés.
- Afficher ou masquer des barres d'outils.

Rappelez-vous que les procédures d'événement ne sont pas exécutées si l'utilisateur désactive les macros du classeur. Autrement dit, vous n'avez jamais la certitude que vos procédures d'événement seront exécutées.

L'événement de classeur BeforeClose

Voyons à présent la procédure d'événement BeforeClose. Exécutée juste avant que le classeur se ferme, elle se trouve dans la fenêtre Code de l'objet ThisWorkbook.

```
Private Sub Workbook_BeforeClose(Cancel As Boolean)
    Dim Msg As String
    Dim Réponse As Integer
    Dim FName As String
    Msg = "Désirez-vous sauvegarder ce fichier ?"
    Réponse = MsgBox(Msg, vbYesNo)
    If Réponse = vbYes Then
        FName = "F:\SAUVEGARDES\" & ThisWorkbook.Name
```

```
        ThisWorkbook.SaveCopyAs NomFichier
    End If
End Sub
```

Cette routine affiche une boîte de message demandant à l'utilisateur s'il désire effectuer une copie de sauvegarde du classeur. S'il clique sur le bouton Oui, le code utilise la méthode SaveCopyAs pour enregistrer le fichier sur le lecteur `F` (le lecteur et le chemin devront bien sûr être adaptés selon votre configuration informatique).

L'événement de classeur BeforeSave

L'événement BeforeSave est déclenché avant l'enregistrement d'un classeur. Il se produit lorsque vous utilisez la commande Fichier/Enregistrer ou Fichier/Enregistrer sous.

Placée dans la fenêtre Code d'un objet Workbook, la procédure suivante démontre le fonctionnement de cet événement. La routine met à jour la valeur de la cellule A1 de Feuil1 chaque fois que le classeur est enregistré. En d'autres termes, la cellule A1 sert de compteur indiquant le nombre de fois que le fichier a été enregistré.

```
Private Sub Workbook_BeforeSave(ByVal SaveAsUI _
   As Boolean, Cancel As Boolean)
    Sheets("Feuil1").Range("A1").Value = _
       Sheets("Feuil1").Range("A1").Value +1
End Sub
```

Notez que la procédure Workbook_BeforeSave a deux arguments : SaveAsUI et Cancel. Pour comprendre leur utilité, examinez la macro suivante, qui est exécutée avant l'enregistrement du classeur. Elle empêche l'utilisateur d'enregistrer le classeur sous un autre nom. S'il choisit Fichier/Enregistrer sous, l'argument SaveAsUI est True (vrai).

Lorsque le code est exécuté, il vérifie la valeur de SaveAsUI. Lorsque le code est exécuté, il vérifie la valeur de SaveAsUI. Si la variable est True, la procédure affiche un message et met Cancel sur True, ce qui annule l'opération Save.

```
Private Sub Workbook_BeforeSave(ByVal SaveAsUI _
   As Boolean, Cancel As Boolean)
    If SaveAsUI Then
        MsgBox "vous ne pouvez pas enregistrer de copie _
                de ce classeur !"
        Cancel = True
```

```
    End If
End Sub
```

Exemples d'activation d'événements

Une autre catégorie d'événements active et désactive des objets, notamment des feuilles et des fenêtres.

Activer et désactiver des événements dans une feuille

Excel peut détecter si une feuille est activée ou désactivée et exécuter une macro lorsque l'un ou l'autre de ces événements se produit. Ces procédures d'événement doivent être placées dans la fenêtre Code de l'objet Feuil.

L'exemple qui suit montre une procédure simple qui est exécutée chaque fois qu'une feuille donnée est activée. Elle active une boîte de message qui affiche le nom de la feuille active :

```
Private Sub Worksheet_Activate ()
    MsgBox "Vous venez d'activer la feuille " & ActiveSheet.Name
End Sub
```

Voici un autre exemple qui active la cellule A1 chaque fois qu'une feuille est activée :

```
Private Sub Worksheet_Activate()
    Range("A1").Activate
End Sub
```

Ces exemples sont très élémentaires, mais une procédure d'événement peut être beaucoup plus complexe.

La procédure qui suit – stockée dans la fenêtre Code de l'objet Feuil1 – utilise l'événement Deactivate pour empêcher l'utilisateur d'activer toute autre feuille du classeur. Lorsque Feuil1 est désactivée (c'est-à-dire qu'une autre feuille est activée), un message est affiché puis Feuil1 est de nouveau activé :

```
Private Sub Worksheet_Deactivate()
    MsgBox "Vous devez rester dans Feuil1."
```

```
    Sheets("Feuil1").Activate
End Sub
```

Activer et désactiver des événements dans un classeur

Les exemples précédents s'appliquaient à des feuilles de calcul ou de graphique. L'objet ThisWorkbook est aussi capable de prendre en charge des événements concernant l'activation et la désactivation d'une feuille. La procédure suivante, stockée dans la fenêtre Code de l'objet ThisWorkbook, est exécutée lorsqu'une feuille – n'importe laquelle – du classeur est activée.

```
Private Sub Workbook_SheetActivate(ByVal Sh As Object)
    MsgBox Sh.Name
End Sub
```

La procédure Workbook_SheetActivate utilise l'argument `Sh` (il s'agit d'une variable qui représente l'objet actif Feuil). La boîte de message affiche la propriété Name de l'objet Feuil.

Le prochain exemple est contenu dans la fenêtre Code de ThisWorkbook. Il comporte deux procédures d'événement. Workbook_SheetDeactivate est exécuté lorsqu'une feuille est désactivée. Elle stocke la feuille qui est désactivée dans une variable d'objet créée par le mot-clé Set. Le code Workbook_SheetActivate vérifie avec la fonction TypeName le type de la feuille qui est activée. Si la feuille est une feuille de graphique, un message est affiché puis la feuille précédente (celle stockée dans la variable AncienneFeuille) est réactivée. Il en résulte que l'utilisateur ne peut pas activer de feuille de graphique. Lorsqu'il essaie, il est automatiquement renvoyé à la feuille précédente.

WEB

Le classeur contenant ce code – ainsi que quelques-uns des exemples précédents de ce chapitre – se trouve dans le classeur téléchargeable.

```
Dim AncienneFeuille As Object

Private Sub Workbook_SheetDeactivate(ByVal Sh As Object)
    Set AncienneFeuille = Sh
End Sub
Private Sub Workbook_SheetActivate(ByVal Sh As Object)
    If TypeName(Sh) = "Chart" Then
        MsgBox "Désolé, les graphiques ne sont pas accessibles."
```

```
        AncienneFeuille.Activate
    End If
End Sub
```

Les événements d'activation de classeur

Excel reconnaît un événement qui se produit lorsque vous activez ou désactivez un classeur particulier. Le code qui suit, contenu dans la fenêtre Code de l'objet ThisWorkbook, est exécuté chaque fois que le classeur est activé. La procédure agrandit la fenêtre du classeur.

```
Private Sub Workbook_Activate()
    ActiveWindow.WindowState = xlMaximized
End Sub
```

Le code Workbook_Deactivate, ci-dessous, est exécuté lorsque le classeur est désactivé. Elle réduit la fenêtre du classeur au niveau inférieur :

```
Private Sub Workbook_Deactivate()
    ThisWorkbook.Windows(1).WindowState = xlMinimized
End Sub
```

Remarquez que ActiveWindow n'a pas été utilisé dans ce code. C'est parce qu'après avoir été désactivé, le classeur n'est plus la fenêtre active. C'est pourquoi j'ai utilisé ThisWorkbook, qui fait référence au classeur contenant le code.

D'autres événements de feuille

Dans la section précédente, nous avons abordé des exemples d'activation et de désactivation d'événements de feuille. Nous verrons à présent trois autres événements susceptibles de se produire dans des feuilles de calcul : le double clic dans une cellule, le clic du bouton droit dans une cellule et la modification d'une cellule.

L'événement BeforeDoubleClick

Il est possible de définir une procédure VBA qui soit exécutée lorsque l'utilisateur double-clique dans une cellule. Dans l'exemple suivant, stocké dans la fenêtre Code d'un objet Feuil, double-cliquer dans une cellule met son contenu en gras s'il est en caractères maigres, et inversement.

```
Private Sub Worksheet_BeforeDoubleClick _
   (ByVal Target As Excel.Range, Cancel As Boolean)
    Target.Font.Bold = Not Target.Font.Bold
    Cancel = True
End Sub
```

La procédure Worksheet_BeforeDoubleClick a deux arguments : Target et Cancel. Target est la cellule (un objet Range) qui est double-cliquée. Si Cancel est sur True, l'action par défaut du double clic ne se produit pas.

Notez que l'argument de Cancel est True. Il empêche ainsi l'action par défaut de se produire. Autrement dit, le double clic ne mettra pas la cellule d'Excel en mode Édition.

L'événement BeforeRightClick

L'événement BeforeRightClick ressemble beaucoup à l'événement BeforeDoubleClick, sauf qu'il concerne le clic dans la cellule avec le bouton droit de la souris. La procédure qui suit vérifie si la cellule dans laquelle il a été cliqué du bouton droit contient une valeur numérique. Si oui, le code affiche l'onglet Nombre de la boîte de dialogue Format de cellule et met l'argument Cancel sur True (ce qui évite l'affichage du menu contextuel). Si la cellule ne contient pas de valeur numérique, il ne se passe rien ; le menu contextuel est affiché comme d'habitude.

```
Private Sub Worksheet_BeforeRightClick _
   (ByVal Target As Excel.Range, Cancel As Boolean)
    If IsNumeric(Target) And Not IsEmpty(Target) Then
        Application.Dialogs(xlDialogFormatNumber).Show
        Cancel = True
    End If
End Sub
```

WEB

Cette procédure se trouve dans le classeur téléchargeable. Notez qu'un test supplémentaire est effectué, pour vérifier si la cellule est vide. Le langage VBA considère en effet qu'une cellule vide est de type numérique.

L'événement Change

Un événement Change se produit chaque fois qu'une cellule de la feuille de calcul est modifiée. Dans l'exemple qui suit, la procédure Worksheet_Change empêche effectivement un utilisateur d'entrer une valeur non numérique dans la cellule A1. Ce listing est stocké dans la fenêtre Code de l'objet Feuil.

```
Private Sub Worksheet_Change(ByVal Target As Range)
    If Target.Address = "$A$1" Then
        If Not IsNumeric(Target) Then
            MsgBox "Entrez un nombre dans la cellule A1."
            Range("A1").ClearContents
            Range("A1").Activate
        End If
    End If
End Sub
```

L'unique argument de la procédure Worksheet_Change représente la plage qui a été modifiée. La première instruction vérifie si la cellule est bien A1. Si oui, le code utilise la fonction IsNumeric pour déterminer si elle contient une valeur numérique. Si ce n'est pas le cas, un message apparaît et la valeur de la cellule est effacée. La cellule A1 est ensuite réactivée, ce qui est commode lorsque le pointeur de la cellule s'est déplacé après la saisie. Si une cellule autre que A1 est modifiée, il ne se passe rien.

Pourquoi ne pas utiliser la commande Validation ?

La commande Données/Validation vous est peut-être familière. C'est une fonction très commode qui permet de s'assurer facilement que les données entrées dans une plage sont bien du type requis. Elle ne met toutefois pas à l'abri de toutes les fausses manœuvres. Pour vous en convaincre, ouvrez une feuille de calcul vierge puis effectuez les étapes suivantes :

1. **Sélectionnez la plage A1:C12.**
2. **Choisissez Données/Validation.**
3. **Configurez les critères de validation de manière à n'accepter que des nombres entiers entre 1 et 12, comme le montre la Figure 11.5.**

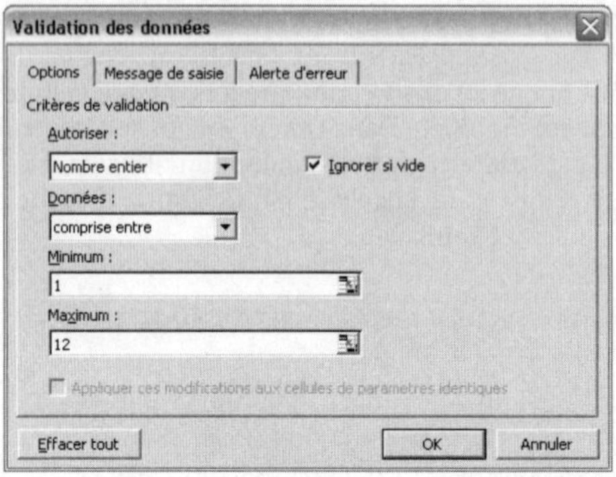

Figure 11.5 : Ces paramètres n'admettent que des nombres entiers entre 1 et 12.

Entrez maintenant des valeurs dans la plage A1:C12. La validation des données fonctionne comme prévu. Mais, pour voir ce qui ne va pas, essayez ceci :

1. **Entrez -1 dans n'importe quelle cellule en dehors de la plage de validation.**
2. **Choisissez Édition/Copier afin de placer le nombre négatif dans le Presse-papiers.**
3. **Sélectionnez une cellule dans la plage de validation.**
4. **Choisissez Édition /Coller.**

Vous constatez que le collage est autorisé. Examinez la situation de plus près et vous remarquerez que la cellule dans laquelle vous avez collé la valeur négative n'a plus de critère de validation. Le collage l'a effacé ! Les conséquences de ce défaut dépendent de votre application. Dans la prochaine section, vous découvrirez comment améliorer la validation avec l'événement Change.

Un exemple de validation de données

La prochaine procédure améliore la commande Données/Validation. Elle s'assure en effet que seule des valeurs positives sont entrées dans la plage A1:C12.

Vous trouverez cet exemple dans le classeur téléchargeable.

```
Private Sub Worksheet_Change(ByVal Destination As Range)
    Dim Plage As Range
    Dim cellule As Range
```

```
        Dim DonnéesOK As Boolean
        Dim Msg As String
        Set Plage = Range("A1:C12")
        DonnéesOK = True
        For Each cellule In Destination
            If Union(cellule, Plage).Address = _
               Plage.Address Then
                If cellule.Value < 0 Then
                    cellule.ClearContents
                    DonnéesOK = False
                End If
            End If
        Next cellule
        If Not DonnéesOK Then
            Msg = "Seules les valeurs positives sont admises dans "
            Msg = Msg & Plage.Address
            MsgBox Msg, vbCritical
        End If
    End Sub
```

Cette procédure commence par créer un objet variable Plage qui représente la plage à valider. DonnéesOK est une variable de type Boolean initialement définie sur True. La boucle For-Next examine chacune des cellules dans Destination (qui est la cellule ou la plage qui a été modifiée). J'ai utilisé la fonction Union pour déterminer si la cellule est contenue dans Plage. Si oui, une instruction If détermine si la valeur de la cellule est inférieure à 0. Dans ce cas, le contenu est effacé et DonnéesOK est mis sur False.

Une fois que toutes les cellules ont été vérifiées, une autre instruction If contrôle la valeur de DonnéesOK. Si elle a été mise sur False (faux), une ou plusieurs cellules de la plage s'avèrent négatives et le message est affiché. Cette routine fonctionne même si des données sont copiées et collées dans la plage de validation.

Les événements non associés à des objets

Les événements dont il a été question précédemment dans ce chapitre sont associés, soit à un objet Classeur, soit à un objet Feuille. Dans cette section, nous aborderons deux types d'événements qui ne sont pas associés à des objets : les événements temporels et les appuis sur une touche.

L'événement OnTime

L'événement OnTime se produit à une certaine heure. L'exemple qui suit montre comment programmer Excel pour qu'il émette un bip et affiche un message à 15 heures :

```
Sub DéfinirAlarme()
    Application.OnTime 0.625, " AfficherAlarme "
End Sub

Sub AfficherAlarme()
    Beep
    MsgBox "Réveille-toi, ta journée est finie !"
End Sub
```

Dans cet exemple, j'utilise la méthode OnTime de l'objet Application. Elle accepte deux arguments : l'heure (0,625 ou 15:00) et le code à exécuter lorsque c'est l'heure (AfficherAlarme).

Cette procédure est très commode pour vous rappeler un rendez-vous lorsque vous êtes absorbé dans vos tâches. Il suffit juste de redéfinir l'événement OnTime.

TRUC

La plupart des gens – dont je fais partie – ont du mal à se figurer l'heure selon le système de numération d'Excel. C'est pourquoi vous utiliserez la fonction VBA TimeValue pour représenter une heure. Elle convertit une chaîne formatée en temps normal en valeur qu'Excel est capable de gérer. L'instruction qui suit est beaucoup plus pratique pour programmer un événement à 15 heures :

```
Application.OnTime TimeValue("15:00:00"), "DisplayAlarm"
```

Pour programmer un événement par rapport à l'heure courante – dans vingt minutes par exemple –, vous utiliserez l'instruction suivante :

```
Application.OnTime Now + TimeValue("00:20:00"), "DisplayAlarm"
```

La méthode OnTime peut aussi servir à démarrer une procédure VBA un jour particulier. Il faudra bien sûr que le classeur soit ouvert avant que le moment soit venu. L'instruction suivante démarre la procédure AfficherAlarme le 31 décembre 2005 à 17 heures :

```
Application.OnTime DateValue("31/12/2005 17:00"), "AfficheAlarme"
```

Ce code sera bien utile pour vous arracher à vos rudes tâches et vous rappeler que le moment est venu de quitter votre costard-cravate, mettre votre chapeau pointu à paillettes et votre nez rouge, et vous préparer pour les festivités du réveillon.

La méthode OnTime a deux arguments supplémentaires. Si vous comptez l'utiliser, reportez-vous à l'aide d'Excel pour de plus amples détails.

Les événements de touche

Excel intercepte toutes les touches sur lesquelles vous appuyez. C'est pourquoi il est possible de définir l'appui sur une touche ou une combinaison de touches pour exécuter une procédure.

Voici un exemple qui réaffecte les touches PageHaut et PageBas :

```
Sub Redéfinition_OnKey()
    Application.OnKey "{PgDn}", "PageBas"
    Application.OnKey "{PgUp}", "PageHaut"
End Sub

Sub PageBas()
    On Error Resume Next
    If TypeName(ActiveSheet) = "Worksheet" _
      Then ActiveCell.Offset(1, 0).Activate
End Sub

Sub PageHaut()
    On Error Resume Next
    If TypeName(ActiveSheet) = "Worksheet" _
      Then ActiveCell.Offset(-1, 0).Activate
End Sub
```

Après avoir défini les événements OnKey en exécutant la procédure Redéfinition_OnKey, appuyer sur la touche PageBas fait descendre le pointeur d'une ligne. Appuyer sur PageHaut le fait remonter d'une ligne.

Observez que le code des touches est entre des accolades, et non entre parenthèses. Reportez-vous à l'aide de VBA pour obtenir la liste complète des codes des touches du clavier ; procédez à une recherche sur *OnKey*.

Dans cet exemple, j'ai utilisé On Error Resume Next (continuer en cas d'erreur) pour ignorer toute erreur qui pourrait être générée. Par exemple, si la cellule active est dans la première rangée, tenter de monter plus haut produit une erreur qui peut être ignorée sans que cela tire à conséquence. Remarquez aussi que la procédure tente de déterminer le type de la feuille active ; elle ne réaffecte les touches PageHaut et PageBas que si la feuille est la feuille de calcul active.

La routine suivante annule les événements OnKey :

```
Sub Annule_OnKey()
    Application.OnKey "{PgDn}"
    Application.OnKey "{PgUp}"
End Sub
```

L'utilisation d'une chaîne vide comme deuxième argument de la méthode OnKey n'efface pas du tout l'événement OnKey. En réalité, cette syntaxe fait qu'Excel ignore l'appui sur la touche. Par exemple, l'instruction qui suit demande à Excel d'ignorer l'appui sur Alt+F4 :

```
Application.OnKey "%{F4}", ""
```

Bien que la méthode OnKey puisse affecter un raccourci clavier à une macro, vous devez cependant utiliser la boîte de dialogue Options de macro (reportez-vous au Chapitre 5 pour en savoir plus).

Chapitre 12

Les techniques de gestion des erreurs

Dans ce chapitre :

- Comprendre les différences entre les erreurs de programmation et les erreurs d'exécution.
- Détecter et gérer les erreurs d'exécution.
- Les instructions VBA On Error et Resume.

Quand vous travaillez en VBA, vous devez connaître les deux grandes catégories d'erreurs : les erreurs de programmation et les *erreurs d'exécution* (les erreurs de programmation, ou "bogues", sont traitées au prochain chapitre). Un programme bien écrit gère les erreurs comme Fred Astaire lorsqu'il dansait : avec élégance. Fort heureusement, le langage VBA est doté de plusieurs outils qui traquent les erreurs et en viennent à bout avec distinction.

Les types d'erreurs

Si vous avez essayé de réécrire les exemples de ce livre, vous avez sans doute rencontré des messages d'erreur. Certains sont causés par une faute de frappe dans le code VBA ou par une erreur de syntaxe. Dans ce cas, le programme refusera de fonctionner aussi longtemps que vous n'aurez pas corrigé votre bourde.

Ce chapitre n'est pas consacré à ce type d'erreurs, mais aux erreurs d'exécution, c'est-à-dire celles qui se produisent pendant qu'Excel exécute le code VBA.

Un exemple erroné

Pour avoir de quoi commencer, j'ai développé une courte macro VBA. Activez l'éditeur VBE, insérez un module et entrez ce code :

```
Sub ExtractionRacineCarrée()
    Dim Nombre As Double
'   Demande d'une valeur
    Nombre = InputBox("Entrez une valeur :")

'   Insertion de la racine carrée
    ActiveCell.Value = Sqr(Nombre)
End Sub
```

Comme le montre la Figure 12.1, cette procédure demande à l'utilisateur d'entrer une valeur. Elle place ensuite la racine carrée de la valeur dans la cellule active.

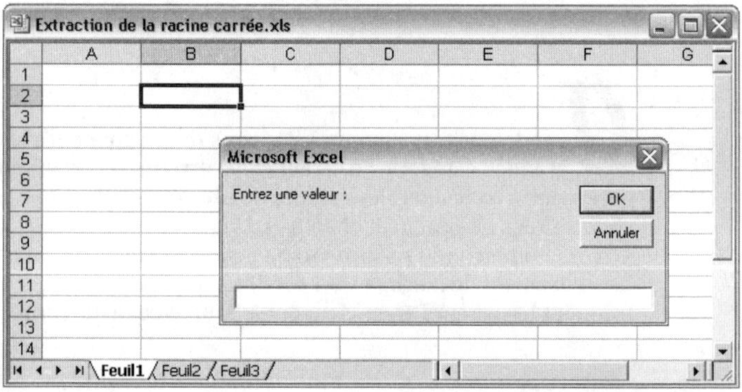

Figure 12.1 : La fonction InputBox affiche une boîte de saisie.

TRUC

Vous pouvez exécuter cette procédure directement depuis l'éditeur VBE en appuyant sur F5. Ou alors, vous pouvez placer un bouton sur la feuille de calcul – choisissez-le dans la barre d'outils Formulaires – et affectez-lui la macro. Vous lancerez ensuite la procédure en cliquant sur ce bouton.

La macro n'est pas parfaite

Essayez d'obtenir une racine carrée : la macro fonctionne parfaitement, n'est-ce pas ? Entrez maintenant un nombre négatif lorsqu'il vous le sera demandé. Oups… L'extraction de la racine carrée négative n'est tolérée nulle part sur cette planète (ni sur les autres au demeurant). Excel réagit par le message d'erreur que montre la Figure 12.2. Elle indique que le code a généré une erreur d'exécution. Pour le moment, contentez-vous de cliquer sur le bouton Fin. Ou alors, cliquez sur le bouton Débogage ; Excel suspend l'exécution de la macro de manière à vous permettre d'intervenir avec les outils de débogage (ces outils sont décrits au Chapitre 13).

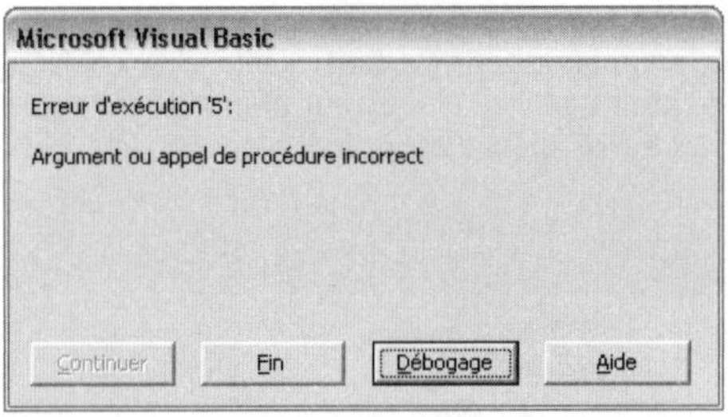

Figure 12.2 : Excel affiche ce message lorsque la procédure tente d'extraire la racine carrée d'un nombre négatif.

Voici une version modifiée de ExtractionRacineCarrée :

```
Sub ExtractionRacineCarrée2()
    Dim Nombre As Double
'   Demande d'une valeur
    Nombre = InputBox("Entrez une valeur :")

'   Vérification du signe de la valeur
    If Nombre < 0 Then
        MsgBox "Vous devez entrer un nombre positif !"
        Exit Sub
    End If

'   Insertion de la racine carrée
    ActiveCell.Value = Sqr(Nombre)
End Sub
```

La structure If-Then vérifie la valeur contenue dans la variable Nombre. Si elle est inférieure à 0, la procédure affiche une boîte de message compréhensible par le commun des mortels. La procédure s'achevant par l'instruction Exit Sub, l'erreur n'a aucune chance de se produire.

La macro n'est toujours pas parfaite

Et maintenant, la macro modifiée ExtractionRacineCarrée est-elle irréprochable ? Pas vraiment. Essayez d'entrer du texte ou encore de cliquer sur le bouton Annuler. Ces deux actions provoquent une erreur (*Incompatibilité de type*).

Le code modifié, ci-dessous, utilise la fonction IsNumeric pour s'assurer que la variable Nombre est bien de type numérique. Si l'utilisateur entre autre chose qu'un nombre, la procédure affiche un message et s'arrête. Remarquez aussi que la variable Nombre est à présent définie comme de type Variant. Si elle avait été définie en Double, le code aurait généré une erreur non prise en charge si l'utilisateur avait entré une valeur non numérique dans la boîte de saisie.

```
Sub ExtractionRacineCarrée3()
    Dim Nombre As Variant
'   Demande d'une valeur
    Nombre = InputBox("Entrez une valeur :")

'   S'assurer que Nombre est un chiffre
    If Not IsNumeric(Nombre) Then
        MsgBox "Vous devez entrer un nombre !"
        Exit Sub
    End If

'   Vérification du signe de la valeur
    If Nombre < 0 Then
        MsgBox "Vous devez entrer un nombre positif !"
        Exit Sub
    End If

'   Insertion de la racine carrée
    ActiveCell.Value = Sqr(Nombre)
End Sub
```

La macro est maintenant parfaite ?

Il n'y a plus rien à redire à présent, non ? Eh bien si ! Essayez de démarrer cette procédure sur une feuille de graphique. Comme le montre la Figure 12.3, Excel – qui a plus d'un message d'erreur dans sa besace – affiche celui de la Figure 12.3. L'erreur se produit parce qu'il n'existe pas de cellule active dans une feuille de classeur.

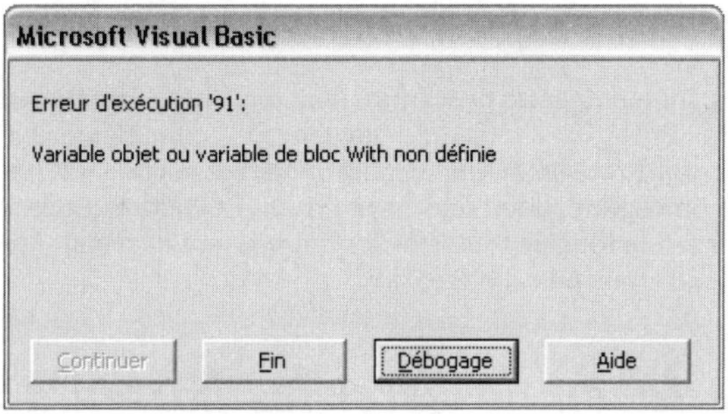

Figure 12.3 : Exécuter la procédure sur une feuille de graphique provoque cette erreur.

Le listing qui suit utilise la fonction TypeName pour s'assurer que la sélection est une plage. Si un autre élément est sélectionné, la procédure affiche un message et quitte.

```
Sub ExtractionRacineCarrée4()
    Dim Nombre As Variant
'   S'assurer qu'une feuille de calcul est active
    If TypeName(Selection)<>"Range" Then
        MsgBox "Sélectionnez d'abord une plage."
        Exit Sub
    End If

'   Demande d'une valeur
    Nombre = InputBox("Entrez une valeur :")

'   S'assurer que Nombre est un chiffre
    If Not IsNumeric(Nombre) Then
        MsgBox "Vous devez entrer un nombre !"
        Exit Sub
    End If

'   Vérification du signe de la valeur
    If Nombre < 0 Then
        MsgBox "Vous devez entrer un nombre positif !"
        Exit Sub
    End If

'   Insertion de la racine carrée
    ActiveCell.Value = Sqr(Nombre)
End Sub
```

Avis aux perfectionnistes

Pour le moment, cette procédure doit seulement être parfaite (excusez du peu). Protégez la feuille de calcul avec la commande Outils/ Protection/Protéger la feuille, puis démarrez le code. Eh oui ! Une feuille protégée produit une autre erreur. Et encore, nous sommes loin d'avoir fait le tour de toutes celles qui peuvent survenir. Mais nous ne nous laisserons pas abattre.

Une autre façon de gérer les horreurs

Comment identifier et gérer toutes les erreurs possibles et imaginables ? La réponse est que c'est le plus souvent impossible. Mais le langage VBA propose néanmoins quelques autres manières de gérer les erreurs.

Revisiter la procédure ExtractionRacineCarrée

Examinons le code qui suit. La routine a été modifiée par l'ajout d'une instruction On Error qui intercepte toutes les erreurs, par un contrôle qui vérifie si InputBox a été annulée.

```
Sub ExtractionRacineCarrée5()
    Dim Nombre As Variant
    Dim Msg As String

'   Gestion des erreurs
    On Error GoTo Erreur

'   Demande d'une valeur
    Nombre = InputBox("Entrez une valeur :")

'   Sortie si annulé
    If Nombre = "" Then Exit Sub

'   Insertion de la racine carrée
    ActiveCell.Value = Sqr(Nombre)
    Exit Sub

Erreur:
    Msg = "Une erreur s'est produite." & vbNewLine
    Msg = Msg & "Vérifiez qu'une plage est sélectionnée "
```

```
    Msg = Msg & "et que la valeur n'est pas négative."
    MsgBox Msg
End Sub
```

Cette routine intercepte n'importe quel type d'erreur d'exécution. Après en avoir détecté une, la procédure révisée ExtractionRacineCarrée affiche le message que montre la Figure 12.4.

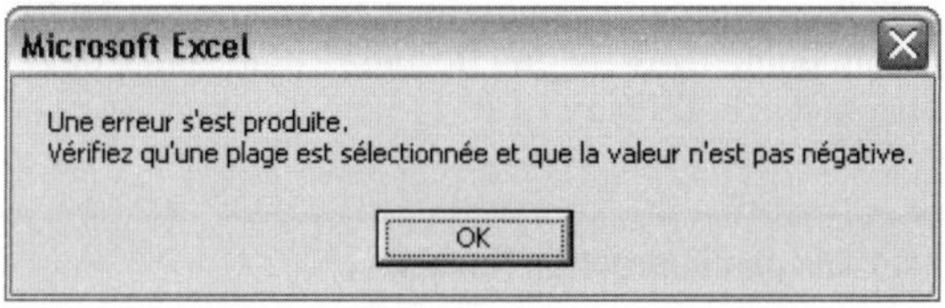

Figure 12.4 : Une erreur d'exécution produit ce message d'erreur.

Gestion d'erreurs : les détails

L'instruction On Error peut être utilisée de trois manières, comme le montre le Tableau 12.1.

Tableau 12.1 : Utilisations de l'instruction On Error.

Syntaxe	Ce qu'elle produit
On Error	Après avoir exécuté cette instruction, le langage VBA reprend l'instruction GoTo à l'étiquette figurant à la ligne spécifiée. Une étiquette doit être suivie d'un "deux-points" pour être reconnue comme telle par VBA.
On Error Resume Next	Après avoir exécuté cette instruction, le langage VBA ignore toutes les erreurs et reprend l'exécution à l'instruction suivante.
On Error GoTo 0	Après avoir exécuté cette instruction, le langage VBA recommence la gestion des erreurs comme d'habitude. Utilisez-la après l'une des deux précédentes ou pour supprimer la gestion des erreurs dans votre procédure.

Reprendre après une erreur

Dans certains cas, vous voudrez que la routine s'achève élégamment lorsqu'une erreur survient. Un message décrivant l'erreur est alors produit, puis la procédure s'achève. Cette technique est utilisée dans l'exemple ExtractionRacineCarrée5. Dans d'autres cas, vous voudrez récupérer de l'erreur afin que la procédure puisse poursuivre son cours.

Pour récupérer d'une erreur, vous devez recourir à l'instruction Resume. Elle supprime la condition et permet de reprendre l'exécution à un certain point. L'instruction Resume est utilisable de trois façons, comme le révèle le Tableau 12.2.

Tableau 12.2 : Utilisations de l'instruction Resume.

Syntaxe	Ce qu'elle produit
Resume	L'exécution reprend à l'instruction qui a provoqué l'erreur. Utilisez cette instruction si votre code de gestion des erreurs corrige le problème, permettant de continuer sans problème.
Resume Next	L'exécution reprend à l'instruction qui suit immédiatement l'instruction qui a provoqué l'erreur. En fait, l'erreur est ignorée.
Resume *étiquette*	L'exécution reprend à l'étiquette mentionnée.

L'exemple suivant a recours à l'instruction Resume après une erreur :

```
Sub ExtractionRacineCarrée6()
    Dim Nombre As Variant
    Dim Msg As String
    Dim Réponse As Integer
Réessayer:
'   Gestion des erreurs
    On Error GoTo Erreur

'   Demande d'une valeur
    Nombre = InputBox("Entrez une valeur :")
    If Nombre = "" Then Exit Sub

'   Demande d'une valeur
    ActiveCell.Value = Sqr(Nombre)

    Exit Sub
```

```
Erreur:
    Msg = " Une erreur s'est produite. Réessayer ?"
    Réponse = MsgBox(Msg, vbYesNo)
    If Réponse = vbYes Then Resume Réessayer
End Sub
```

Cette procédure possède une autre étiquette : Réessayer. Lorsqu'une erreur se produit, l'exécution continue après l'étiquette Erreur, puis le code affiche le message que montre la Figure 12.5. Si l'utilisateur répond en cliquant sur Oui, l'instruction Resume reprend l'exécution à l'étiquette Réessayer. Si l'utilisateur clique sur Non, la procédure s'achève.

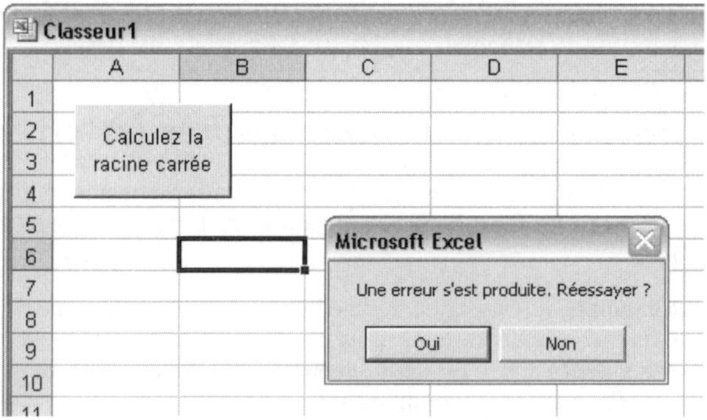

Figure 12.5 : En cas d'erreur, l'utilisateur peut choisir de réessayer.

Rappelez-vous que l'instruction Resume supprime la condition d'erreur avant de continuer. Pour le constater par vous-même, substituez l'instruction suivante à l'avant-dernière, dans l'exemple précédent :

```
If Réponse = vbYes Then GoTo Réessayer
```

Le code, qui se trouve dans classeur téléchargeable, ne fonctionne pas bien si vous utilisez GoTo (comme dans l'alternative proposée) au lieu de Resume. Pour vous en convaincre, entrez une valeur négative : le message d'erreur apparaît. Cliquez sur Oui afin de réessayer puis entrez de nouveau un nombre négatif. Cette fois, la deuxième erreur n'est pas interceptée car la condition d'erreur originale n'a pas été supprimée.

La gestion d'erreurs en quelques mots

Pour vous permettre de gérer les erreurs plus efficacement, je vous ai concocté un petit résumé. Une routine d'erreur présente les caractéristiques suivantes :

- Elle commence immédiatement après l'étiquette spécifiée dans l'instruction On Error.
- Elle ne doit être accessible que si une erreur se produit. Autrement dit, vous devez placer une instruction comme Exit Sub ou Exit Function juste avant l'étiquette.
- Elle peut exiger une instruction Resume. Si vous avez choisi de ne pas mettre fin à la procédure lorsqu'une erreur se produit, vous devez exécuter une instruction Resume avant de revenir au code principal.

Savoir quand il faut ignorer les erreurs

Dans certains cas, il est parfaitement admis de ne pas tenir compte d'une erreur. C'est là que l'instruction On Error Resume Next entre en jeu.

L'exemple suivant effectue une boucle à travers chacune des cellules d'une plage sélectionnée, puis il extrait la racine carrée de chacune des valeurs. Cette procédure génère un message d'erreur si l'une des cellules contient un nombre non positif :

```
Sub RacineCarréeSelection ()
    Dim cellule As Range
    If TypeName(Selection) <> "Range" Then Exit Sub
    For Each cellule In Selection
        cellule.Value = Sqr(cellule.Value)
    Next cellule
End Sub
```

L'idéal serait de sauter toutes les cellules contenant une valeur dont la racine carrée n'est pas extractible. C'est faisable à l'aide d'instructions de détection des erreurs basées sur des structures If-Then. Une solution meilleure et plus simple – donc plus élégante – consiste à ignorer simplement les erreurs qui pourraient se produire.

C'est ce que fait la routine qui suit, grâce à l'ajout d'une instruction On Error Resume Next :

```
Sub RacineCarréeSelectionOERN()
    Dim cellule As Range
    If TypeName(Selection) <> "Range" Then Exit Sub
    On Error Resume Next
    For Each cellule In Selection
        cellule.Value = Sqr(cellule.Value)
    Next cellule
End Sub
```

En général, vous utiliserez l'instruction On Error Resume Next si vous estimez que les erreurs ne compromettent pas les tâches.

Identifier des erreurs spécifiques

Toutes les erreurs ne se valent pas. Certaines sont sérieuses, d'autres le sont moins. Bien que vous puissiez ignorer celles qui ne tirent pas à conséquence, vous ne sauriez oublier les erreurs les plus graves. Parfois, vous devrez pouvoir identifier celle qui s'est produite.

Quand une erreur survient, Excel stocke son numéro dans la propriété Number d'un objet nommé Err. Vous pouvez ensuite obtenir une description de l'erreur grâce à la fonction Error. Par exemple, l'instruction suivante affiche un numéro d'erreur ainsi qu'une description, comme le montre la Figure 12.6.

```
MsgBox Err.Number & ": " & Error(Err.Number)
```

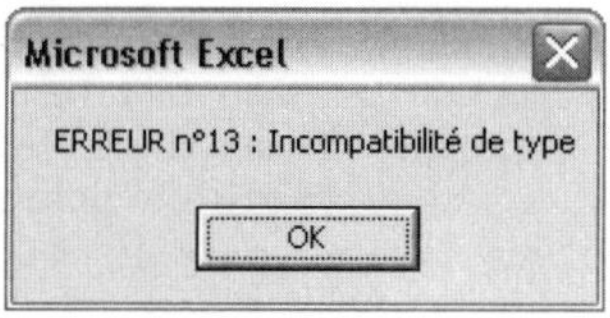

Figure 12.6 : Affichage d'un numéro d'erreur et de sa description.

La procédure suivante montre comment déterminer le type d'erreur qui est survenu. Dans ce cas, vous pouvez en toute sécurité ignorer l'erreur causée par la tentative d'extraire la racine carrée d'un nombre non positif (erreur 5) ou celle produite par la tentative de l'extraire d'une valeur non numérique (erreur 13). Par ailleurs, vous devez informer l'utilisateur si, la feuille de calcul étant protégée, la plage contient une ou plusieurs cellules verrouillées. Dans le cas contraire, l'utilisateur pourrait penser que la macro a fonctionné, ce qui ne fut pas le cas. L'événement qui suit produit l'erreur 1004.

```
Sub RacineCarréeSélectionErr()
    Dim cellule As Range
    Dim MsgErreur As String
    If TypeName(Selection) <> "Range" Then Exit Sub
    On Error GoTo GestionErreur
    For Each cellule In Selection
        cellule.Value = Sqr(cellule.Value)
    Next cellule
    Exit Sub

GestionErreur:
    Select Case Err
        Case 5 'Nombre négatif
            Resume Next
        Case 13 'Type incompatible
            Resume Next
        Case 1004 'Cellule verrouillée (feuille protégée)
            MsgBox "Une cellule est verrouillée. Réessayez."
            Exit Sub
        Case Else
            MsgErreur = Error(Err.Number)
            MsgBox "ERREUR: " & MsgErreur
            Exit Sub
    End Select
End Sub
```

Quand une erreur d'exécution se produit, le programme saute à l'étiquette GestionErreur. La structure Select Case teste les trois erreurs les plus communes. Si le numéro d'erreur est 5 ou 13, l'exécution reprend à la prochaine instruction (autrement dit, l'erreur est ignorée). Mais si le numéro d'erreur est 1004, la routine prévient l'utilisateur et s'achève. Le dernier cas, un fourre-tout pour toutes les erreurs imprévues, intercepte toutes les autres erreurs et affiche le message approprié.

Chapitre 13

Les techniques d'éradication des bogues

Dans ce chapitre :

- Définir un bogue et trouver de bonnes raisons de l'écrabouiller.
- Reconnaître les types de bogues qui sévissent.
- Les techniques de débogage.

Les sortes de bogues

Les programmes que vous écrirez en VBA contiendront sans doute des bogues. Nul n'étant infaillible, ils font partie des aléas de l'existence et ne remettent pas en cause vos talents de tricoteur de lignes de code. Les bogues peuvent être classés en plusieurs catégories :

- **Les imperfections logiques :** ces bogues peuvent souvent être évités en analysant attentivement le problème pour en découvrir la source.
- **Les bogues conjoncturels :** ils se manifestent lorsque vous tentez d'effectuer une action au mauvais moment. Comme par exemple tenter d'écrire des données dans une cellule d'une feuille active qui n'est pas une feuille de calcul.
- **Les bogues extrêmes :** ceux-ci montrent le bout de leur nez lorsque vous rencontrez des données inattendues comme, par exemple, des nombres extrêmement grands ou petits.

- **Les bogues de données erronées :** ils se produisent lorsque vous tentez de traiter un type de donnée incompatible. Exemple : extraire la racine d'une chaîne de caractères.
- **Les bogues de versions :** ce type de bogue est directement lié aux différentes versions d'Excel. Une macro développée sur Excel 2003 ne fonctionnera pas comme prévu, voire pas du tout, avec Excel 95 ou 97. Ce genre de problème peut généralement être évité en écartant les fonctionnalités propres à telle ou telle version. Une bonne pratique consiste à développer les applications avec la plus ancienne des versions d'Excel que l'utilisateur est susceptible d'utiliser.
- **Les bogues insaisissables :** ce sont les plus énervants. L'exemple le plus classique est celui d'une mise à jour mineure d'Excel par Microsoft, qui plante la macro que vous aviez longuement concoctée.

Le *débogage* est l'identification et la correction des bogues d'un programme informatique. Développer de bonnes compétences dans ce domaine exige du temps. Soyez persévérant, même si au début la tâche vous semble ingrate.

Identifier les bogues

Avant de vous lancer dans le débogage, vous devez d'abord déterminer si des bogues existent effectivement. C'est le cas si le programme ne fonctionne pas comme il le devrait.

Souvent – mais pas toujours –, le bogue se révèle lorsqu'Excel affiche un message d'erreur d'exécution comme celui de la Figure 13.1. Remarquez qu'il comporte un bouton Débogage. Nous y reviendrons ultérieurement, à la section " À propos du débogueur".

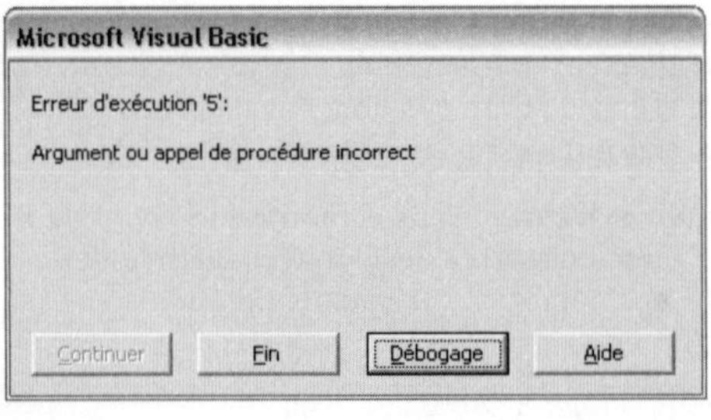

Figure 13.1 : Un message d'erreur comme celui-ci indique souvent que votre programme est bogué.

Les techniques de débogage

Dans cette section, nous aborderons les quatre techniques les plus communes pour déboguer du code VBA dans Excel :

- L'examen du code.
- L'insertion de fonctions MsgBox à différents endroits du code.
- L'insertion d'instructions Debug.Print.
- L'utilisation des outils de débogage intégrés d'Excel.

Examiner le code

La technique de débogage la plus directe consiste tout simplement à examiner le code de près, à la recherche de l'origine du problème. Avec un peu de chance, vous repérerez l'erreur et la corrigerez rapidement.

Utiliser la fonction MsgBox

Un problème très fréquent dans de nombreux programmes est causé par les variables qui ne prennent pas la valeur attendue. Dans ce cas, la surveillance de la variable au cours de l'exécution du code est une technique souvent efficace. Elle consiste à insérer temporairement des fonctions MsgBox dans la routine. Par exemple, si vous utilisez une variable ComptCellules, vous pourrez insérer cette instruction :

```
MsgBox ComptCellules
```

Quand vous exécutez la routine, la fonction MsgBox affiche la valeur de ComptCellules.

Il est souvent utile d'afficher les valeurs de plusieurs variables dans la boîte de message. L'instruction ci-dessous affiche la valeur courante de ComptBoucles et de ComptCellules, comme le montre la Figure 13.2 :

```
MsgBox ComptBoucles & " " & ComptCellules
```

Notez que les deux variables ont été réunies avec les opérateurs de concaténation (&) ainsi qu'un espace placé entre eux. Sinon, les deux valeurs se suivraient, n'en formant qu'une seule, évidemment dépourvue de sens. Vous pouvez aussi utiliser la constante prédéfinie

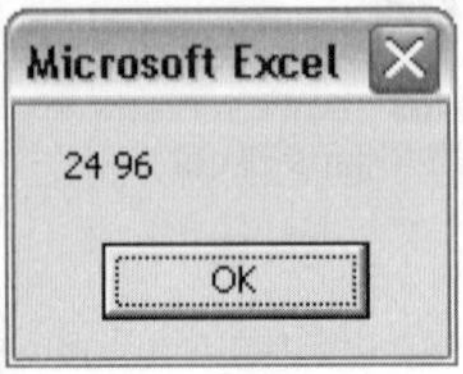

Figure 13.2 : Cette boîte de message affiche la valeur de deux variables.

vbNewLine, à la place de l'espace. Elle insère un renvoi à la ligne. Cette instruction affiche trois variables, chacune sur une ligne distincte :

```
MsgBox ComptBoucles & vbNewLine & ComptCellules & vbNewLine &
UneValeur
```

Cette technique ne se limite pas qu'au suivi des variables. Une boîte de message peut servir à afficher toutes sortes d'informations utiles pendant l'exécution du code. Par exemple, s'il effectue une boucle impliquant une série de feuilles, l'instruction suivante affichera le nom et le type de la feuille active :

```
MsgBox ActiveSheet.Name & " " & TypeName(ActiveSheet)
```

N'OUBLIEZ PAS

J'utilise fréquemment les fonctions MsgBox pour déboguer mes codes. N'oubliez pas de les supprimer une fois que tous vos problèmes ont été identifiés et résolus.

Insérer des instructions Debug.Print

Une alternative à l'utilisation de fonctions MsgBox dans le code consiste à insérer une ou plusieurs instructions temporaires Debug.Print. Elles servent à afficher la valeur d'une ou plusieurs variables dans la fenêtre Exécution. Cette instruction affiche la valeur de trois variables :

```
Debug.Print ComptBoucles, ComptCellules, UneValeur
```

Observez que les variables sont séparées par des virgules. L'instruction Debug.Print permet afficher autant de variables que vous le désirez. Si la fenêtre Exécution n'est pas visible, appuyez sur Ctrl+G.

N'oubliez pas de supprimer toutes les instructions Debug.Print après avoir débogué votre code.

Utiliser le débogueur VBA

La notion de bogue est très familière aux concepteurs d'Excel. C'est pourquoi ce logiciel comporte une panoplie d'outils de débogage qui vous aideront à corriger les problèmes dans votre code VBA. La prochaine section est consacrée au débogueur VBA.

À propos du débogueur

Dans cette section, nous verrons en détail comment utiliser les outils de débogage d'Excel. Ils sont beaucoup plus puissants que les techniques évoquées précédemment. Mais qui dit puissance, dit maîtrise. L'utilisation de ces outils exige quelques paramétrages préliminaires.

Placer des points d'arrêt dans le code

Précédemment dans ce chapitre, j'ai évoqué l'utilisation des fonctions MsgBox dans votre code pour surveiller les valeurs de certaines variables. L'affichage d'une boîte de message interrompt le code au cours de son exécution, cliquer sur le bouton OK reprend l'exécution.

Ne serait-il pas fabuleux de pouvoir interrompre l'exécution d'une routine, d'examiner n'importe laquelle des variables, puis de reprendre l'exécution ? Eh bien ! C'est exactement ce que permettent les points d'arrêt.

Il existe plusieurs façons de définir des points d'arrêt dans du code VBA :

- Placer le curseur dans l'instruction où l'exécution doit s'arrêter et appuyer sur F9.
- Cliquer dans la marge grise à gauche de l'instruction à laquelle l'exécution doit s'interrompre.
- Positionner le point d'insertion à l'instruction à laquelle l'exécution doit s'interrompre et choisir Débogage/Basculer le point d'arrêt.
- Cliquer du bouton droit dans une instruction et, dans le menu contextuel, choisir Débogage/Basculer le point d'arrêt.

La Figure 13.3 montre un point d'arrêt placé dans une procédure : la ligne est en surbrillancc, pour indiquer qu'un point d'arrêt a été défini à cet endroit, et un gros point apparaît dans la marge.

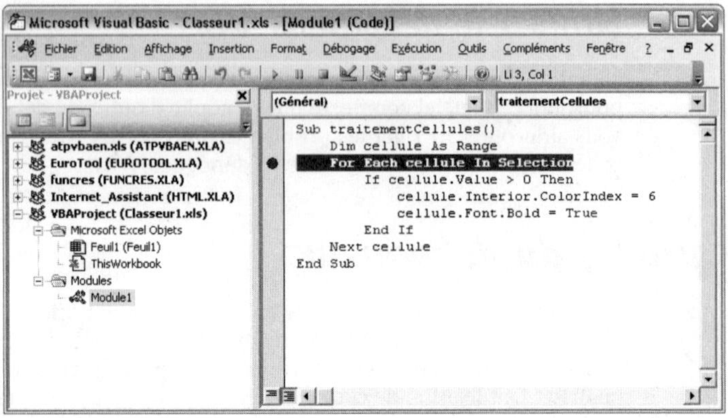

Figure 13.3 : La mise en surbrillance de l'instruction révèle qu'un point d'arrêt a été défini dans cette procédure.

Quand la procédure est exécutée, Excel passe en *mode Pas à pas détaillé* au moment où la ligne signalée par le point d'arrêt est exécutée. Dans ce mode, le mot [arrêt] est affiché dans la barre de titre de l'éditeur VBE. Pour quitter le mode Pas à pas détaillé et continuer l'exécution, appuyez sur F5. Ou alors, cliquez sur le bouton Exécuter Sub/UserForm, dans la barre d'outils VBE. Reportez-vous à la section "Pas à pas dans le code", plus loin dans ce chapitre, pour en savoir plus.

Pour supprimer rapidement un point d'arrêt, cliquez sur le gros point dans la marge ou placez le curseur dans la ligne en surbrillance et appuyez sur F9. Pour ôter tous les points d'arrêt du module, appuyez sur Ctrl+Maj+F9.

Qu'est-ce que le mode Pas à pas détaillé ? C'est une exécution au coup par coup. L'exécution du code est suspendue et l'instruction courante est mise en surbrillance jaune vif.

En mode Pas à pas détaillé, immobiliser le pointeur de la souris au-dessus d'une variable affiche sa valeur dans une info-bulle (voir Figure 13.4).

Utiliser la fenêtre Exécution

La fenêtre Exécution n'est peut-être pas visible dans l'éditeur VBE. Pour l'afficher, appuyez sur Ctrl+G.

En mode Pas à pas détaillé, la fenêtre Exécution (voir la Figure 13.5) est particulièrement utile pour connaître la valeur de n'importe quelle variable du programme. Par exemple, si vous désirez connaître la

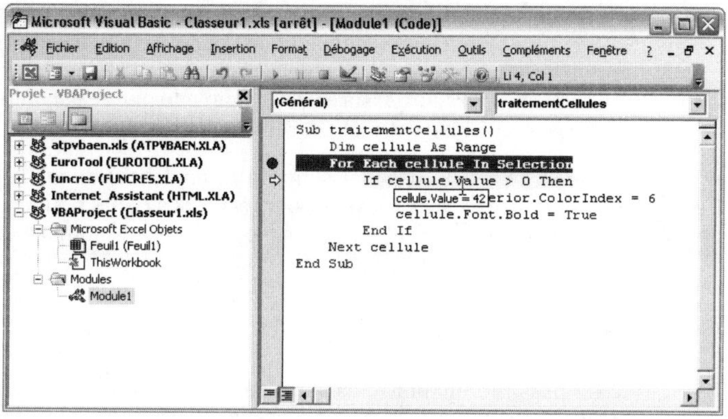

Figure 13.4 : En mode Pas à pas détaillé, immobiliser le pointeur de la souris au-dessus d'une variable affiche sa valeur. Ici, celle de la variable Cellule est 42.

valeur courante de la variable nommée ComptCellules, vous entrerez cette instruction dans la fenêtre Exécution, suivie de l'appui sur Entrée :

```
Print ComptCellules
```

TRUC

Vous gagnerez un tout petit peu de temps en remplaçant Print par un point d'interrogation, comme au bon vieux temps du BASIC :

```
? ComptCellules
```

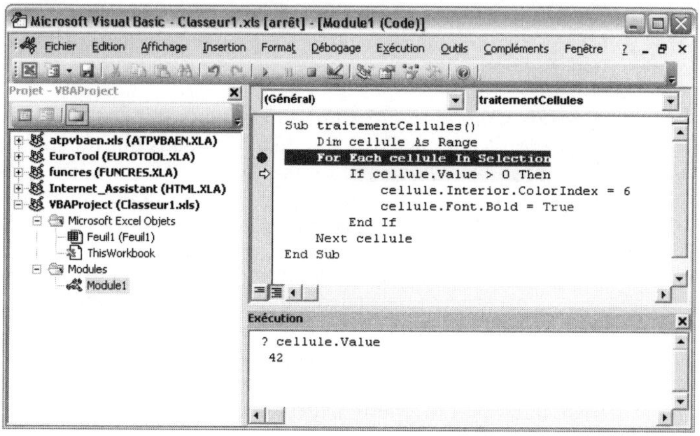

Figure 13.5 : La fenêtre Exécution. La valeur courante de la cellule est 42.

Outre la vérification des variables, la fenêtre Exécution permet d'effectuer bien d'autres choses. Il est par exemple possible de modifier la valeur d'une variable, activer une autre feuille, voire ouvrir un nouveau classeur. Assurez-vous simplement que la commande entrée est une instruction VBA valide.

TRUC

La fenêtre Exécution est aussi utilisable en dehors du mode Pas à pas détaillé. Je m'en sers souvent pour tester des petits bouts de code – du moment qu'ils tiennent sur une ligne – avant de les introduire dans une procédure.

Pas à pas dans le code

Il est possible, en mode Pas à pas détaillé, de parcourir le code ligne après ligne : une instruction est exécutée chaque fois que vous appuyez sur F8. Vous pouvez à tout moment vérifier la valeur des variables dans la fenêtre Exécution tout au long de cette opération.

Espionner le code

Dans certaines circonstances, vous voudrez savoir si une certaine variable ou expression accepte une valeur donnée. Par exemple, supposons que la procédure effectue une boucle à travers 1 000 cellules. Vous décelez un problème à la 900e itération de la boucle. Vous pourriez bien sûr insérer un point d'arrêt dans la boucle, mais cela supposerait 899 invites avant de parvenir à l'itération qui pose problème, ce qui est terriblement fastidieux (il existe une intéressante littérature Shadok sur le nombre de tentatives qu'il faut se dépêcher de rater lorsqu'on a une chance sur un million de réussir). Une solution plus efficace consiste à placer une *expression espionne*.

Vous pourriez ainsi créer une expression espionne qui mette la procédure en mode Pas à pas détaillé chaque fois qu'une variable est à une valeur spécifique, par exemple Compteur = 900. Pour créer une expression espionne, choisissez Débogage/Ajouter un espion. L'éditeur VBE affiche la boîte de dialogue de la Figure 13.6.

Exécutez la procédure après avoir placé la ou les expressions espionnes. Elle s'exécute normalement jusqu'à ce que l'expression espionne soit satisfaite, selon le Type d'espion sélectionné. Dès lors, Excel passe en mode Pas à pas détaillé (sauf si le Type d'espion est Expression espionne). À partir de là, vous pouvez parcourir le code ou le déboguer dans la fenêtre Exécution.

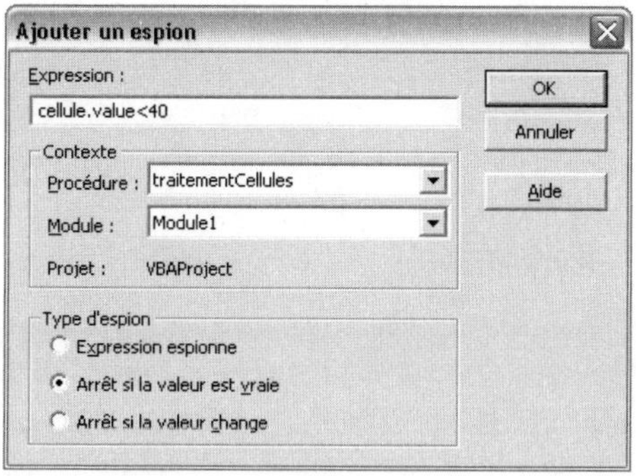

Figure 13.6 : La boîte de dialogue Ajouter un espion permet de spécifier la condition qui entraîne un arrêt.

Quand vous créez un espion, l'éditeur VBE affiche la fenêtre Espions que montre la Figure 13.7. Elle affiche la valeur de tous les espions que vous avez définis.

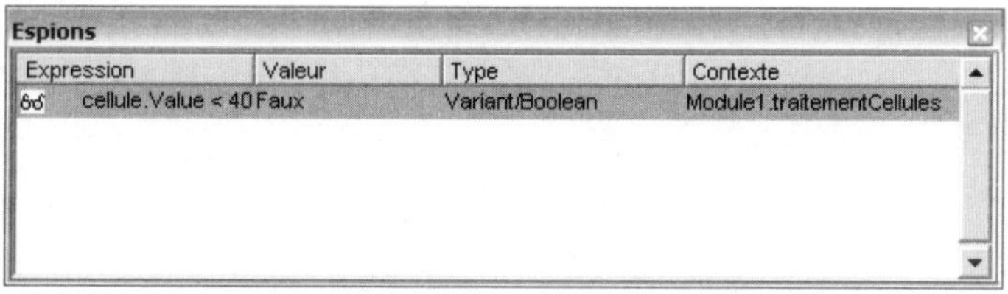

Figure 13.7 : Les espions sortent de l'ombre dans cette fenêtre.

Le meilleur moyen de comprendre comment les espions fonctionnent, c'est de les utiliser – comme dans les polars de John Le Carré – et d'essayer leurs diverses options. Vous vous rendrez rapidement compte des services (secrets) qu'ils pourront vous rendre.

Chapitre 14

Des exemples de programmation VBA

Dans ce chapitre :

- Quelques routines VBA.

L'enseignement de la programmation des macros tel que je le conçois est essentiellement fondé sur les exemples. Car, à mon avis, un exemple est beaucoup plus didactique que de longues explications théoriques. Ce chapitre présente donc plusieurs exemples qui illustrent les techniques VBA les plus communes.

Les plages de cellules

La plupart de votre programmation VBA concerne sans doute des plages. Gardez ces points en mémoire lorsque vous travaillez avec des objets Range (reportez-vous au Chapitre 8 pour connaître leurs caractéristiques) :

La plupart des exemples qui démontrent ces points se trouvent dans le classeur téléchargeable.

Si vous préférez saisir ces exemples vous-même, appuyez sur Alt+F11 pour activer l'éditeur VBE. Insérez ensuite un module et tapez le code. Assurez-vous que le classeur est correctement configuré. Si l'exemple fait appel à deux feuilles nommées Feuil1 et Feuil2, veillez à ce qu'elles se trouvent dans le classeur.

Copier une plage

La copie d'une plage de cellules est sans doute l'opération la plus fréquente dans Excel. Quand vous activez l'enregistreur de macros et que vous recopiez la plage A1:A5 dans la plage B1:B5, vous obtenez le code suivant :

```
Sub CopyRange()
    Range("A1:A5").Select
    Selection.Copy
    Range("B1").Select
    ActiveSheet.Paste
    Application.CutCopyMode = False
End Sub
```

Remarquez la dernière instruction. Elle a été générée par l'appui sur la touche Échap qui efface le contour de sélection animé, visible dans la feuille de calcul quand vous copiez une plage.

Cette macro fonctionne bien, mais vous pouvez copier une plage beaucoup plus efficacement que cela. Vous obtiendrez le même résultat avec cette macro en une ligne, qui ne sélectionne aucune cellule :

```
Sub CopierPlage()
    Range("A1:A5").Copy Range("B1")
End Sub
```

Cette procédure exploite le fait que la méthode Copy peut recevoir un argument indiquant la destination. Cet exemple démontre aussi que le générateur de macros ne produit pas le code le plus concis.

Copier une plage de taille variable

La Figure 14.1 montre une plage de cellules. Elle est constituée de plusieurs lignes dont le nombre varie de jour en jour. Comme vous ne connaissez pas l'adresse exacte de la plage à un moment donné, écrire la macro qui copie la plage risque d'être ardu.

La macro suivante montre comment copier cette plage de la Feuil1 vers la Feuil2, à partir de la cellule A1. Nous utilisons ici la propriété CurrentRegion, qui retourne l'objet Range correspondant à un bloc de cellules autour d'une cellule particulière, A1 en l'occurrence.

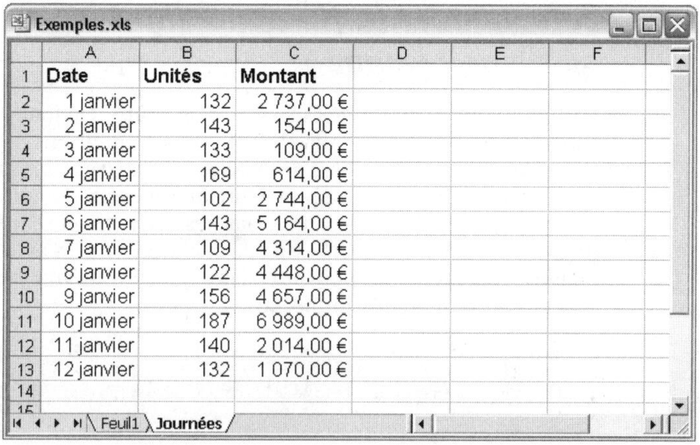

Date	Unités	Montant
1 janvier	132	2 737,00 €
2 janvier	143	154,00 €
3 janvier	133	109,00 €
4 janvier	169	614,00 €
5 janvier	102	2 744,00 €
6 janvier	143	5 164,00 €
7 janvier	109	4 314,00 €
8 janvier	122	4 448,00 €
9 janvier	156	4 657,00 €
10 janvier	187	6 989,00 €
11 janvier	140	2 014,00 €
12 janvier	132	1 070,00 €

Figure 14.1 : Cette plage comporte un nombre variable de lignes.

```
Sub CopieZoneCourante()
    Range("A1").CurrentRegion.Copy
    Sheets("Feuil2").Select
    Range("A1").Select
    ActiveSheet.Paste
    Sheets("Feuil1").Select
    Application.CutCopyMode = False
End Sub
```

Utiliser la propriété CurrentRegion équivaut à choisir la commande Édition/Atteindre, à cliquer sur le bouton Cellules et à sélectionner l'option Zone en cours. Pour le vérifier, enregistrez une macro contenant ces commandes. Généralement, CurrentRegion désigne un bloc de cellules rectangulaire entouré d'une ou plusieurs lignes ou colonnes vides.

L'efficacité de cette macro peut être notablement améliorée en ne sélectionnant pas la destination. La macro ci-dessous exploite la possibilité de spécifier la plage de destination en tant qu'argument de la méthode Copy :

```
Sub CopieZoneCourante2()
    Range("A1").CurrentRegion.Copy _
       Sheets("Feuil2").Range("A1")
    Application.CutCopyMode = False
End Sub
```

Sélectionner la fin d'une ligne ou d'une colonne

Vous utiliserez la propriété CurrentRegion pour sélectionner un bloc entier de cellules. Mais comment ferez-vous pour, disons, ne sélectionner qu'une colonne d'un bloc de cellules ? Le langage VBA sait heureusement faire cela. La procédure qui suit sélectionne la plage qui s'étend de la cellule active vers le bas, jusqu'à la cellule située au-dessus de la première cellule vide de la colonne. Après avoir sélectionné cette plage, vous pouvez en faire ce que vous voulez : la copier, la déplacer, la mettre en forme, etc.

```
Sub Sélection_VersLeBas()
    Range(ActiveCell, ActiveCell.End(xlDown)).Select
End Sub
```

Cet exemple utilise la méthode End de l'objet ActiveCell, qui retourne un objet Range. La méthode End accepte un seul argument, qui peut être l'une de ces constantes :

- xlUp
- xlDown
- xlToLeft
- xlToRight

Rappelez-vous qu'il n'est pas nécessaire de sélectionner une plage avant d'y faire quelque chose. La macro suivante applique une mise en forme Gras à une plage de dimensions variables sans la sélectionner :

```
Sub MettreEnGras()
    Range(ActiveCell, ActiveCell.End(xlDown)) _
        .Font.Bold = True
End Sub
```

Sélectionner une ligne ou une colonne

La procédure suivante montre comment sélectionner la colonne contenant la cellule active. Elle utilise la propriété EntireColumn, qui retourne un objet Range formé de la colonne entière :

```
Sub SelectionColonne()
    ActiveCell.EntireColumn.Select
End Sub
```

Comme vous l'aurez deviné, le langage VBA propose aussi une propriété EntireRow qui retourne un objet Range formé de la ligne entière.

Déplacer une plage

Vous déplacez une plage en la coupant (elle transite par le Presse-papiers) et en la collant ailleurs. Si vous enregistrez cette action avec l'enregistreur de macros, le code se présente ainsi :

```
Sub MoveRange()
    Range("A1:C6").Select
    Selection.Cut
    Range("A10").Select
    ActiveSheet.Paste
End Sub
```

À l'instar de l'exemple de copie de plage décrit précédemment dans ce chapitre, ce n'est pas le moyen le plus efficace de procéder. En fait, une plage peut être déplacée à l'aide d'une seule instruction VBA :

```
Sub DéplacerPlage()
    Range("A1:C6").Cut Range("A10")
End Sub
```

Cette macro exploite le fait que la méthode Cut accepte un argument qui spécifie la destination. Notez aussi que la plage n'a pas été sélectionnée. Le pointeur de cellule reste à sa position d'origine.

Programmer des boucles efficaces

Beaucoup de macros effectuent une opération sur chaque cellule d'une plage, ou encore des actions selon le contenu de chacune des cellules. Elles comportent généralement une boucle For-Next qui permet de traiter chaque cellule de la plage.

L'exemple qui suit montre comment effectuer une boucle à travers une plage de cellules. Cette plage est la sélection courante. Une variable nommée Cellule pointe vers la cellule traitée. L'unique instruction à l'intérieur de la boucle For-Next évalue la cellule et modifie sa couleur intérieure si la valeur qui s'y trouve est positive.

```
Sub TraitementCellules()
    Dim Cellule As Range
```

```
    For Each Cellule In Selection
        If Cellule.Value > 0 Then Cellule.Interior.ColorIndex = 6
    Next Cellule
End Sub
```

Cet exemple fonctionne. Mais qu'en est-il si la sélection s'étend sur la totalité d'une colonne ou d'une ligne ? Ce cas de figure n'est pas rare car Excel permet d'effectuer des opérations sur des colonnes et des lignes entières. Dans ce cas, la macro semble s'éterniser car, pendant la boucle, elle scrute chacune des cellules de la sélection, même celles qui sont vides. Pour rendre la macro plus efficace, vous devez disposer d'un moyen permettant de ne traiter que les cellules non vides.

C'est ce que fait la routine suivante, grâce à la méthode SpecialCells (reportez-vous à l'aide de VBA pour connaître ses arguments). Elle utilise le mot-clé Set pour créer deux nouveaux objets : un sous-ensemble de la sélection formé de cellules contenant des constantes et un sous-ensemble de la sélection formé de cellules contenant des formules. La routine ne traite que ces sous-ensembles, omettant ainsi les cellules vides. Astucieux, n'est-ce pas ?

```
Sub SauterCellulesVides()
    Dim Constantes As Range
    Dim Formules As Range
    Dim cellule As Range
'   Ignorer les erreurs
    On Error Resume Next
'   Traitement des constantes
    Set Constantes = Selection _
       .SpecialCells(xlConstants)
    For Each cellule In Constantes
        If cellule.Value > 0 Then
            cellule.Interior.ColorIndex = 6
        End If
    Next cellule
'   Traitement des formules
    Set Formules = Selection _
       .SpecialCells(xlFormulas)
    For Each cellule In Formules
        If cellule.Value > 0 Then
            cellule.Interior.ColorIndex = 6
        End If
    Next cellule
End Sub
```

La rapidité de la procédure SauterCellulesVides est identique quelle que soit la sélection, qu'il s'agisse d'une plage, de toutes les colonnes ou lignes d'une plage, voire d'une feuille de calcul toute entière. C'est là une amélioration énorme de la procédure TraitementCellules présentée juste auparavant.

Remarquez l'utilisation, dans le code, de l'instruction suivante :

```
On Error Resume Next
```

Elle demande à Excel d'ignorer toutes les erreurs qui pourraient se produire et de passer à l'instruction suivante (reportez-vous au Chapitre 12 pour en savoir plus sur la gestion des erreurs). Cette instruction est indispensable car la méthode SpecialCells produit une erreur quand une cellule n'est pas qualifiée.

Utiliser la méthode SpecialCells équivaut à choisir Édition/Atteindre, à cliquer sur le bouton Cellules puis à sélectionner l'option Constantes ou Formules.

Inviter à entrer une valeur

Comme le montre la Figure 14.2, vous pouvez utiliser la fonction InputBox pour demander la saisie d'une valeur puis la placer dans une cellule. La procédure suivante invite l'utilisateur à taper la valeur qui sera placée dans la cellule A1 de la feuille de calcul active. Une seule instruction suffit :

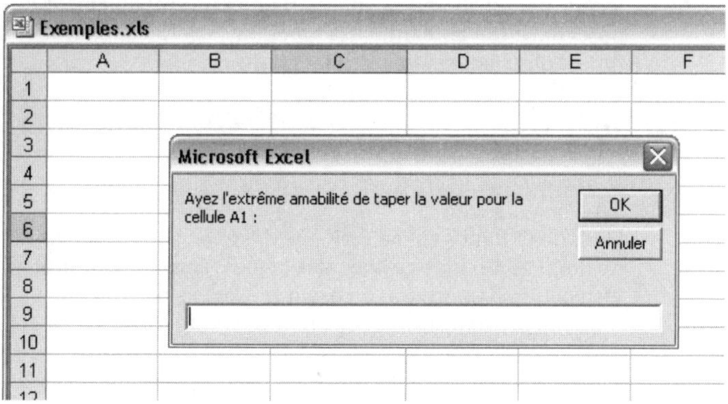

Figure 14.2 : Utilisez la fonction InputBox pour récupérer la valeur tapée par l'utilisateur.

```
Sub SaisieValeur()
    Range("A1").Value = InputBox("Ayez l'extrême amabilité _
       de taper la valeur pour la cellule A1 :")
End Sub
```

Lorsque vous testerez cet exemple, vous vous apercevrez que cliquer sur le bouton Annuler, dans la boîte de saisie, efface la valeur courante déjà présente dans la cellule A1. La macro suivante propose une meilleure approche, fondée sur l'utilisation d'une variable x pour stocker la valeur entrée par l'utilisateur. Si la valeur n'est pas vide – c'est-à-dire si l'utilisateur n'a pas cliqué sur Annuler –, la valeur de x est placée dans la cellule A1. Sinon, il ne se passe rien.

```
Sub SaisieValeur ()
    Dim x as Variant
    x = InputBox("Entrez une valeur pour la cellule A1")
    If x <> "" Then Range("A1").Value = x
End Sub
```

La variable x est définie comme Variant car elle peut être un nombre ou, si l'utilisateur clique sur Annuler, une chaîne vide.

Déterminer le type de la sélection

Si la macro que vous écrivez doit s'appliquer à une sélection de cellules, elle doit pouvoir déterminer si c'est bien une plage qui est sélectionnée. Si autre chose était sélectionné – un graphique ou une forme, par exemple –, la macro risquerait probablement de planter. La procédure suivante utilise la fonction TypeName pour identifier le type d'objet actuellement sélectionné :

```
Sub TypeSelectionné()
    MsgBox TypeName(Selection)
End Sub
```

Si un objet Range est sélectionné, MsgBox affiche Range. Si la macro ne doit fonctionner qu'avec des plages, vous pouvez utiliser une instruction If pour vous en assurer. Cet exemple affiche un message et quitte la procédure si la sélection courante n'est pas un objet Range :

```
Sub VérifSélection()
    If TypeName(Selection) <> "Range" Then
        MsgBox "Sélectionnez une plage."
        Exit Sub
```

```
    End If
'   ... [Autres instructions]
End Sub
```

Identifier une sélection multiple

Comme vous le savez, Excel autorise les sélections multiples en maintenant la touche Ctrl enfoncée pendant que vous choisissez les objets ou les plages. Cette fonctionnalité peut causer des problèmes avec certaines macros. Par exemple, il n'est pas possible de copier une sélection multiple faite de plages non adjacentes (essayez un peu pour voir, si vous ne me croyez pas).

Le programme suivant détermine si l'utilisateur a procédé à une sélection multiple, ce qui permet à la macro d'entreprendre l'action appropriée :

```
Sub SélectionsMultiples()
    If Selection.Areas.Count > 1 Then
        MsgBox "Les sélections multiples ne sont pas autorisées."
        Exit Sub
    End If
'   ... [Autres instructions]
End Sub
```

Cet exemple est basé sur la méthode Areas qui retourne une collection de tous les objets présents dans la sélection. La propriété Count retourne le nombre d'objets de la collection.

Modifier les paramètres d'Excel

Certaines des macros les plus utiles sont de simples procédures qui modifient un ou plusieurs paramètres d'Excel. Par exemple, rien que le fait de changer le mode de recalcul automatique d'Excel, pour le mettre en manuel, exige de nombreuses étapes. Vous vous épargnerez quelques appuis sur des touches et des errances dans les menus et les panneaux en créant une macro qui automatise ces tâches.

Cette section présente deux exemples qui montrent comment modifier des paramètres d'Excel. Vous pourrez ensuite appliquer les principes généraux évoqués dans ces pages à n'importe quelles autres opérations du même genre.

Modifier les paramètres booléens

Un paramètre *booléen* est une sorte de commutateur qui définit un état actif ou inactif. Supposons que vous désiriez créer une macro qui active ou désactive l'affichage des en-têtes de lignes et de colonnes. Lorsque les en-têtes sont affichés, Excel génère le code suivant si les actions sont enregistrées en passant par la boîte de dialogue Options :

```
ActiveWindow.DisplayHeadings = False
```

En revanche, si les en-têtes sont masqués lorsque vous enregistrez la macro, Excel génère le code suivant :

```
ActiveWindow.DisplayHeadings = True
```

Ceci vous laisse à penser qu'il faudra deux macros : l'une pour afficher les en-têtes, l'autre pour les masquer. Eh non ! La procédure suivante fait appel à l'opérateur logique Not pour basculer en réalité l'affichage de True en False et de False en True :

```
Sub BasculeEntêtes()
    If TypeName(ActiveSheet) <> "Worksheet" Then Exit Sub
    ActiveWindow.DisplayHeadings = Not _
       ActiveWindow.DisplayHeadings
End Sub
```

La première instruction s'assure que la feuille active est une feuille de calcul (les feuilles de graphique n'ont pas d'en-têtes de lignes et de colonnes). Si aucune feuille de calcul n'est active, la procédure se termine. Cette technique est utilisable avec n'importe quel paramètre ayant des valeurs booléennes (True ou False).

Modifier des paramètres non booléens

Nous utiliserons une structure Select Case pour modifier des paramètres non booléens. Cet exemple bascule le mode de calcul entre Automatique et Manuel et affiche un message indiquant le mode actuel :

```
Sub BasculeModeCalcul()
    Select Case Application.Calculation
        Case xlManual
            Application.Calculation = xlCalculationAutomatic
            MsgBox "Mode de calcul : Automatique"
```

```
            Case xlAutomatic
                Application.Calculation = xlCalculationManual
                MsgBox " Mode de calcul : Manuel"
        End Select
    End Sub
```

Cette technique peut être adaptée pour changer d'autres paramètres non booléens.

Les graphiques

Comme les graphiques comportent différents objets, leur manipulation en VBA peut s'avérer compliquée. Pour en avoir une idée, démarrez l'enregistreur de macros, créez un graphique puis effectuez quelques banales tâches d'édition. Vous serez surpris de la profusion de code généré par Excel. Mais, après avoir compris ce que sont les objets qui forment un graphique, vous pourrez élaborer des macros fort utiles.

Pour écrire des macros capables de manipuler des graphiques, vous devez vous familiariser avec quelques termes. Un *graphique incorporé* à une feuille de calcul est un objet ChartObject. Vous pouvez l'activer à peu près de la même manière que vous activez une feuille. Cette instruction active un objet ChartObject nommé Graphique 1 :

```
ActiveSheet.ChartObjects("Graphique 1").Activate
```

Après avoir activé le graphique, vous pouvez y faire référence dans le code VBA en tant que ActiveChart. Si le graphique est sur une feuille de graphique séparée, il devient le graphique actif dès lors que sa feuille a été activée.

ATTENTION !

Quand vous cliquez sur un graphique incorporé, Excel sélectionne en réalité un objet *à l'intérieur* de l'objet ChartObject. Vous pouvez sélectionner l'objet ChartObject lui-même en maintenant la touche Ctrl enfoncée tout en cliquant dans un graphique incorporé. Ceci fait, renommez-le dans la boîte Zone Nom (à l'extrême gauche, dans la barre de formule).

Modifier le type d'un graphique

Voici une assertion à méditer : un objet ChartObject est le conteneur d'un objet Chart (c'est-à-dire d'un graphique).

Il n'est pas nécessaire d'activer un graphique pour le modifier avec du VBA. En fait, la méthode Chart peut retourner le graphique contenu dans ChartObject. Les deux procédures qui suivent vous permettront d'y voir plus clair. Elles ont toutes le même effet : elles changent un graphique nommé Graphique 1 en graphique en aires. La première procédure active le graphique en premier ; la deuxième ne le fait pas. La constante prédéfinie xlArea représente un graphique en aires.

```
Sub ModifierGraph1()
    ActiveSheet.ChartObjects("Graphique 1").Activate
    ActiveChart.Type = xlArea
    ActiveWindow.Visible = False
End Sub


Sub ModifierGraph 2()
    ActiveSheet.ChartObjects("Graphique 1").Chart.Type = xlArea
End Sub
```

Effectuer une boucle dans une collection ChartObjects

L'exemple ci-dessous modifie le type de n'importe quel graphique incorporé dans la feuille active. La procédure est basée sur une boucle For-Next qui permet de parcourir chacun des objets de la collection ChartObjects, d'accéder à leur objet Chart et d'en modifier la propriété Type.

```
Sub TypeGraph()
    Dim objet As ChartObject
    For Each objet In ActiveSheet.ChartObjects
        objet.Chart.Type = xlArea
    Next objet
End Sub
```

La macro qui suit exécute la même fonction, mais elle est utilisable dans toutes les feuilles de graphique du classeur actif :

```
Sub TypeGraph2()
    Dim objet As Chart
    For Each objet In ActiveWorkbook.Charts
        objet.Type = xlArea
    Next objet
End Sub
```

Modifier les propriétés

L'exemple suivant remplace la police de la légende dans tous les graphiques de la feuille active. Il fait appel à une boucle For-Next pour traiter tous les objets ChartObject :

```
Sub ModifPoliceLégende()
    Dim objet As ChartObject
    For Each objet In ActiveSheet.ChartObjects
        With objet.Chart.Legend.Font
            .Name = "Arial"
            .FontStyle = "Bold"
            .Size = 12
        End With
    Next objet
End Sub
```

Remarquez que l'objet Font est contenu dans l'objet Legend, qui est contenu dans l'objet Chart, qui est contenu dans la collection ChartObjects. Vous comprenez pourquoi on appelle cela une *hiérarchie d'objets ?* Bien qu'à vrai dire, il s'agisse plutôt là d'une construction en poupées russes...

Appliquer une mise en forme au graphique

Cet exemple applique diverses mises en forme au graphique actif :

```
Sub MiseEnForme_Graphique()
    ActiveChart.Type = xlArea
    ActiveChart.ChartArea.Font.Name = "Arial"
    ActiveChart.ChartArea.Font.FontStyle = "Regular"
    ActiveChart.ChartArea.Font.Size = 9
    ActiveChart.PlotArea.Interior.ColorIndex = xlNone
    ActiveChart.Axes(xlValue).TickLabels.Font.Bold = True
    ActiveChart.Axes(xlCategory).TickLabels.Font.Bold = _
      True
    ActiveChart.Legend.Position = xlBottom
End Sub
```

Vous devez activer un graphique avant d'exécuter cette macro. Cliquez dessus si c'est un graphique incorporé. Sinon, cliquez sur l'onglet de la feuille de graphique.

Pour vous assurer que le graphique est sélectionné, vous pouvez lui adjoindre une routine de gestion des erreurs (reportez-vous au

Chapitre 12 pour en savoir plus sur la gestion des erreurs). Voici une macro modifiée, qui affiche un message si un graphique n'est pas sélectionné :

```
Sub MiseEnForme_Graphique2()
    On Error GoTo GestionErreurs
    ActiveChart.Type = xlArea
    ActiveChart.ChartArea.Font.Name = "Arial"
    ActiveChart.ChartArea.Font.FontStyle = "Regular"
    ActiveChart.ChartArea.Font.Size = 9
    ActiveChart.PlotArea.Interior.ColorIndex = xlNone
    ActiveChart.Axes(xlValue).TickLabels.Font.Bold = True
    ActiveChart.Axes(xlCategory).TickLabels.Font.Bold = _
       True
    ActiveChart.Legend.Position = xlBottom
    Exit Sub
GestionErreurs:
    MsgBox "Sélectionnez d'abord un graphique."
End Sub
```

Cette macro a été créée en enregistrant une macro tout en mettant un graphique en forme. Elle a ensuite été débarrassée des lignes inutiles.

Quatrième partie

Créer des boîtes de dialogue personnalisées

"Un beau graphique, Frank, mais pas vraiment nécessaire"

Dans cette partie...

Vous apprendrez dans les pages qui suivent comment développer des boîtes de dialogue personnalisées, appelées UserForm dans le jargon du VBA (NdT : terme qui peut se traduire, quoiqu'imparfaitement, par "formulaires utilisateur"). À condition d'avoir assimilé les notions de base, cette fonction du VBA s'avère relativement facile à utiliser. De plus, croyez-moi, vous prendrez plaisir à créer des boîtes de dialogue.

Chapitre 15

Les autres boîtes de dialogue d'Excel

Dans ce chapitre :

- Gagner du temps avec des boîtes de dialogue qui sont des alternatives aux boîtes de dialogue personnalisées.
- Obtenir des informations de l'utilisateur grâce aux fonctions InputBox et MsgBox.
- Obtenir un nom de fichier et son chemin de la part de l'utilisateur.

Ce chapitre décrit quelques techniques pratiques. En revanche, les trois autres chapitres vous diront tout sur l'art de rendre vos applications plus attrayantes grâce à quelques boîtes de dialogue pas piquées des hannetons.

Pourquoi créer des boîtes de dialogue ?

Les boîtes de dialogue peuvent être utiles, mais les créer exige du temps. Avant d'aborder la création des boîtes de dialogue au prochain chapitre, vous devez connaître quelques solutions qui font gagner du temps.

La fonction MsgBox

La fonction MsgBox vous est certainement familière : nous l'avons abondamment utilisée dans les exemples de ce livre. Commode pour afficher des informations et obtenir une réponse très simple, elle accepte les arguments que montre le Tableau 15.1. Sa syntaxe est la suivante :

```
MsgBox(invite[, boutons][, titre])
```

Tableau 15.1 : Les arguments de la fonction MsgBox.

Argument	Description
prompt	Texte qu'Excel affiche dans la boîte de message.
boutons	Boutons qui apparaissent dans la boîte de message (facultatif).
titre	Texte qui apparaît dans la barre de titre de la boîte de message (facultatif).

Affichage d'une boîte de message minimaliste

La boîte de dialogue MsgBox peut être utilisée pour elle-même, ou bien vous pouvez affecter son résultat (celui du clic sur un bouton) à une variable. Si vous désirez utiliser cette fonction pour elle-même, ne mettez pas ses arguments entre parenthèses. L'exemple suivant se contente d'afficher un message sans retourner de résultat :

```
Sub DémoMsgBox()
    MsgBox "Cliquez sur OK pour continuer."
End Sub
```

La Figure 15.1 montre le message ainsi obtenu.

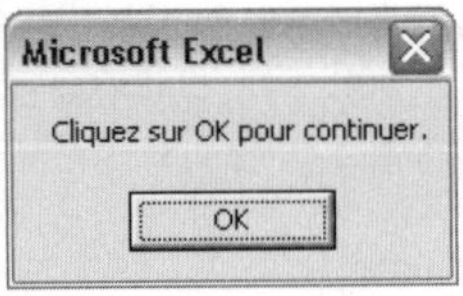

Figure 15.1 : Une boîte de message minimaliste.

Obtenir une réponse d'une boîte de dialogue

Le code VBA est aussi capable de reconnaître le bouton qui a été cliqué, dans une boîte de message. Le résultat de la fonction MsgBox peut ensuite être affecté à une variable. Dans le code suivant, quelques constantes prédéfinies – décrites plus loin dans le Tableau 15.2 – facilitent le travail avec les valeurs retournées par MsgBox :

```
Sub ObtenirUneRéponse()
    Dim Réponse As Integer
    Ans = MsgBox("On continue ?", vbYesNo)
    Select Case Réponse
        Case vbYes
'           ...[code si la réponse est Oui]...
        Case vbNo
'           ...[ code si la réponse est Oui]...
    End Select
End Sub
```

Quand vous exécutez cette procédure, la variable Réponse reçoit la valeur produite par vbYes ou par vbNo, selon le bouton qui a été cliqué. L'instruction Select Case utilise la valeur Réponse pour déterminer l'action que la routine doit accomplir.

Vous pouvez aussi utiliser le résultat de la fonction MsgBox sans utiliser de variable, comme le démontre l'exemple suivant :

```
Sub ObtenirUneRéponse2()
    If MsgBox("On continue ?", vbYesNo) = vbYes Then
'       ...[code si clic sur Oui]...
    Else
'       ...[ code si pas de clic sur Oui]...
    End If
End Sub
```

Personnaliser les boîtes de message

La souplesse de l'argument Boutons facilite la personnalisation des boîtes de message. Vous pouvez en effet spécifier quels boutons doivent être affichés, décider si une icône doit apparaître et également quel sera le bouton par défaut. Le Tableau 15.2 répertorie certaines des constantes utilisables comme argument de bouton. Si vous le préférez, vous pouvez utiliser la valeur plutôt que la constante (mais à mon avis, la constante est préférable).

Pour utiliser plusieurs de ces constantes comme argument, connectez-les avec un opérateur + (plus). Par exemple, pour afficher une boîte de message avec seulement les boutons Oui et Non et l'icône d'exclamation, utilisez l'expression suivante comme deuxième argument MsgBox :

Tableau 15.2 : Les constantes de la fonction MsgBox.

Constante	Valeur	Description
vbOKOnly	0	N'affiche que le bouton OK.
vbOKCancel	1	Affiche les boutons de commande OK et Annuler.
vbAbortRetryIgnore	2	Affiche les boutons de commande Abandonner, Recommencer et Ignorer.
vbYesNoCancel	3	Affiche les boutons de commande Oui, Non et Annuler.
vbYesNo	4	Affiche les boutons de commande Oui et Non.
vbRetryCancel	5	Affiche les boutons de commande Recommencer et Annuler.
vbCritical	16	Affiche l'icône de message critique (cercle rond avec le X blanc) et émet le son associé.
vbQuestion	32	Affiche l'icône de question (phytlactère bleu avec un point d'interrogation) et émet le son associé.
vbExclamation	48	Affiche l'icône d'alerte (triangle jaune avec le point d'exclamation) et émet le son associé.
vbInformation	64	Affiche l'icône d'information (phytlactère bleu avec un i) et émet le son associé.
vbDefaultButton1	0	Le premier bouton est le bouton par défaut.
vbDefaultButton2	256	Le deuxième bouton est le bouton par défaut.
vbDefaultButton3	512	Le troisième bouton est le bouton par défaut.
vbDefaultButton4	768	Le quatrième bouton est le bouton par défaut.
vbSystemModal	4096	Système modal : toutes les applications sont suspendues jusqu'à ce que l'utilisateur ait répondu.

```
vbYesNo + vbExclamation
```

Ou, si vous aimez la difficulté ou les chiffres, utilisez la valeur 52 (c'est-à-dire 4 + 48).

L'exemple suivant utilise une combinaison de constantes pour afficher une boîte de message avec des boutons Oui et Non (vbYesNo) ainsi qu'une icône de questionnement (vbQuestion). La constante vbDefaultButton2 désigne le deuxième bouton (Non) comme bouton par défaut, c'est-à-dire celui qui est pris en compte en appuyant sur la touche Entrée. Par souci de simplicité, j'affecte ces constantes à la variable Config, qui est ensuite utilisée comme second argument de la fonction MsgBox :

```
Sub ObtenirUneRéponse3()
    Dim Config As Integer
    Dim Réponse As Integer
    Config = vbYesNo + vbQuestion + vbDefaultButton2
    Réponse = MsgBox("Traiter le rapport mensuel ?", Config)
    If Réponse = vbYes Then DémarrerRapport
End Sub
```

La Figure 15.2 montre la boîte de message affichée par Excel lorsque la procédure ObtenirUneRéponse3 est exécutée. Si l'utilisateur clique sur le bouton Oui, la routine exécute la procédure nommée DémarrerRapport (elle n'est pas mentionnée dans le listing). S'il clique sur le bouton Non, ou s'il appuie sur Entrée, la routine s'achève sans qu'aucune action soit entreprise. Comme l'argument Titre a été omis dans la fonction MsgBox, Excel affiche le titre par défaut : Microsoft Excel.

Figure 15.2 : L'argument Bouton de la fonction MsgBox définit le bouton par défaut.

La prochaine routine est un autre exemple de fonction MsgBox :

```
Sub ObtenirUneRéponse4()
    Dim Msg As String, Title As String
    Dim Config As Integer, Réponse As Integer
    Msg = "Vous voulez traiter le rapport mensuel ?"
    Msg = Msg & vbNewLine & vbNewLine
    Msg = Msg & "Le traitement du rapport mensuel "
    Msg = Msg & "exigera 15 minutes environ. Il "
    Msg = Msg & "produira un document de 30 pages "
    Msg = Msg & "récapitulant la totalité des "
    Msg = Msg & "ventes du mois écoulé."
    Title = "Société GaBuZoMeu"
    Config = vbYesNo + vbQuestion
    Réponse = MsgBox(Msg, Config, Title)
    If Réponse = vbYes Then DémarrerRapport
End Sub
```

Cet exemple montre comment placer efficacement un texte long dans une boîte de message. Une variable (Msg) et un opérateur de concaténation (&) ont été utilisés pour construire le message par une succession d'instructions. La constante vbNewLine insère un retour à la ligne. Le nom de la société a été placé dans la barre de titre grâce à l'argument de titre de MsgBox. La Figure 15.3 montre la boîte de dialogue affichée par Excel lorsque cette procédure est exécutée. Le Tableau 15.3 donne les constantes utilisées comme valeurs de retour par la fonction MsgBox.

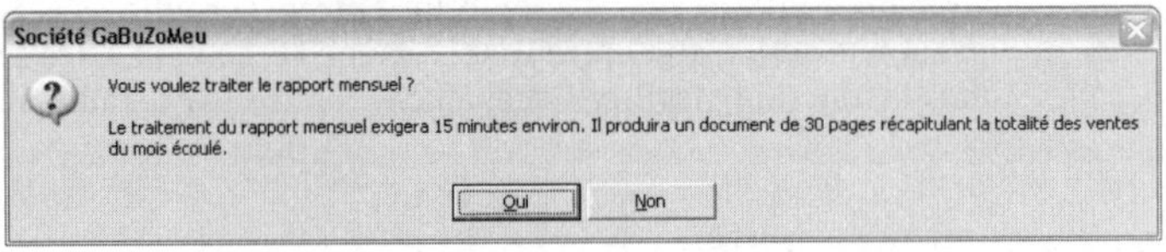

Figure 15.3 : La boîte de dialogue affichée par la fonction MsgBox.

Tableau 15.3 : Les constantes utilisées comme valeurs de retour par la fonction MsgBox.

Constante	Valeur	Signification
vbOK	1	L'utilisateur a cliqué sur OK.
vbCancel	2	L'utilisateur a cliqué sur Annuler.
vbAbort	3	L'utilisateur a cliqué sur Abandonner.
vbRetry	4	L'utilisateur a cliqué sur Recommencer.
vbIgnore	5	L'utilisateur a cliqué sur Ignorer.
vbYes	6	L'utilisateur a cliqué sur Oui.

La fonction InputBox

La fonction InputBox du langage VBA sert à prélever une seule valeur produite par l'utilisateur. C'est une excellente alternative au développement de boîtes de dialogue personnalisées, quand il s'agit de ne récupérer qu'une valeur.

La syntaxe de InputBox

Voici une version simplifiée de la syntaxe de InputBox :

```
InputBox(invite[, titre][, parDéfaut])
```

La fonction InputBox accepte les arguments répertoriés dans le Tableau 15.4.

Tableau 15.4 : Les arguments de la fonction InputBox.

Argument	Description
invite	Transmet le texte affiché dans la boîte de saisie.
titre	Spécifie le texte affiché dans la barre de titre de la boîte de saisie (facultatif).
parDéfaut	Définit la valeur par défaut (facultatif).

Un exemple de InputBox

Voici un exemple illustrant l'utilisation de la fonction InputBox :

```
LeNom = InputBox("Quel est votre nom ?", "Bonjour !")
```

Quand vous exécutez cette instruction VBA, Excel affiche la boîte de dialogue de la Figure 15.4. Remarquez que cet exemple n'utilise que les deux premiers arguments et ne fournit pas de valeur par défaut. Lorsque l'utilisateur entre une valeur et clique sur OK, la routine affecte la valeur à la variable LeNom.

Figure 15.4 : La fonction InputBox affiche cette boîte de dialogue.

Dans l'exemple, le troisième argument est utilisé afin de proposer une valeur par défaut. Cette valeur par défaut est le nom de l'utilisateur stocké dans Excel (la propriété UserName de l'objet Application).

```
Sub RécupNom()
    Dim NomUtilisateur As String
    Dim LeNom As String
    NomUtilisateur = Application.UserName
    LeNom = InputBox("Quel est votre nom ?", _
       "Bonjour", NomUtilisateur)
End Sub
```

N'OUBLIEZ PAS

La fonction VBA InputBox retourne toujours une chaîne. Vous devrez au besoin la convertir en valeur numérique avec la fonction Val.

L'exemple suivant utilise la fonction Val pour convertir la saisie textuelle en valeur :

```
Sub RécupNom_AjoutFeuil()
    Dim Invite As String
    Dim Légende As String
    Dim ValeurPrédéfinie as Integer
    Dim NbFeuilles As Integer
    Invite = "Combien de feuilles désirez-vous ajouter ?"
    Légende = "Dites-moi..."
    ValeurPrédéfinie = 1
    NbFeuilles = Val(InputBox(Invite, Légende, _
                 ValeurPrédéfinie))
    If NbFeuilles > 0 Then Sheets.Add Count:=NbFeuilles
End Sub
```

La Figure 15.5 montre la boîte de dialogue produite par cette routine.

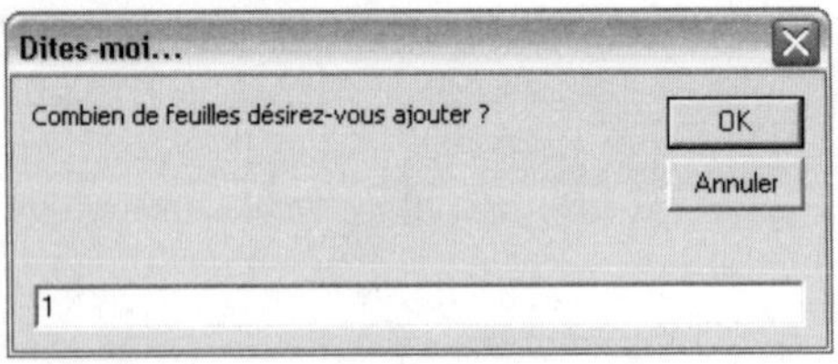

Figure 15.5 : Un autre exemple d'utilisation de la fonction InputBox.

```
Sub RécupPlage()
    Dim Plage As Range
```

```
    On Error Resume Next
    Set Plage = Application.InputBox _
      (prompt:="Spécifiez une plage :", Type:=8)
    If Plage Is Nothing Then Exit Sub
    MsgBox "Vous avez sélectionné la plage " & Plage.Address
End Sub
```

La méthode GetOpenFilename

Si votre procédure VBA doit demander à l'utilisateur de spécifier un nom de fichier, vous pourrez le faire avec la fonction InputBox. C'est généralement l'outil le plus approprié pour ce genre de tâche, car la plupart des utilisateurs ont des difficultés à se souvenir des chemins et des noms de répertoires, sans compter les risques d'erreurs de saisie.

Pour éviter ces problèmes, préférez la méthode GetOpenFilename de l'objet Application. Elle garantit en effet que l'application obtiendra un nom de fichier valide, y compris le chemin complet.

La syntaxe

Voici la syntaxe officielle de cette méthode :

```
object.GetOpenFilename([filtrageFichiers], [indexFiltrage], [titre],
 [texteBouton], [sélectionsMultiples])
```

La méthode GetOpenFilename accepte les arguments facultatifs répertoriés dans le Tableau 15.5.

Un exemple avec GetOpenFilename

L'argument filtrageFichiers sert à indiquer ce qui doit apparaître dans la liste Types de fichiers, en bas de la boîte de dialogue Ouvrir. Il est constitué d'une paire de chaînes de filtrage de fichiers suivie par un filtrage effectué par des caractères de substitution ; les deux éléments sont séparés par une virgule. Si l'argument est omis, l'argument suivant est utilisé par défaut :

```
Tous les fichiers (*.*), *.*
```

Notez que la chaîne est constituée de deux parties :

Tableau 15.5 : Les arguments de la méthode GetOpenFilename.

Argument	Description
filtrageFichiers	Définit le type de fichier apparaissant dans la boîte de dialogue (Exemple : *.txt). Vous pouvez spécifier différents filtres parmi lesquels l'utilisateur fera son choix.
indexFiltrage par défaut	Définit le type de filtres affichés dans la boîte de dialogue.
titre	Spécifie la légende qui sera affichée dans la barre de titre de la boîte de dialogue.
texteBouton	Ignoré sur PC (n'est utilisable que dans version d'Excel pour Macintosh).
sélectionsMultiples	Si True (vrai), l'utilisateur peut sélectionner plusieurs fichiers.

```
Tous les fichiers (*.*)
```

et

```
*.*
```

La première partie de la chaîne est le texte affiché dans la liste déroulante Types de fichiers. La seconde partie définit quels sont les fichiers affichés dans la boîte de dialogue. Par exemple, *.* signifie *tous les fichiers.*

Dans l'exemple suivant, le code ouvre une boîte de dialogue qui demande à l'utilisateur de choisir un nom de fichier. La procédure définit cinq filtres de fichiers. Remarquez l'utilisation, dans le programme VBA, des caractères de continuation pour définir la variable Filtre. Procéder ainsi simplifie la lecture de cet argument plutôt compliqué.

```
Sub RécupNomFichier()
    Dim typeFichier As String
    Dim filtreIndex As Integer
    Dim Titre As String
    Dim nomFichier As Variant

'   Etablissement de la liste des filtres de fichiers
    typeFichier = "Fichiers texte (*.txt),*.txt," & _
              "Fichiers Lotus (*.prn),*.prn," & _
              "Texte (séparateur : point-virgule) (*.csv),*.csv," & _
```

```
             "Fichiers ASCII (*.asc),*.asc," & _
             "Tous les fichiers (*.*),*.*"

'   Affichage par défaut = *.*
    filtreIndex = 5

'   Définition du message de la barre de titre
    Titre = "Sélectionnez le fichier à importer"

'   Récupération du nom de fichier
    nomFichier = Application.GetOpenFilename(typeFichier, _
       filtreIndex, Titre)

'   Gestion des données provenant de la boîte de dialogue
    If nomFichier = False Then
        MsgBox "Aucun fichier n'a été sélectionné."
    Else
        MsgBox "Vous avez sélectionné le fichier " & nomFichier
    End If
End Sub
```

La Figure 15.6 montre la boîte de dialogue affichée par Excel, lorsque vous utilisez cette procédure, ainsi que la boîte de message montrant le chemin du fichier sélectionné. Dans une application opérationnelle, vous ferez quelque chose de plus utile. Vous ouvrirez par exemple le fichier avec une instruction comme celle-ci :

```
Workbooks.Open nomFichier
```

La sélection de fichiers multiples

Si l'argument MultiSelect de la méthode GetOpenFilename est True (vrai), l'utilisateur peut sélectionner plusieurs fichiers dans la boîte de dialogue. Dans ce cas, la méthode GetOpenFilename retourne un tableau de noms de fichiers. Le code doit effectuer une boucle à travers ce tableau pour identifier chacun des noms de fichiers sélectionnés, comme le démontre l'exemple suivant :

```
Sub RécupNomFichier2()
    Dim nomsFichiers As Variant
    Dim Msg As String
    Dim I As Integer
    nomsFichiers = Application.GetOpenFilename(MultiSelect:=True)
    If IsArray(nomsFichiers) Then
'      Affiche le chemin complet et le nom des fichiers
```

```
    Msg = "Vous avez sélectionné :" & vbCrLf

    For I = LBound(nomsFichiers) To UBound(nomsFichiers)
      Msg = Msg & nomsFichiers (i) & vbCrLf
    Next i
    MsgBox Msg
  Else
'   Clic sur le bouton Annuler
    MsgBox "Aucun fichier n'a été sélectionné."
  End If
End Sub
```

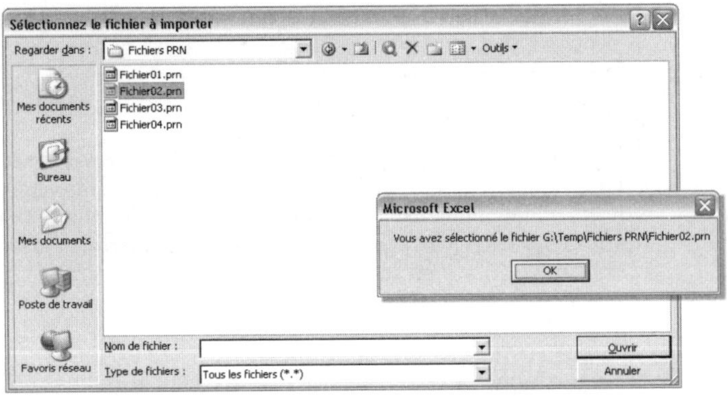

Figure 15.6 : La méthode GetOpenFile name affiche une boîte de dialogue personnalisée. Elle retourne aussi le nom du fichier sélectionné et son chemin. Elle n'ouvre toutefois pas le fichier.

La Figure 15.7 montre le résultat de cette procédure : la boîte de message affiche le nom de tous les fichiers sélectionnés.

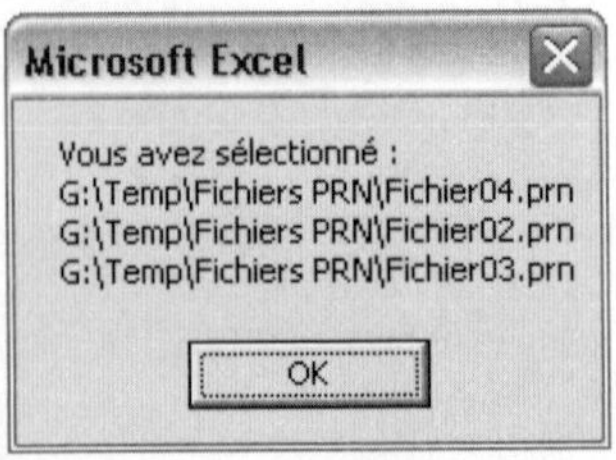

Figure 15.7 : Sélection de fichiers multiples avec la méthode GetOpenFilename.

La méthode GetSaveAsFilename

La méthode GetSaveAsFilename fonctionne comme la méthode GetOpenFilename, sauf qu'elle affiche la boîte de dialogue Enregistrer sous, d'Excel, au lieu de la boîte de dialogue Ouvrir. La méthode GetSaveAsFilename récupère le chemin et le nom de fichier indiqués par l'utilisateur, mais n'en fait rien.

Voici la syntaxe de cette méthode :

```
object.GetSaveAsFilename([nomFichierInitial], [filtrageFichiers],
        [indexFiltrage], [titre], [texteBouton])
```

La méthode GetSaveAsFilename accepte les arguments du Tableau 15.6, qui sont tous facultatifs.

Tableau 15.6 : Les arguments de la méthode GetSaveAsFilename.

Argument	Description
nomFichierInitial	Spécifie le nom par défaut qui apparaît dans le champ Nom de fichier.
filtrageFichiers	Définit le type de fichiers affichés par Excel dans le champ de saisie Type de fichier comme par exemple *.txt. Plusieurs filtres peuvent être utilisés afin de proposer un choix plus large à l'utilisateur.
indexFiltrage	Définit le filtre de fichier qu'Excel doit afficher par défaut.
titre	Contient le texte affiché dans la barre de titre de la boîte de dialogue.

Afficher les boîtes de dialogue prédéfinies d'Excel

Vous pouvez écrire du code VBA qui exécute des actions comme si elles avaient été sélectionnées dans un menu ou dans une boîte de dialogue, sans même qu'Excel affiche les menus ou le panneau.

Par exemple, l'instruction ci-dessus est équivalente au fait de choisir Édition/Atteindre, de spécifier une plage nommée PlageDeSaisie et de cliquer sur OK :

```
Application.Goto Reference:="PlageDeSaisie"
```

Quand vous exécutez cette instruction, la boîte de dialogue Atteindre n'apparaît pas. C'est généralement ce que vous désirez. Il ne faudrait en effet pas qu'une boîte de dialogue apparaisse fugacement lors de l'exécution de la macro.

Dans d'autres circonstances, vous désirerez en revanche que le code affiche l'une des nombreuses boîtes de dialogue d'Excel, permettant ainsi à l'utilisateur de faire ses choix. Pour cela, vous devez faire appel à la propriété Dialogs de l'objet Application :

```
Résultat = Application.Dialogs(xlDialogFormulaGoto).Show
```

Lorsqu'elle est exécutée, cette instruction affiche la boîte de dialogue Atteindre, comme le montre la Figure 15.8. L'utilisateur peut alors spécifier une plage nommée ou entrer l'adresse d'une cellule. Cette boîte de dialogue fonctionne exactement comme si vous l'aviez choisie avec Édition/Atteindre, ou en appuyant sur F5 (NdT : remarquez cependant le bouton Cellules, devenu inaccessible).

Figure 15.8 : La boîte de dialogue Atteindre, affichée par le code VBA.

Vous pourriez être tenté de croire que la variable Résultat est la plage indiquée par l'utilisateur dans la boîte de dialogue Atteindre. Que nenni, comme on dit dans certains milieux. En réalité, la valeur affectée à Résultat est True si l'utilisateur clique sur OK et False s'il clique sur Annuler ou s'il appuie sur Échap.

L'exemple précédent utilise la constante prédéfinie xlDialogFormulaGoto, qui définit la boîte de dialogue affichée par Excel. Une liste des constantes de boîtes de dialogue se trouve dans l'Explorateur d'objets. Procédez ainsi pour y accéder :

1. **Dans l'éditeur VBE, appuyez sur F2.**

   L'Explorateur d'objets apparaît.

2. **Dans la liste déroulante Projet/bibliothèque (le champ dans le coin supérieur gauche de l'Explorateur d'objets), choisissez Excel.**

3. **Dans la liste Rechercher un texte (juste sous la précédente), tapez xlDialog.**

4. **Cliquez sur le bouton Rechercher (celui avec les jumelles).**

Chapitre 16

Boîtes de dialogue : les bases

Dans ce chapitre :

- Savoir dans quelles circonstances il faut une boîte de dialogue personnalisée.
- Comprendre les objets UserForm.
- Afficher une boîte de dialogue personnalisée.

Une boîte de dialogue personnalisée est utile lorsque la macro VBA doit exploiter des données fournies par l'utilisateur. Par exemple, la macro pourra utiliser des options sélectionnées dans une boîte de dialogue personnalisée. Si les informations sont élémentaires (par exemple, une réponse par Oui ou par Non à une chaîne de caractères), les techniques expliquées dans le Chapitre 15 devraient convenir. Mais si les informations à traiter sont plus étoffées, vous devrez créer une boîte de dialogue personnalisée. Dans ce chapitre, vous découvrirez les notions essentielles pour les créer et les utiliser.

Savoir quand il faut utiliser une boîte de dialogue personnalisée (ou UserForm)

Cette section décrit une situation dans laquelle une boîte de dialogue personnalisée sera la bienvenue. La macro ci-dessous convertit le texte en majuscules dans chacune des cellules grâce à UCase, une fonction VBA prédéfinie.

```
Sub ModifierCasse()
    Dim cellule As Range
    If TypeName(Selection) = "Range" Then
```

```
            For Each cellule In Selection
                cellule.Value = UCase(cellule.Value)
            Next cellule
        End If
    End Sub
```

Cette macro peut être rendue plus utile encore. Par exemple, il serait agréable qu'elle puisse non seulement mettre en majuscules, mais aussi en minuscules, voire mettre la première lettre de chaque mot en capitale. Une autre approche consiste à modifier la macro afin qu'elle prenne les autres options en compte. Quoi qu'il en soit, vous devez pouvoir demander à l'utilisateur d'exprimer son choix.

La solution réside dans l'affichage d'une boîte de dialogue comme celle de la Figure 16.1. Vous la créez à partir d'un objet UserForm, dans l'éditeur VBE, puis vous l'affichez avec une macro VBA. Dans la prochaine section, vous découvrirez les instructions pas à pas pour créer cette boîte de dialogue. Mais auparavant, nous devons préparer le terrain.

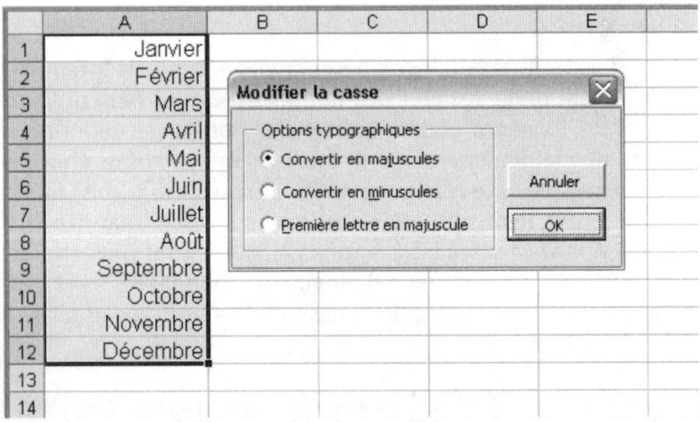

Figure 16.1 : Vous pouvez demander des informations à l'utilisateur au travers d'une boîte de dialogue personnalisée.

Création d'une boîte de dialogue personnalisée : vue d'ensemble

Pour créer une boîte de dialogue personnalisée, vous procédez généralement ainsi :

1. **Détermination de la manière dont la boîte de dialogue sera utilisée et de l'endroit où elle apparaîtra dans la macro VBA.**

2. **Appui sur Alt+F11 afin d'activer l'éditeur VBE et d'insérer un nouvel objet UserForm.**
3. **Ajout de contrôles à l'objet UserForm.**
4. **Utilisation de la fenêtre Propriétés pour modifier les propriétés des contrôles ou l'objet UserForm lui-même.**
5. **Écriture de procédures d'événement pour les contrôles (par exemple, une macro est exécutée lorsque l'utilisateur clique sur un bouton, dans la boîte de dialogue).**
6. **Écriture d'une procédure – stockée dans un module VBA – qui affiche la boîte de dialogue à l'utilisateur.**

Travailler avec les UserForm

Chacune des boîtes de dialogue personnalisées que vous créez est stockée dans son propre objet UserForm (à raison d'une boîte par objet). Vous créez les UserForm et vous y accédez dans Visual Basic Editor.

Insérer un nouvel objet UserForm

Procédez comme suit pour insérer un objet UserForm :

1. **Activez l'éditeur VBE en appuyant sur Alt+F11.**
2. **Sélectionnez le classeur dans la fenêtre Projet.**
3. **Choisissez Insertion/UserForm.**

   L'éditeur VBE insère un nouvel objet UserForm contenant une boîte de dialogue vide.

La Figure 16.2 montre l'objet UserForm : c'est une boîte de dialogue vide.

Ajouter des contrôles à l'objet UserForm

Quand vous activez un objet UserForm, l'éditeur VBE affiche la boîte à outils de la Figure 16.3 dans une fenêtre flottante. C'est avec les outils qui s'y trouvent que vous créerez les contrôles de vos boîtes de dialogue personnalisées. Cliquez sur un contrôle puis tirez dans la boîte de dialogue pour le créer à l'intérieur. Ceci fait, vous pouvez le déplacer et le redimensionner à l'aide des techniques habituelles.

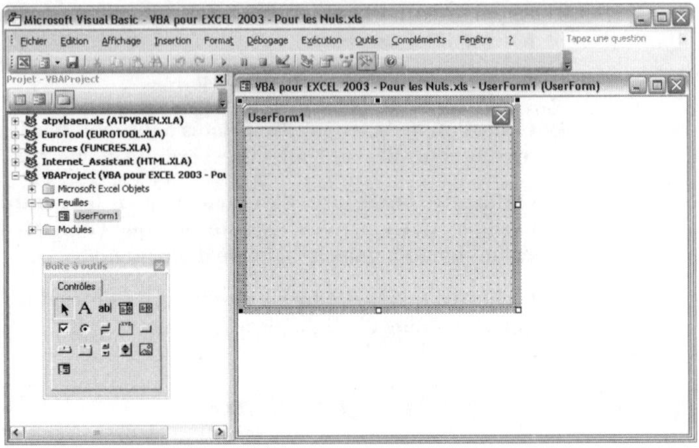

Figure 16.2 : Un nouvel objet UserForm.

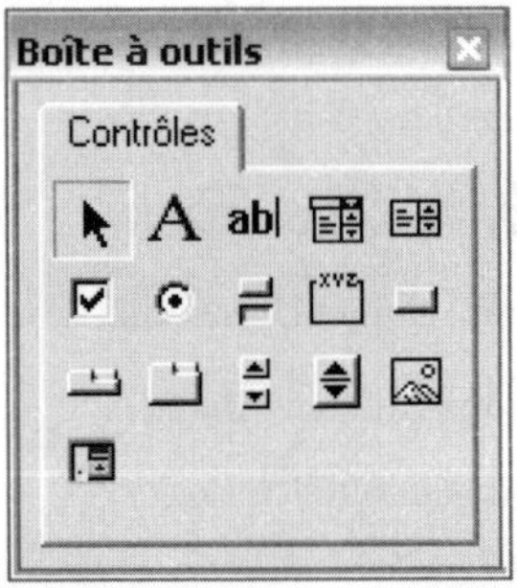

Figure 16.3 : Utilisez le contenu de la Boîte à outils pour ajouter des contrôles à un objet UserForm.

Le Tableau 16.1 présente les différents outils ainsi que leurs fonctionnalités. Pour les identifier, immobilisez le pointeur de la souris au-dessus d'un outil pour afficher une info-bulle.

Modifier les propriétés d'un contrôle UserForm

Chacun des contrôles d'un objet UserForm contient des propriétés qui déterminent l'apparence ou le comportement de la boîte de dialogue. Ces propriétés sont modifiables dans la fenêtre Propriétés que montre la Figure 16.4. Elle apparaît en appuyant sur F4. Les propriétés affichées dépendent de ce qui a été sélectionné ; elles changent par exemple d'un contrôle à un autre.

Tableau 16.1 : Les contrôles de la boîte à outils.

Contrôle	Description
Intitulé	Stocke du texte.
Zone de texte	Permet à l'utilisateur d'entrer du texte.
Zone de liste modifiable	Déroule une liste.
Zone de liste	Déploie une liste d'éléments.
Case à cocher	Commode pour les options actif/inactif et oui/non.
Bouton d'option	N'autorise le choix que d'une option parmi d'autres du groupe de boutons.
Bouton bascule	Commutateur à deux positions.
Cadre	Contient d'autres contrôles.
Bouton de commande	Bouton cliquable.
Contrôle onglets	Onglets.
Multipage	Conteneur à onglets pour d'autres objets.
Barre de défilement	Barre avec un ascenseur.
Toupie	Bouton cliquable servant généralement à modifier une valeur.
Image	Contient une image.
RefEdit	Permet à l'utilisateur de sélectionner une plage.

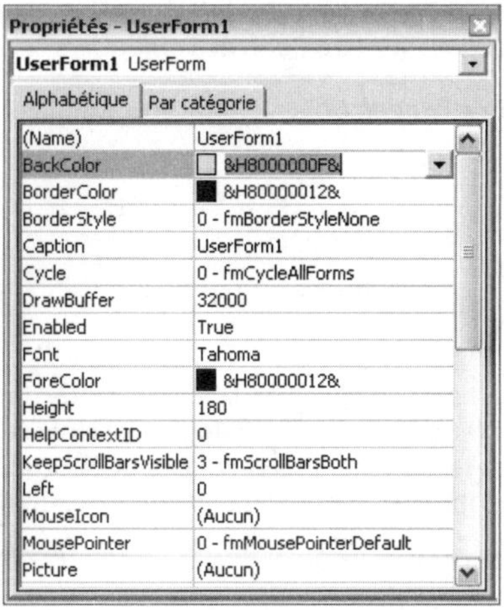

Figure 16.4 : Utilisez la fenêtre Propriétés pour modifier les propriétés d'un contrôle UserForm.

Voici quelques propriétés de contrôles, suivies de leur traduction :

- Name (nom)
- Width (largeur)
- Height (hauteur)
- Value (valeur)
- Caption (légende)

La fenêtre Code de l'objet UserForm

Chaque objet UserForm est doté d'une fenêtre Code qui contient le code VBA (les procédures d'événement) exécuté lorsque l'utilisateur interagit avec la boîte de dialogue. Appuyez sur F7 pour afficher la fenêtre Code ; elle est vide tant que vous n'avez pas ajouté de procédures. Appuyez sur Maj+F7 pour revenir à la boîte de dialogue.

Un autre moyen de passer de la fenêtre Code à la fenêtre UserForm consiste à cliquer, dans la barre de titre de l'objet Propriétés, sur les boutons Afficher le code et Afficher l'objet.

Afficher une boîte de dialogue personnalisée

Vous pouvez afficher une boîte de dialogue personnalisée en utilisant la méthode Show de UserForm, dans la procédure VBA.

N'OUBLIEZ PAS

La macro qui affiche la boîte de dialogue doit se trouver dans le module VBA, et non dans la fenêtre Code de l'objet UserForm.

La procédure suivante affiche la boîte de dialogue nommée UserForm1 :

```
Sub AfficherBoîteDialogue()
    UserForm1.Show
'   Placez ici les autres instructions
End Sub
```

Quand Excel affiche la boîte de dialogue, la macro s'interrompt jusqu'à ce que l'utilisateur ait fermé la boîte de dialogue. Le langage VBA exécute ensuite toutes les instructions restantes de la procédure. Le plus souvent, la procédure ne comportera aucun code. Comme vous le verrez plus tard, il est possible de placer du code de macro dans la fenêtre Code de l'objet UserForm.

Utiliser les informations provenant de la boîte de dialogue personnalisée

L'éditeur VBE attribue un nom à chacun des contrôles que vous ajoutez à un objet UserForm. Ce nom est celui présent dans la propriété Name. Utilisez-le dans votre code pour faire référence à tel ou tel contrôle. Par exemple, si vous avez placé un contrôle Case à cocher dans un UserForm nommé UserForm1, par défaut le contrôle Case à cocher sera nommé CheckBox1. L'instruction ci-dessous fait apparaître le contrôle déjà coché :

```
UserForm1.CheckBox1.Value = True
```

Le code VBA peut aussi vérifier diverses propriétés des contrôles et entreprendre les actions appropriées. L'instruction qui suit exécute une macro nommée ImpressionRapport si la case (nommée CheckBox1) est cochée :

```
If UserForm1.CheckBox1.Value = True Then Call ImpressionRapport
```

Nous y reviendrons en détail au prochain chapitre.

Un exemple de boîte de dialogue personnalisée

L'exemple d'objet UserForm figurant dans cette section est la version améliorée de la macro ModifierCasse présentée au début de ce chapitre. Rappelons qu'elle met en majuscules le texte qui se trouve dans la ou les cellules sélectionnées. Cette nouvelle version affiche une boîte de dialogue personnalisée qui demande à l'utilisateur quel type de modification il veut effectuer : mettre en majuscules, mettre en minuscules ou ne mettre en majuscule que l'initiale de chaque mot.

Cette boîte de dialogue n'attend qu'une seule information de l'utilisateur : le type de modification à effectuer. Comme trois choix lui sont proposés et qu'il ne peut en sélectionner qu'un seul, la meilleure solution est un groupe de boutons d'option (appelés aussi improprement "boutons radio"). Deux autres boutons devront se trouver dans la boîte de dialogue : un bouton OK et un bouton Annuler. Cliquer sur OK démarre le code de conversion des caractères, cliquer sur Annuler met fin à la macro sans que rien ne se soit produit.

Créer la boîte de dialogue personnalisée

Ces étapes créent la boîte de dialogue personnalisée. Commencez avec un classeur vide.

1. **Appuyez sur Alt+F11 pour activer l'éditeur VBE.**
2. **Si plusieurs projets se trouvent dans la fenêtre Projet, sélectionnez celui correspondant au classeur que vous utilisez.**
3. **Choisissez Insertion/UserForm.**

   L'éditeur VBE insère un nouvel objet UserForm contenant une boîte de dialogue vide.
4. **Appuyez sur F4 pour afficher la fenêtre Propriétés.**
5. **Dans la fenêtre Propriétés, cliquez à droite de la propriété Caption puis tapez Modifier la casse.**
6. **La boîte de dialogue proposée par défaut est un peu grande. Redimensionnez-la en tirant sur ses poignées.**

   Cette étape peut être réalisée après avoir placé les divers contrôles dans la boîte de dialogue.

Ajouter des boutons de commande

Procédez comme suit pour placer les boutons de commande OK et Annuler :

1. **Assurez-vous que la Boîte à outils est affichée. Sinon, choisissez Affichage/Boîte à outils.**
2. **Si la boîte de dialogue Propriétés n'est pas visible, appuyez sur F4 pour l'afficher.**
3. **Depuis la boîte à outils, tirez un contrôle Bouton de commande jusque dans la boîte de dialogue.**

   Ce bouton a un nom par défaut, CommandButton1, qui figure également dans la fenêtre Propriétés.
4. **Assurez-vous que le contrôle CommandButton1 est sélectionné. Activez ensuite la fenêtre Propriétés et modifiez les paramètres suivants :**

Name	**Bouton_OK**
Caption	**OK**

Default	**True**

5. **Ajoutez un deuxième contrôle Bouton de commande à l'objet UserForm et modifiez ses propriétés comme suit :**

Name	**Bouton_Annulation**
Caption	**Annuler**
Default	**True**

6. **Réglez la taille et la position des contrôles en vous inspirant de la Figure 16.5.**

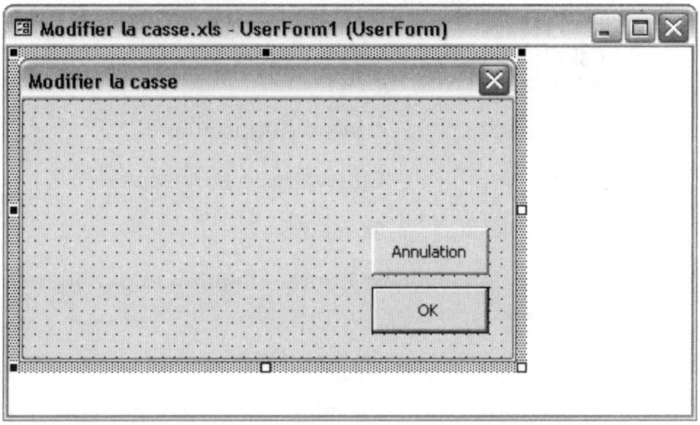

Figure 16.5 : L'objet UserForm avec deux boutons de commande.

Ajouter des boutons d'option

Dans cette section, nous placerons trois boutons d'option dans la boîte de dialogue. Mais auparavant, il faudra ajouter un objet Cadre qui les contiendra ; il n'est pas indispensable, mais donnera un aspect plus soigné à la boîte de dialogue.

1. **Dans la boîte à outils, cliquez sur l'outil Cadre et faites-le glisser jusque dans la boîte de dialogue.**

   Vous créez ainsi un cadre qui entourera les options.

2. **Dans la fenêtre Propriétés, tapez Options typographiques à droite de la propriété Caption.**

3. **Dans la Boîte à outils, cliquez sur l'option Bouton d'option puis tirez dans la boîte de dialogue, à l'intérieur du cadre.**

Vous créez ainsi un bouton d'option.

4. **Le bouton d'option sélectionné, allez dans la fenêtre Propriétés et modifiez les paramètres comme suit :**

Name	**Option_Majuscules**
Caption	**Convertir en majuscules**
Accelerator	**J**
Value	**True**

Mettre la propriété Value sur True fait de ce bouton d'option le bouton par défaut.

5. **Ajoutez un autre Bouton d'option et entrez ces paramètres dans la fenêtre Propriétés :**

Name	**Option_Minuscules**
Caption	**Convertir en minuscules**
Accelerator	**M**

6. **Ajoutez un troisième Bouton d'option et paramétrez-le comme suit dans la fenêtre Propriétés :**

Name	**Option_1èreCapitale**
Caption	**Première lettre en majuscule**
Accelerator	**P**

7. **Réglez la position et les dimensions des boutons d'option ainsi que du cadre.**

Votre objet UserForm devrait à présent ressembler à celui de la Figure 16.6.

Ajouter des procédures d'événement

Voici comment ajouter une procédure d'événement aux boutons OK et Annuler :

1. **Double-cliquez sur le bouton Annuler.**

L'éditeur VBE active la fenêtre Code de l'objet UserForm et insère une procédure vide :

```
Private Sub Bouton_Annulation_Click()
```

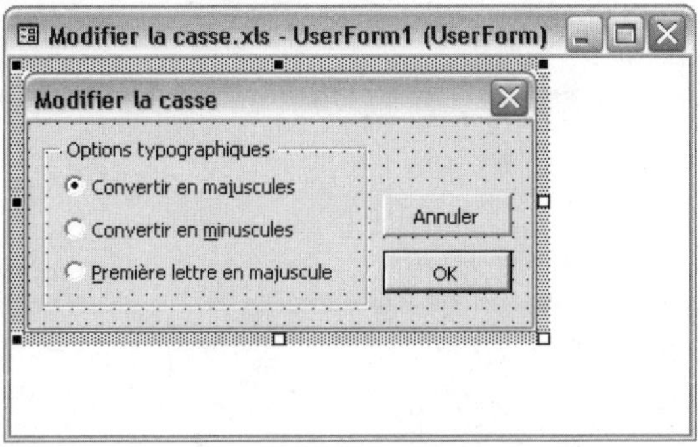

Figure 16.6 : L'objet UserForm après l'ajout des trois boutons d'option dans un cadre et la mise en place des différents éléments.

Cette procédure nommée Bouton_Annulation_Click est exécutée lorsque le bouton Annuler a été cliqué, mais seulement si la boîte de dialogue est affichée. Autrement dit, cliquer sur le bouton Annuler au cours de la conception de la boîte de dialogue ne lance pas la procédure. Comme la propriété Cancel du bouton Annuler est sur True, appuyer sur la touche Échap déclenche également la procédure Bouton_Annulation_Click.

2. **Insérez l'instruction suivante dans la procédure (avant l'instruction End Sub) :**

```
Unload UserForm1
```

Cette instruction ferme l'objet UserForm lors d'un clic sur le bouton Annuler.

3. **Appuyez sur Maj+F7 pour retourner dans l'objet UserForm.**

4. **Double-cliquez à présent sur le bouton OK.**

L'éditeur VBE active la fenêtre Code de l'objet UserForm et insère une procédure vide nommée :

```
Private Sub Bouton_OK_Click()
```

Cliquer sur OK exécute cette procédure. Comme la propriété Default de ce bouton est sur True, appuyer sur Entrée lance aussi la procédure Bouton_OK_Click.

5. **Entrez le code suivant dans la procédure :**

```
Private Sub Bouton_OK_Click()
    Dim cellule As Range
```

```
'   Majuscules
    If Option_Majuscules Then
        For Each cellule In Selection
            cellule.Value = UCase(cellule.Value)
        Next cellule
    End If
'   Minuscules
    If Option_Minuscules Then
        For Each cellule In Selection
            cellule.Value = LCase(cellule.Value)
        Next cellule
    End If
'   1ère lettre en majuscule
    If Option_1èreCapitale Then
        For Each cellule In Selection
            cellule.Value = _
               Application.WorksheetFunction.Proper _
               (cellule.Value)
        Next cellule
    End If
'   Déchargement de la boîte de dialogue
    Unload UserForm1
End Sub
```

Le code ci-dessus est une version améliorée de la macro ModifierCasse présentée au début de ce chapitre. Elle est constituée de trois blocs de code distincts et utilise trois structures If-Then ayant chacune une boucle For Each. Un seul de ces blocs est exécuté, selon le bouton d'option qui a été activé. La dernière instruction, Unload, ferme la boîte de dialogue à la fin de la tâche.

Afficher la boîte de dialogue

Il ne manque plus qu'un moyen d'afficher la boîte de dialogue. Procédez comme suit pour élaborer la procédure qui la fait apparaître :

1. **Dans le menu de l'éditeur VBE, choisissez Insertion/Module.**

   L'éditeur VBE ajoute un module vide, nommé Module1, au projet.

2. **Entrez le code suivant :**

```
Sub ModifCasse()
'   Quitte si une plage n'est pas sélectionnée
```

```
    If TypeName(Selection) = "Range" Then
'       Affichage de la boîte de dialogue
        UserForm1.Show
    End If
End Sub
```

Cette procédure est simple. Elle vérifie qu'une plage est sélectionnée. Si ce n'est pas le cas, la macro s'achève sans rien faire. Si une plage est sélectionnée, la boîte de dialogue est affichée grâce à la méthode Show. L'utilisateur interagit ensuite avec la boîte de dialogue et le code contenu dans la fenêtre Code de l'objet UserForm est exécuté.

Rendre la macro disponible

Jusqu'à présent, tout devrait fonctionner comme prévu. Il faut cependant pouvoir exécuter la macro. Nous lui affecterons à cette fin un raccourci, Ctrl+Maj+C qui exécutera la macro ModifCasse :

1. **Activez la fenêtre d'Excel en appuyant sur Alt+F11.**
2. **Choisissez Outils/Macro/Macros ou appuyez sur Alt+F8.**
3. **Dans la boîte de dialogue Macro, sélectionnez la macro ModifCasse.**
4. **Cliquez sur le bouton Options.**

   Excel affiche la boîte de dialogue Options de macro.
5. **Tapez Maj+C dans le champ Touche de raccourci.**
6. **Tapez une brève description de la macro dans le champ Description.**
7. **Cliquez sur OK.**
8. **De retour dans la boîte de dialogue Macro, cliquez sur Annuler.**

Après avoir effectué cette opération, appuyer sur Ctrl+Maj+C exécute la macro ModifCasse et affiche la boîte de dialogue personnalisée.

Tester la macro

Pour finir, vous devez tester la macro ainsi que la boîte de dialogue pour vous assurer que tout fonctionne comme prévu.

1. **Activez une feuille de calcul (n'importe laquelle dans n'importe quel classeur).**
2. **Sélectionnez une ou plusieurs cellules contenant du texte.**
3. **Appuyez sur Ctrl+Maj+C.**
4. **Faites votre choix puis cliquez sur OK.**

Chapitre 17

Les contrôles des boîtes de dialogue

Dans ce chapitre :

- Les différents types de contrôles de boîtes de dialogue.
- Modifier les propriétés des contrôles.

Si vous avez réalisé les exemples du Chapitre 16, vous avez d'ores et déjà une petite expérience des contrôles d'un UserForm. Ce chapitre approfondit ces connaissances.

Tout contrôler

Dans cette section, vous apprendrez comment ajouter des contrôles à un UserForm, les nommer de façon appropriée et paramétrer certaines de leurs propriétés.

Ajouter des contrôles

Bizarrement, l'éditeur VBE n'est pas équipé d'un menu permettant d'ajouter des contrôles dans une boîte de dialogue. Vous devez pour cela utiliser la Boîte à outils décrite au chapitre précédent. Elle apparaît normalement dès que vous activez un UserForm dans l'éditeur VBE. Si ce n'est pas le cas, choisissez Affichage/Boîte à outils.

Procédez comme suit pour placer un contrôle dans un UserForm :

1. **Dans la boîte à outils, cliquez sur le contrôle à ajouter.**
2. **Cliquez dans l'objet UserForm.**

3. **Tirez pour dimensionner le contrôle.**

   Ou alors, tirez et déposez le contrôle afin de conserver ses dimensions par défaut. La Figure 17.1 montre un UserForm contenant quelques contrôles.

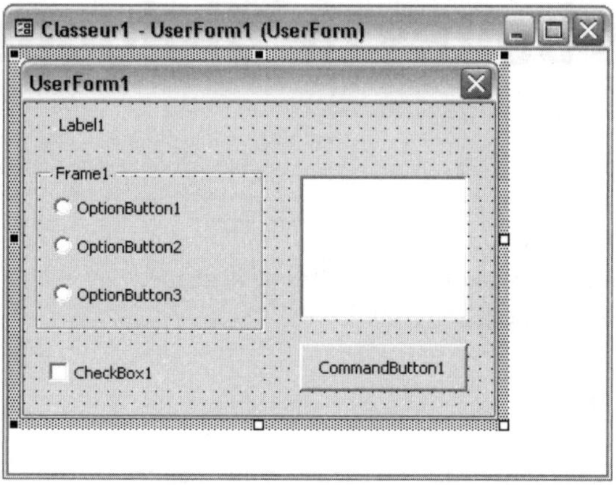

Figure 17.1 : Un objet UserForm agrémenté de quelques contrôles.

TRUC

Un UserForm contient un réseau de points qui facilitent l'alignement des objets que vous ajoutez, car ils s'accrochent automatiquement à ces repères, comme s'ils étaient magnétisés. Si cette fonctionnalité vous gêne – elle empêche les positionnements intermédiaires –, vous pouvez la désactiver :

1. **Dans l'éditeur VBE, choisissez Outils/Options.**

2. **Dans la boîte de dialogue Options, sélectionnez l'onglet Général.**

3. **Définissez vos préférences dans la rubrique Paramètres de la grille de la feuille.**

Présentation des propriétés des contrôles

Chaque contrôle que vous placez dans un UserForm a des propriétés qui définissent son apparence et son comportement. Les propriétés d'un contrôle peuvent être modifiées à deux moments :

- Lors de la conception de l'objet UserForm. Les modifications sont effectuées manuellement, dans la fenêtre Propriétés.

- Pendant l'exécution. Vous écrivez à cette fin un programme VBA spécifique.

Quand vous ajoutez un contrôle à un UserForm, vous devez presque toujours procéder à quelques paramétrages de ses propriétés. Ils s'effectuent dans la fenêtre Propriétés, affichée en appuyant sur F4. La Figure 17.2 montre la fenêtre Propriétés d'un contrôle sélectionné dans l'objet UserForm.

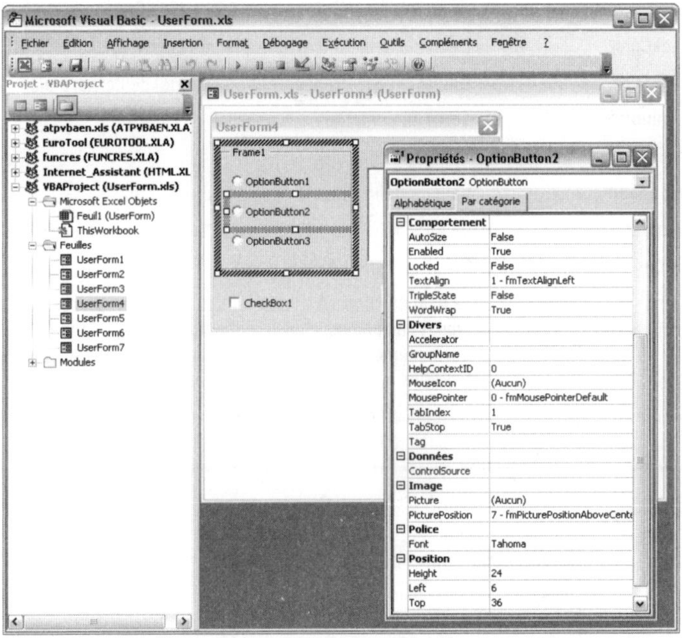

Figure 17.2 : Pendant la conception, les propriétés d'un contrôle sont paramétrées dans la fenêtre Propriétés, en bas à droite. (NdT : elle est ici en affichage Par catégories, plus rationnel pour les francophones que l'affichage Alphabétique).

Chaque contrôle est doté de son propre jeu de propriétés. Mais tous ont des propriétés en commun comme Name, Width et Value. Le Tableau 17.1 répertorie les principales propriétés communes à la plupart des contrôles :

Quand vous sélectionnez un contrôle, ses propriétés apparaissent dans la fenêtre Propriétés. Pour en modifier une, sélectionnez-la puis modifiez son contenu. Par exemple, si vous désirez modifier la propriété TextAlign, la fenêtre Propriétés déroulera un menu contenant toutes les valeurs valides, comme le montre la Figure 17.3.

Tableau 17.1 : Les propriétés communes des contrôles.

Propriété	Action
Accelerator	Souligne la première occurrence de la lettre dans le libellé, pour en faire un raccourci clavier. L'utilisateur appuie sur Alt+*lettre* pour sélectionner la commande.
AutoSize	Si elle est sur True, le contrôle se redimensionne automatiquement selon la longueur du texte présent dans Caption.
BackColor	Définit la couleur d'arrière-plan du contrôle.
BackStyle	Définit le style (transparent ou opaque) de l'arrière-plan.
Caption	Texte du contrôle.
Value	Valeur du contrôle.
Left et Top	Valeurs définissant la position du contrôle.
Width et Height	Valeurs définissant la largeur et la hauteur du contrôle
Visible	Si False, le contrôle est masqué.
Name	Le nom du contrôle. Par défaut, le nom d'un contrôle est basé sur son type. Vous pouvez choisir n'importe quel nom valide (NdT : la syntaxe est la même que celle des noms de macro). Chaque contrôle doit toutefois avoir un nom unique dans la boîte de dialogue.
Picture	Image à afficher. Elle doit se trouver dans un fichier (il n'est pas possible de la copier depuis le Presse-papiers).

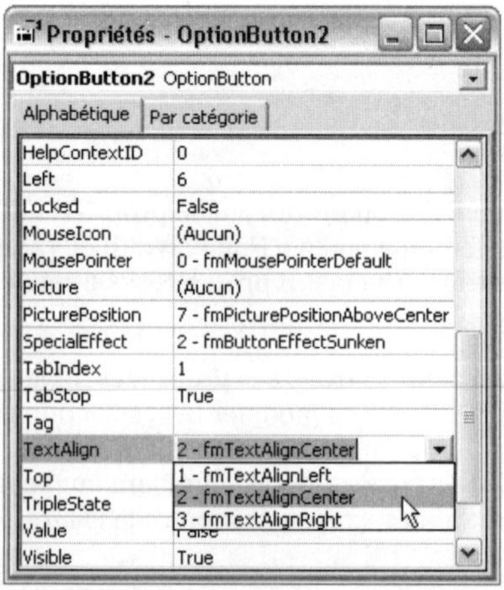

Figure 17.3 : Des propriétés peuvent être modifiées en choisissant une valeur dans une liste déroulante.

Les contrôles en détail

Dans les sections qui suivent, nous aborderons chacun des types de contrôles susceptibles d'être utilisés dans des boîtes de dialogue et nous étudierons leurs propriétés les plus utiles. Nous ne verrons toutefois pas toutes les propriétés de chacun des contrôles, car ce serait trop long – en temps et en pagination – et finalement assez monotone.

TRUC

L'aide VBA sur les contrôles et leurs propriétés est copieuse. Pour obtenir des détails sur une propriété en particulier, sélectionnez-la dans la fenêtre Propriétés et appuyez sur F1. La Figure 17.4 montre l'aide ainsi obtenue pour la propriété ControlSource.

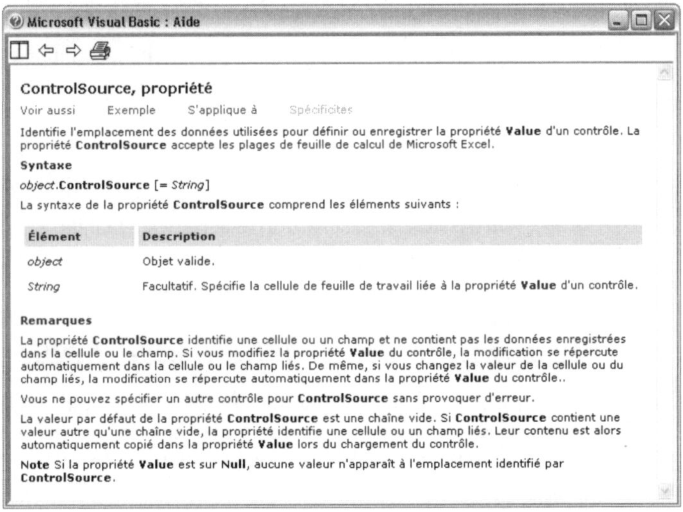

Microsoft Visual Basic : Aide

ControlSource, propriété

Voir aussi Exemple S'applique à Spécificités

Identifie l'emplacement des données utilisées pour définir ou enregistrer la propriété **Value** d'un contrôle. La propriété **ControlSource** accepte les plages de feuille de calcul de Microsoft Excel.

Syntaxe

object.**ControlSource** [= *String*]

La syntaxe de la propriété **ControlSource** comprend les éléments suivants :

Élément	Description
object	Objet valide.
String	Facultatif. Spécifie la cellule de feuille de travail liée à la propriété **Value** d'un contrôle.

Remarques

La propriété **ControlSource** identifie une cellule ou un champ et ne contient pas les données enregistrées dans la cellule ou le champ. Si vous modifiez la propriété **Value** du contrôle, la modification se répercute automatiquement dans la cellule ou le champ liés. De même, si vous changez la valeur de la cellule ou du champ liés, la modification se répercute automatiquement dans la propriété **Value** du contrôle..

Vous ne pouvez spécifier un autre contrôle pour **ControlSource** sans provoquer d'erreur.

La valeur par défaut de la propriété **ControlSource** est une chaîne vide. Si **ControlSource** contient une valeur autre qu'une chaîne vide, la propriété identifie une cellule ou un champ liés. Leur contenu est alors automatiquement copié dans la propriété **Value** lors du chargement du contrôle.

Note Si la propriété **Value** est sur **Null**, aucune valeur n'apparaît à l'emplacement identifié par **ControlSource**.

Figure 17.4 : Le système d'aide fournit une profusion d'informations sur chaque contrôle et chaque propriété.

WEB

Vous trouverez les exemples des UserForm dans le classeur téléchargeable. Ne manquez pas de consulter les propriétés de chacun d'eux pour mieux comprendre comment ils ont été configurés.

Le contrôle Case à cocher

Un contrôle Case à cocher est commode pour exprimer un choix binaire : oui ou non, vrai ou faux, actif ou inactif, etc. La Figure 17.5 montre quelques cases à cocher.

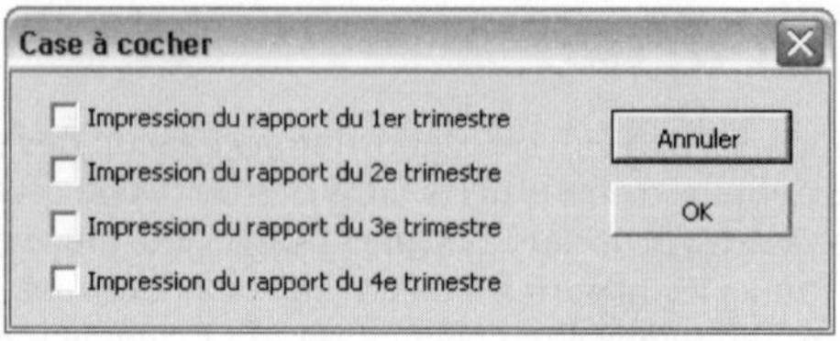

Figure 17.5 : Des contrôles Case à cocher.

Voici une description des propriétés de contrôle Case à cocher les plus utiles :

- **Accelerator :** souligne la première occurrence de la lettre dans le libellé, pour en faire un raccourci clavier. Si la lettre est **a**, appuyer sur Alt+A modifie la valeur du contrôle Case à cocher : la case est alors affichée cochée ou décochée.
- **ControlSource :** adresse de la cellule d'une feuille de calcul liée au contrôle Case à cocher. Dans Excel, la cellule affiche VRAI si le contrôle est coché ou FAUX s'il ne l'est pas.
- **Value :** si elle est sur True, la case contient une coche. Si elle est sur False, la case est vide.
- **WordWrap :** si True, autorise le renvoi à la ligne automatique du texte figurant dans Caption (cette propriété est commune à la plupart des contrôles).

Le contrôle Zone de liste modifiable

Un contrôle Zone de liste modifiable comme ceux que montre la Figure 17.6 est similaire à la commande Zone de liste décrite plus loin. Il s'en distingue par sa liste déroulante qui n'affiche qu'un seul élément à la fois. Autre différence : l'utilisateur peut entrer une valeur qui ne figure pas dans la liste.

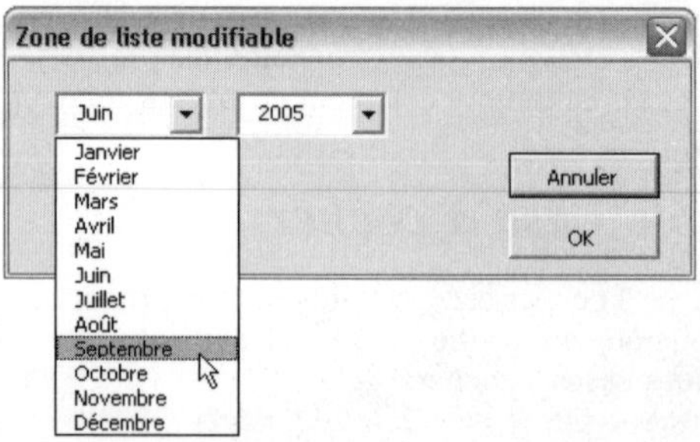

Figure 17.6 : Deux contrôles Zone de liste modifiable.

Voici une description des principales propriétés :

- **BoundColumn :** si la liste contient plusieurs colonnes, cette propriété définit celle qui contient la valeur retournée.
- **ColumnCount :** nombre de colonnes de la liste.
- **ControlSource :** cellule contenant la valeur affichée dans le champ de saisie.
- **ListRows :** nombre d'éléments à afficher lorsque la liste est déployée.
- **ListStyle :** apparence de la liste d'éléments.
- **RowSource :** plage d'adresses (dans la feuille de calcul) contenant la liste d'éléments affichés dans la Zone de liste modifiable.
- **Style :** indique si le contrôle doit agir comme liste déroulante ou comme zone de liste. Une liste déroulante n'autorise pas l'utilisateur à entrer manuellement une nouvelle valeur.
- **Value :** texte de l'élément sélectionné par l'utilisateur, affiché dans la zone de liste modifiable.

Le contrôle Bouton de commande

Le contrôle Bouton de commande est un simple bouton cliquable. Il ne sert à rien tant que vous ne lui avez pas attribué une procédure d'événement à exécuter lors du clic. La Figure 17.7 montre une boîte de dialogue contenant quelques boutons.

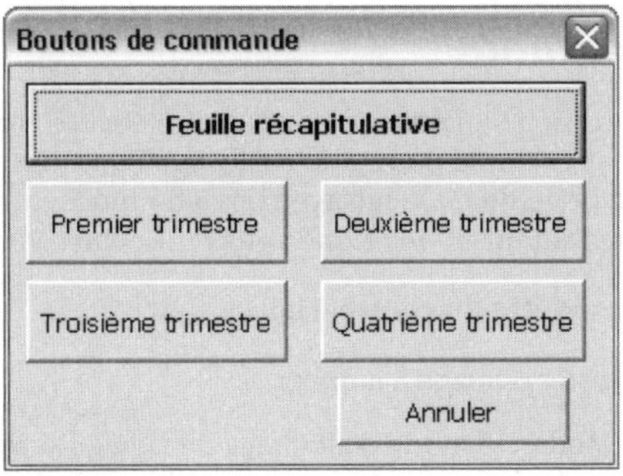

Figure 17.7 : Des contrôles de type Bouton de commande.

Quand un bouton de commande est cliqué, il exécute une macro dont le nom est celui du bouton de commande, suivi d'un signe de soulignement et du mot *Click*. Par exemple, si le nom du contrôle Bouton de commande est CeBouton, cliquer dessus exécutera la macro nommée CeBouton_Click. Cette macro est stockée dans la fenêtre Code de l'objet UserForm.

Voici la description des principales propriétés du contrôle Bouton de commande :

- **Annuler :** si True, appuyer sur Échap exécute la macro associée au bouton.
- **Default :** si True, appuyer sur Entrée exécute la macro associée au bouton.

Le contrôle Cadre

Le contrôle Cadre entoure d'autres contrôles. Vous vous en servirez, soit pour des raisons esthétiques, soit pour regrouper un ensemble de contrôles. Le contrôle Cadre est particulièrement utile lorsque la boîte de dialogue contient plusieurs jeux de boutons d'option ou de cases à cocher qu'il faut différencier (reportez-vous à la section "Le contrôle Bouton d'option", plus loin dans ce chapitre).

Les principales propriétés du contrôle Cadre sont :

- **BorderStyle :** définit l'apparence du cadre.
- **Caption :** texte affiché en haut à gauche du cadre. La légende peut être une chaîne vide si vous désirez que le contrôle n'affiche aucun texte.

Le contrôle Image

Un contrôle Image affiche une image (le contraire eut été étonnant). Vous l'utiliserez par exemple pour afficher le logo de l'entreprise ou personnaliser une boîte de dialogue avec une photo d'identité. La Figure 17.8 montre l'auteur du livre que vous tenez entre vos mains.

Les principales propriétés du contrôle Image sont :

- **Image :** le fichier d'image à afficher.
- **PictureSizeMode :** le mode d'affichage de l'image si ses dimensions ne sont pas homothétiques avec celles de la fenêtre définie dans la boîte de dialogue.

Figure 17.8 : Un contrôle Image peut afficher une photo.

Quand vous cliquez dans la propriété Image, l'éditeur VBE demande un nom de fichier. L'image choisie est stockée dans le classeur de sorte que, si vous remettez ce classeur à une tierce personne, il n'est pas nécessaire de joindre le fichier graphique.

Le contrôle Intitulé

Le contrôle Intitulé se contente d'afficher du texte dans la boîte de dialogue. La Figure 17.9 en montre quelques-uns. Comme vous le constatez, vous bénéficiez d'une grande latitude pour les présentations.

Figure 17.9 : Les contrôles Intitulé autorisent beaucoup de fantaisie.

Le contrôle Zone de liste

Un contrôle Zone de liste présente une liste d'éléments dans laquelle l'utilisateur fait son choix. La Figure 17.10 montre une boîte de dialogue contenant deux contrôles Zone de liste.

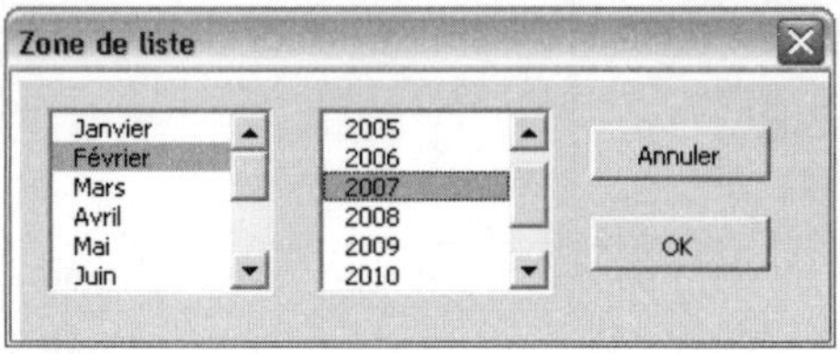

Figure 17.10 : Des contrôles Zone de liste.

Les contrôles Zone de liste sont très souples. Vous pouvez notamment spécifier la plage qui, dans une feuille de calcul, contient les éléments pris en compte. Cette plage peut comporter plusieurs colonnes. Ou alors, la liste peut être produite par du code VBA.

Voici les principales propriétés d'un contrôle Zone de liste :

- **BoundColumn :** si la liste est répartie sur plusieurs colonnes, cette propriété définit la colonne contenant la valeur retournée.
- **ColumnCount :** nombre de colonnes de la liste.
- **ControlSource :** cellule contenant la valeur affichée dans la zone de liste.
- **IntegralHeight :** sur True si la hauteur de la liste doit s'ajuster automatiquement pour afficher la totalité d'une longue ligne de texte, lors d'un défilement vertical. Si la valeur est False, le texte est tronqué.
- **ListStyle :** apparence des éléments de la liste.
- **MultiSelect :** autorise ou non l'utilisateur à sélectionner plusieurs éléments dans la liste.
- **RowSource :** plage d'adresses, dans la feuille de calcul, contenant les éléments affichés dans la zone de liste.
- **Value :** texte de l'élément sélectionné par l'utilisateur, affiché dans la zone de liste.

N'OUBLIEZ PAS

Si la propriété MultiSelect d'une zone de liste est à 1 ou 2, l'utilisateur peut sélectionner plusieurs éléments. Dans ce cas, la propriété ControlSource ne peut pas être spécifiée ; vous devrez écrire une macro déterminant les éléments sélectionnés. Vous apprendrez à le faire au Chapitre 18.

Le contrôle Multipage

Un contrôle Multipage permet de créer des boîtes de dialogue à onglets semblables à celles qui apparaissent en choisissant Outils/ Options. La Figure 17.11 montre une boîte de dialogue personnalisée à trois pages, ou onglets.

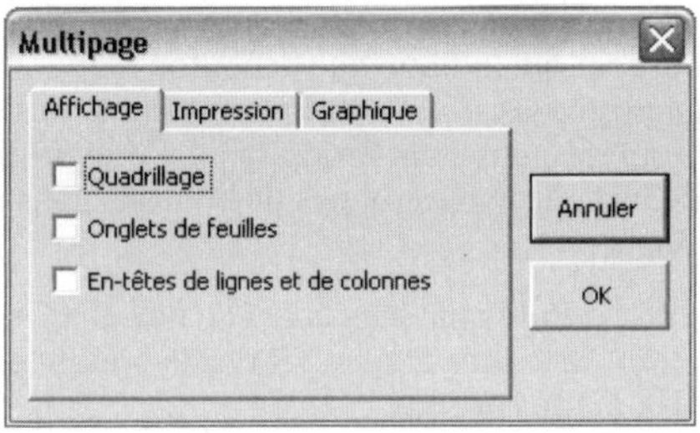

Figure 17.11 : Un contrôle Multipage sert à créer une boîte de dialogue à onglets.

Les principales propriétés d'un contrôle Multipage sont :

- **Style :** définit l'apparence du contrôle. Les onglets peuvent apparaître comme normalement (en haut), ou à gauche, ou sous la forme de boutons ou encore masqués. Dans ce cas, les onglets ne sont pas affichés ; la page est choisie par le code VBA.
- **Value :** définit la page ou onglet à afficher par défaut. La valeur 0 affiche la première page, la valeur 1 la deuxième, et ainsi de suite.

Le contrôle Bouton d'option

Les boutons d'option sont utiles lorsqu'il s'agit de sélectionner un petit nombre d'éléments. Ils sont toujours utilisés par groupe d'au moins deux. La Figure 17.12 montre deux groupes nommés Destination et Orientation. L'un permet de choisir la sortie du document (une seule), l'autre l'orientation du papier.

Les principales propriétés d'un contrôle Bouton d'option sont :

- **Accelerator :** raccourci utilisé pour sélectionner un bouton. Si la lettre est **c**, appuyer sur Alt+C sélectionne le bouton d'option en question.

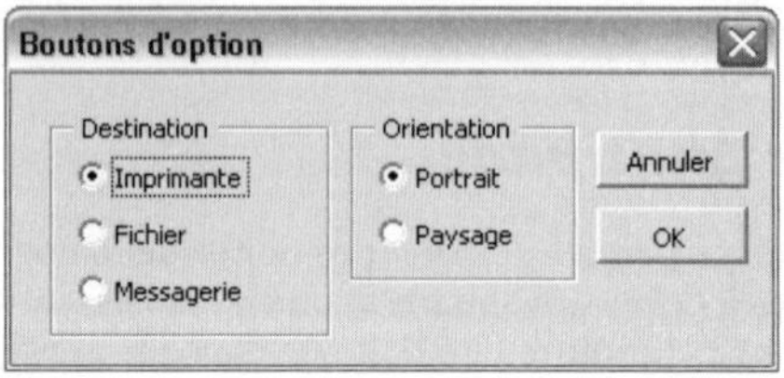

Figure 17.12 : Deux groupes de boutons d'option, entourés chacun par un contrôle Cadre.

- **GroupName :** nom qui indique que le bouton d'option appartient à un même groupe, c'est-à-dire un ensemble de boutons ayant tous le même nom dans GroupName. Cette propriété permet de définir plusieurs groupes de boutons dans une même boîte de dialogue.
- **ControlSource :** cellule qui, dans la feuille de calcul, est liée au bouton d'option. La cellule affiche VRAI si le bouton est sélectionné et FAUX s'il ne l'est pas.
- **Value :** si True, le bouton d'option est sélectionné. Si False, il ne l'est pas.

Le contrôle RefEdit

Le contrôle RefEdit est utilisé lorsque vous voulez permettre à l'utilisateur de sélectionner une plage dans une feuille de calcul. La Figure 17.13 montre une boîte de dialogue dotée de deux contrôles RefEdit. Sa propriété Value contient l'adresse de la plage sélectionnée.

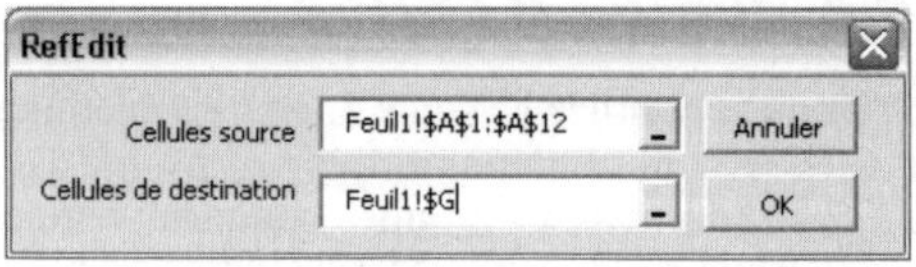

Figure 17.13 : Des contrôles RefEdit.

Le contrôle Barre de défilement

Le contrôle Barre de défilement est similaire au contrôle Toupie décrit plus loin. La différence réside dans la présence d'un curseur de défilement (ou ascenseur) permettant de varier rapidement les valeurs de large amplitude. La Figure 17.14 montre un contrôle Barre de défilement. La valeur est affichée dans un contrôle Intitulé.

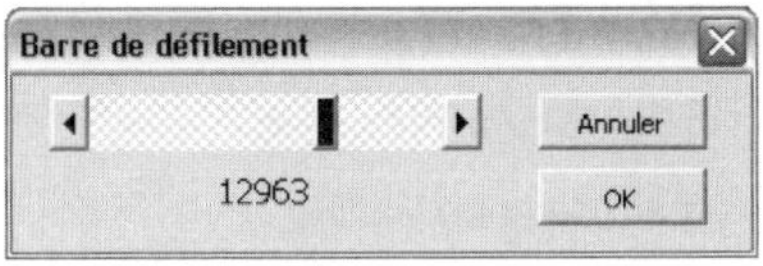

Figure 17.14 : Un contrôle Barre de défilement avec, dessous, un contrôle Intitulé.

Les principales propriétés d'un contrôle Barre de défilement sont :

- **Value :** valeur courante du contrôle.
- **Min :** valeur minimum du contrôle.
- **Max :** valeur maximum du contrôle.
- **ControlSource :** cellule qui, dans la feuille de calcul, affiche la valeur courante du contrôle.
- **SmallChange :** variation de la valeur du contrôle produite par un clic.
- **LargeChange :** variation de la valeur du contrôle produite par un clic sur l'un des boutons d'extrémité.

Le contrôle Barre de défilement est surtout utile pour spécifier une valeur dans une plage de valeurs de grande amplitude.

Le contrôle Toupie

Le contrôle Toupie permet à l'utilisateur de sélectionner une valeur en cliquant sur l'un de ses deux boutons fléchés (l'un qui augmente la valeur, l'autre qui la réduit). La Figure 17.15 montre une boîte de dialogue comportant deux contrôles Toupie. Les chiffres à droite sont affichés par un contrôle Intitulé. Dans un contexte opérationnel, ils sont liés aux toupies par une procédure VBA.

Les principales propriétés d'un contrôle Toupie sont :

Figure 17.15 : Deux contrôles Toupie.

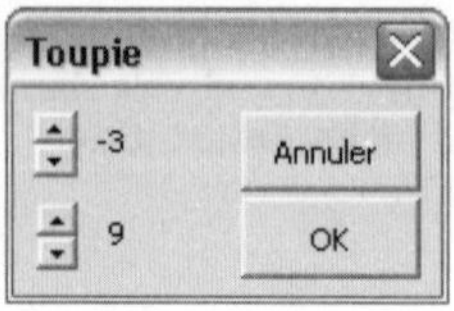

- **Value :** valeur courante du contrôle.
- **Min :** valeur minimum du contrôle.
- **Max :** valeur maximum du contrôle.
- **ControlSource :** cellule qui, dans la feuille de calcul, affiche la valeur courante du contrôle.
- **SmallChange :** variation de la valeur du contrôle produite par un clic. Par défaut, cette valeur est 1, mais vous pouvez en spécifier une autre.

ATTENTION !

Si vous utilisez la propriété ControlSource d'une toupie, vous devez savoir que la feuille de calcul est recalculée pour chaque unité de toupie. Par conséquent, si l'utilisateur fait passer la valeur de 0 à 12, la feuille est recalculée 12 fois. Si la feuille est complexe, et donc lente à recalculer, il est recommandé de ne pas stocker la valeur dans la propriété ControlSource.

Le contrôle Onglet

Un contrôle Onglet est similaire au contrôle Multipage, sauf qu'il n'est pas si facile à utiliser. Je me demande même pourquoi ce contrôle est proposé. Vous pouvez l'ignorer et utiliser à la place le contrôle Multipage.

Le contrôle Zone de texte

Un contrôle Zone de texte permet à l'utilisateur d'y placer du texte. La Figure 17.16 montre une boîte de dialogue contenant deux de ces contrôles.

Les principales propriétés d'un contrôle Zone de texte sont :

- **AutoSize :** si True, la zone de texte se redimensionne automatiquement selon la quantité de texte saisie (NdT : dans ce mode, le renvoi à la ligne n'est plus géré).

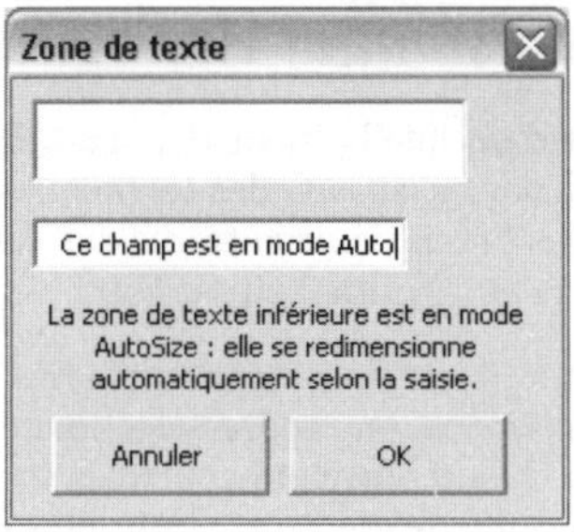

Figure 17.16 : Deux contrôles Zone de texte.

- **ControlSource :** adresse de la cellule contenant le texte affiché dans la zone de texte.
- **IntegralHeight :** si True, la zone de texte s'ajuste automatiquement pour afficher des lignes de texte complètes lors d'un défilement vertical. Si False, des lignes peuvent être tronquées.
- **MaxLength :** nombre maximum de caractères autorisés dans le champ. Si la valeur est zéro, le nombre de caractères est illimité.
- **MultiLine :** si True, la zone de texte peut afficher plusieurs lignes (NdT : ne s'applique pas à la propriété AutoSize).
- **TextAlign :** définit l'alignement du texte dans la zone de texte (à gauche, centré ou à droite).
- **WordWrap :** autorise le renvoi à la ligne automatique (sauf en mode AutoSize).
- **Scrollbars :** permet d'afficher une barre de défilement verticale et/ou horizontale.

Le contrôle Bouton bascule

Un Bouton bascule a deux états : actif et inactif. Cliquer dessus fait passer d'un état à l'autre, selon que la valeur est True (enfoncé) ou False (relâché). Ce type de contrôle peut être utilisé à la place des cases à cocher.

Configurer les contrôles

Dans cette section, nous verrons comment régler et configurer les contrôles de boîtes de dialogue placées dans un objet UserForm.

Déplacer et redimensionner des contrôles

Après avoir placé un contrôle dans une boîte de dialogue, il peut être déplacé et redimensionné à la souris, à l'aide des techniques standard. Ou alors, pour un contrôle plus précis, vous entrerez des valeurs exactes dans ses propriétés Height, Width, Left ou Top.

TRUC

Vous pouvez aussi sélectionner plusieurs contrôles à la fois en cliquant dessus touche Ctrl enfoncée, ou encore sélectionner un groupe de contrôles au lasso. Quand plusieurs contrôles sont sélectionnés, la fenêtre Propriétés n'affiche que leurs propriétés communes.

Un contrôle peut en cacher un autre, car ils sont empilables. À moins d'avoir de bonnes raisons de le faire, éviter de les faire se chevaucher.

Aligner et espacer des contrôles

Dans l'éditeur VBE, le menu Format contient plusieurs commandes qui facilitent l'alignement et l'espacement précis des contrôles dans une boîte de dialogue. Vous devez bien sûr sélectionner préalablement les contrôles auxquels vous les appliquerez. Ces commandes n'appelant pas de commentaires particuliers, je ne m'y attarderai pas.

TRUC

Quand vous sélectionnez plusieurs contrôles, le dernier est entouré de poignées blanches, au lieu des habituelles poignées noires. Le contrôle à poignées blanches est celui sur lequel se base les commandes d'alignement et de redimensionnement du menu Format.

Penser au clavier

Beaucoup d'utilisateurs – j'en fais partie – préfèrent naviguer dans les boîtes de dialogue à l'aides des touches du clavier : appuyer sur Tab et sur Maj+Tab fait parcourir les contrôles dans un sens ou dans un autre et appuyer sur un raccourci active instantanément le contrôle en question.

Pour que vos boîtes de dialogue fassent le bonheur des utilisateurs du clavier, vous devez penser à deux choses :

- L'ordre de tabulation.
- Les touches de raccourci.

L'ordre de tabulation définit l'ordre dans lequel les contrôles sont activés lorsque l'utilisateur appuie sur Tab ou sur Maj+Tab. Il définit aussi le contrôle qui a le *focus* initial, c'est-à-dire le contrôle actif par défaut, lorsque la boîte de dialogue vient d'apparaître. Par exemple, lorsqu'un utilisateur entre du texte dans une Zone de texte, cette dernière a le focus. Si l'utilisateur clique sur un contrôle Bouton d'option, c'est le bouton d'option qui a le focus. Dans l'ordre de tabulation, c'est le premier contrôle qui a le focus lorsqu'Excel ouvre une boîte de dialogue.

Pour définir l'ordre de tabulation, choisissez Affichage/Ordre de tabulation. Vous pouvez aussi cliquer du bouton droit dans la boîte de dialogue et choisir Ordre de tabulation, dans le menu contextuel. Dans les deux cas, l'éditeur VBE affiche la boîte de dialogue Ordre de tabulation.

La boîte de dialogue Ordre de tabulation contient la liste de tous les contrôles définis dans l'objet UserForm. L'ordre de tabulation correspond à l'ordre des éléments de la liste. Pour le modifier, sélectionnez un contrôle puis cliquez sur le bouton Monter ou Descendre. Il est possible d'en déplacer plusieurs à la fois, en les sélectionnant par les techniques habituelles : touche Maj ou Ctrl enfoncée.

TRUC

Plutôt que d'utiliser la boîte de dialogue Ordre de tabulation, vous pouvez définir l'ordre d'un contrôle directement dans la fenêtre Propriétés. La propriété TabIndex du premier est 0. Pour ôter un contrôle de l'ordre des tabulations, mettez la propriété TabStop sur False.

N'OUBLIEZ PAS

Certains contrôles, comme Cadre et Multipage, sont des conteneurs d'autres contrôles. Les contrôles contenus dans d'autres ont leur propre ordre de tabulation. Pour définir celui d'un groupe de boutons d'option à l'intérieur d'un cadre, sélectionnez le contrôle Cadre avant d'avoir choisi Afficher/Ordre de tabulation.

Définir les raccourcis

Normalement, vous définirez un raccourci pour chacune des commandes d'une boîte de dialogue, en spécifiant la lettre dans la propriété Accelerator du contrôle. Si un contrôle n'en a pas – c'est le cas du contrôle Zone de texte –, vous pouvez cependant définir un accès direct par une touche en utilisant un contrôle Intitulé : ce dernier ayant reçu la lettre du raccourci, placez le contrôle Intitulé juste avant le contrôle Zone de texte, dans l'ordre de tabulation.

Tester un UserForm

L'éditeur VBE propose trois moyens de tester un objet UserForm sans devoir l'appeler par une procédure :

- En choisissant la commande Exécution/Exécuter Sub-UserForm.
- En appuyant sur F5.
- En cliquant, dans la barre d'outils, sur le bouton Exécuter Sub-UserForm.

Quand une boîte de dialogue est ainsi affichée, vous pouvez aussi tester l'ordre de tabulation ainsi que les raccourcis.

Chapitre 18

Techniques et conseils pour les UserForm

Dans ce chapitre :

- Utiliser des boîtes de dialogue personnalisées dans vos applications.
- Création d'une boîte de dialogue : un exemple prêt à l'emploi.

Le chapitre précédent vous a expliqué comment insérer un UserForm – qui contient une boîte de dialogue personnalisée –, comment y placer des contrôles et régler certaines de leurs propriétés. Ces connaissances ne sont cependant que de peu d'utilité si vous ne savez pas comment exploiter vos boîtes de dialogue grâce à du code VBA. C'est le propos de ce chapitre, qui présente quelques techniques et conseils intéressants.

Un exemple d'objet UserForm

L'exemple qui suit met en œuvre les cinq points mentionnés dans la section précédente (au Chapitre 16, nous avons vu un autre exemple, plus simple, de boîte de dialogue interactive). Vous utiliserez ici une boîte de dialogue chargée de prélever deux informations : le nom d'une personne et son sexe. La boîte de dialogue utilise un contrôle Zone de texte pour la saisie du nom et trois boutons pour l'indication du sexe (Masculin, Féminin, Inconnu). L'information collectée par la boîte de dialogue sera automatiquement placée dans la prochaine ligne vide de la feuille de calcul.

La Figure 18.1 montre la boîte de dialogue terminée. Pour travailler dans les meilleures conditions, ouvrez un nouveau classeur ne comportant qu'une seule feuille de calcul.

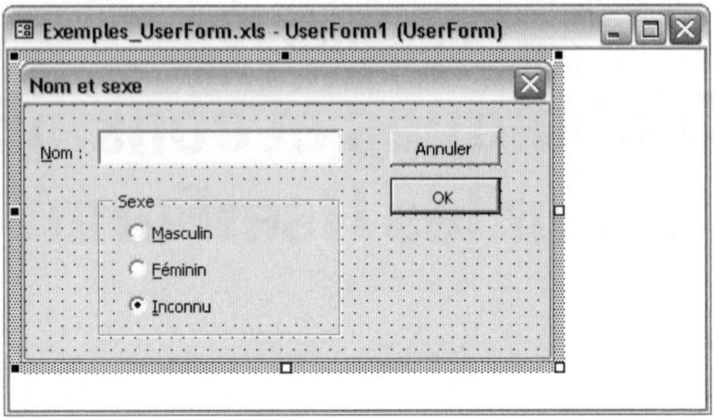

Figure 18.1 : Cette boîte de dialogue demande à l'utilisateur d'entrer un nom et de préciser le sexe.

1. **Appuyez sur Alt+F11 pour activer l'éditeur VBE.**
2. **Dans la fenêtre Projet, sélectionnez le classeur vide puis choisissez Insertion/UserForm.**

   Un objet UserForm vide est ajouté au projet.
3. **Dans la propriété Caption de l'objet UserForm, tapez Nom et sexe.**

   Si la fenêtre Propriétés n'est pas affichée, appuyez sur F4.

La boîte de dialogue comporte huit contrôles :

- **Un contrôle Intitulé.** Ses propriétés ont été définies comme suit :

Propriété	*Valeur*
Accelerator	N
Caption	Nom
TabIndex	0

- **Un contrôle Zone de texte.** Ses propriétés ont été définies comme suit :

Propriété	*Valeur*
Name	ZoneTexteNom
TabIndex	1

- **Un contrôle Cadre.** Ses propriétés ont été définies comme suit :

Propriété	*Valeur*
Caption	Sexe
TabIndex	2

- **Un contrôle Bouton d'option.** Ses propriétés ont été définies comme suit :

Propriété	*Valeur*
Accelerator	M
Caption	Masculin
Name	OptionMasculin
TabIndex	0

- **Un autre contrôle Bouton d'option.** Ses propriétés ont été définies comme suit :

Propriété	*Valeur*
Accelerator	F
Caption	Féminin
Name	OptionFéminin
TabIndex	1

- **Encore un contrôle Bouton d'option.** Ses propriétés ont été définies comme suit :

Propriété	*Valeur*
Accelerator	I
Caption	Inconnu
Name	OptionInconnu
TabIndex	2
Value	True

- **Un contrôle Bouton de commande.** Ses propriétés ont été définies comme suit :

Propriété	*Valeur*
Caption	OK
Default	True

Name	BoutonOK
TabIndex	3

- **Un autre contrôle Bouton de commande.** Ses propriétés ont été définies comme suit :

Propriété	*Valeur*
Caption	BoutonAnnuler
Cancel	True
Name	BoutonAnnuler
TabIndex	4

Si vous faites cet exercice – ce qui est vivement recommandé –, prenez la peine de créer un UserForm identique à celui-ci. Veillez à créer l'objet Cadre avant de placer les boutons d'option.

Il vous sera parfois plus commode de copier un contrôle plutôt que d'en créer un nouveau. Pour ce faire, tirez le contrôle en maintenant la touche Ctrl enfoncée.

Vous trouverez cet exemple dans le classeur téléchargeable.

Le code d'affichage de la boîte de dialogue

Après avoir ajouté des contrôles à l'objet UserForm, vous devrez écrire un peu de code VBA pour afficher la boîte de dialogue :

1. **Dans l'éditeur VBE, choisissez Insertion/Module.**
2. **Entrez la macro suivante :**

```
Sub ObtenirInfos()
    UserForm1.Show
End Sub
```

Cette courte procédure utilise la méthode Show de l'objet UserForm pour afficher la boîte de dialogue.

Rendre la macro disponible

La phase suivante – indispensable pour exécuter la procédure – est des plus faciles :

1. **Activez Excel.**
2. **Cliquez du bouton droit dans une barre d'outils et, dans le menu déroulant, choisissez Formulaires.**

   Excel affiche la barre d'outils Formulaires.

3. **Dans la barre d'outils Formulaires, cliquez sur l'outil Case d'option puis tirez dans la feuille de calcul pour créer un bouton d'option.**

   La boîte de dialogue Affecter une macro apparaît.

4. **Affectez la macro ObtenirInfos au bouton.**
5. **Éditez la légende du bouton d'option et remplacez Case d'option 1 par Saisie des données.**

Essayer la boîte de dialogue

Procédez comme suit pour tester la boîte de dialogue :

1. **Dans la feuille de calcul, cliquez sur le bouton Saisie des données.**

   La boîte de dialogue de la Figure 18.2 apparaît.

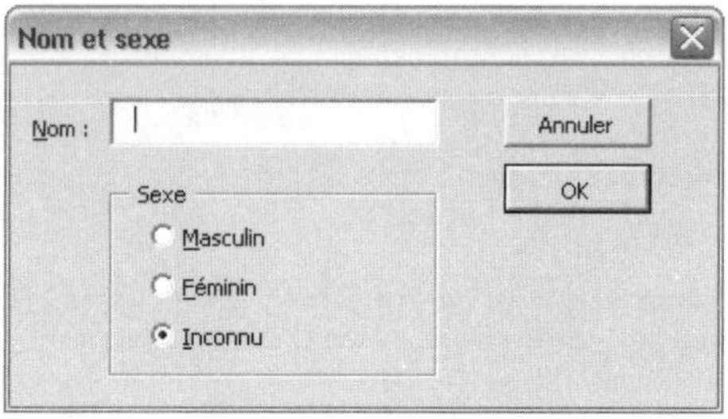

Figure 18.2 : L'exécution de la procédure ObtenirInfos affiche cette boîte de dialogue.

2. **Tapez du texte dans le champ de saisie.**
3. **Cliquez sur OK ou sur Annuler.**

   Il ne se passe rien, ce qui est compréhensible car, pour le moment, vous n'avez créé aucune procédure.

4. **Cliquez sur le bouton Fermer, dans la barre de titre, pour faire disparaître la boîte de dialogue.**

Ajouter des procédures d'événement

Dans cette section, vous découvrirez comment écrire des procédures qui régissent les événements qui se produisent lorsque la boîte de dialogue est affichée.

1. **Appuyez sur Alt+F11 pour activer le VBE.**
2. **Assurez-vous que l'objet UserForm est affiché. Double-cliquez sur le contrôle Annuler.**

   L'éditeur VBE active la fenêtre Code de l'objet UserForm et fournit une procédure vide nommée BoutonAnnuler_Click.

3. **Modifiez la procédure comme suit :**

```
Private Sub BoutonAnnuler_Click()
    Unload UserForm1
End Sub
```

   Cette procédure, exécutée lorsque l'utilisateur clique sur le bouton Annuler, décharge la boîte de dialogue de la mémoire. Autrement, elle la ferme.

4. **Appuyez sur Maj+F7 pour réafficher l'objet UserForm.**
5. **Double-cliquez sur le bouton OK et entrez cette procédure :**

```
Private Sub BoutonOK_Click()
    Dim LigneSuivante As Long

'   Vérification que la feuille Formulaire est active
    Sheets("Feuil1").Activate

'   Détermination de la prochaine ligne
    LigneSuivante = Application.WorksheetFunction. _
        CountA(Range("A:A")) + 1

'   Transfert du nom
    Cells(LigneSuivante, 1) = ZoneTexteNom.Text

'   Transfert du sexe
    If OptionMasculin Then Cells(LigneSuivante, 2) = "Masculin"
    If OptionFéminin Then Cells(LigneSuivante, 2) = "Féminin"
    If OptionInconnu Then Cells(LigneSuivante, 2) = "Inconnu"

'   Réinitialisation des contrôles pour la prochaine saisie
    ZoneTexteNom.Text = ""
```

```
        OptionInconnu = True
        ZoneTexteNom.SetFocus
    End Sub
```

6. **Activez à présent Excel et redémarrez de nouveau la procédure en cliquant sur le bouton d'option Saisie des données.**

   La boîte de dialogue fonctionne parfaitement. La Figure 18.3 la montre en action.

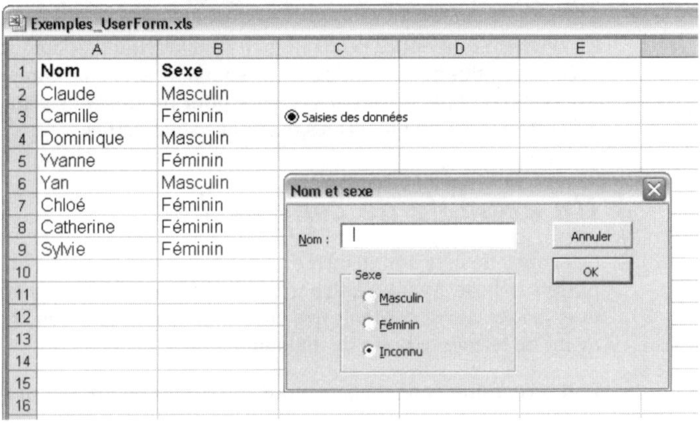

Figure 18.3 : Saisie de données à l'aide d'une boîte de dialogue personnalisée.

Valider les données

Essayez cette routine et vous constaterez que la macro pose un petit problème : rien ne garantit qu'un nom a été tapé dans la zone de texte. Le code qui suit – à insérer dans la procédure BoutonOK_click, avant le transfert du nom dans la feuille de calcul – s'assure que la zone de texte n'est pas vide. Si c'est le cas, un message est affiché et la routine s'arrête :

```
'   Vérification que la saisie a été faite
    If ZoneTexteNom.Text = "" Then
        MsgBox "Vous devez saisir un nom."
        Exit Sub
    End If
```

La boîte de dialogue fonctionne

Après avoir procédé à cette petite mise au point, la boîte de dialogue fonctionne impeccablement. Dans un contexte de production, elle devra sans aucun doute collecter un plus grand nombre d'informations. Le principe est le même. Il vous suffira de placer d'autres contrôles dans l'objet UserForm.

D'autres exemples d'objets UserForm

Un ouvrage tout entier pourrait être consacré aux techniques de création des boîtes de dialogue personnalisées. Mais, comme nous n'avons pas la pagination nécessaire pour proposer ce gros pavé, nous nous en tiendrons à quelques exemples significatifs.

Un exemple de Zone de liste

Les zones de liste sont d'intéressants contrôles, mais les créer s'avère parfois délicat. Avant d'afficher une boîte de dialogue qui en contienne une, la liste devra contenir des éléments. L'utilisateur en choisira un avant de fermer la boîte de dialogue.

N'OUBLIEZ PAS

Pour créer une Zone de liste, vous devrez connaître ces propriétés et méthodes :

- **AddItem :** cette méthode sert à ajouter un élément à la Zone de liste.
- **ListCount :** cette propriété retourne le nombre d'éléments de Zone de liste.
- **ListIndex :** cette propriété retourne le numéro d'index de l'élément sélectionné ou définit le numéro d'index de l'élément sélectionné (une seule sélection à la fois). Le numéro d'index du premier élément de la liste est 0 (et non 1).
- **MultiSelect :** cette propriété autorise ou non l'utilisateur à sélectionner plus d'un élément dans la Zone de liste.
- **RemoveAllItems :** cette méthode supprime tous les éléments d'une Zone de liste.
- **Selected :** cette propriété retourne un tableau indiquant les éléments sélectionnés (applicable seulement à une sélection multiple).

- **Value :** cette propriété retourne l'élément sélectionné dans une Zone de liste.

La plupart des méthodes et des propriétés d'un contrôle Zone de liste s'appliquent aussi aux contrôles Zone de liste modifiable.

Remplir une Zone de liste

Pour travailler dans de bonnes conditions, commencez avec un classeur vide. L'exemple qui suit présume que :

- Vous avez inséré un objet UserForm.
- L'objet UserForm contient un contrôle Zone de liste nommé ZoneListe.
- L'objet UserForm contient un contrôle Bouton de commande nommé BoutonOK.
- L'objet UserForm contient un contrôle Bouton de commande nommé BoutonAnnuler, auquel la procédure d'événement suivante a été ajoutée :

```
Private Sub BoutonAnnuler_Click()
    Unload UserForm1
End Sub
```

La procédure suivante est stockée dans la procédure d'événement Initialize de l'objet UserForm :

1. **Sélectionnez l'objet UserForm et appuyez sur F7 pour accéder à sa procédure prédéfinie.**

   L'éditeur VBE affiche la fenêtre Code de votre UserForm, prête à recevoir le code pour l'événement Clic (la procédure actuellement affichée est UserForm_Click).

2. **Déployez la liste Procédure, en haut de la fenêtre Code, et choisissez Initialize.**

3. **Ajoutez le code d'initialisation pour l'objet UserForm :**

```
Sub UserForm_Initialize()
'   Remplissage de la zone de liste
    With ZoneListe
        .AddItem "Janvier"
        .AddItem "Février"
        .AddItem "Mars"
```

```
            .AddItem "Avril"
            .AddItem "Mai"
            .AddItem "Juin"
            .AddItem "Juillet"
            .AddItem "Août"
            .AddItem "Septembre"
            .AddItem "Octobre"
            .AddItem "Novembre"
            .AddItem "Décembre"
        End With

'   Sélection du premier élément de la liste
    ZoneListe.ListIndex = 0
End Sub
```

4. **Pour pouvoir afficher la boîte de dialogue, créez un module VBA contenant cette courte procédure :**

```
Sub AfficherListe()
    UserForm1.Show
End Sub
```

Déterminer l'élément sélectionné

Le code qui précède se contente tout bonnement d'afficher une boîte de dialogue contenant une Zone de liste présentant les mois de l'année. Il manque une procédure permettant de connaître le mois sélectionné.

Ajoutez le code ci-dessous à la procédure BoutonOK_Click :

```
Private Sub BoutonOK_Click()
    Dim Msg As String
    Msg = "Vous avez sélectionné l'élément n°"
    Msg = Msg & ZoneListe.ListIndex
    Msg = Msg & vbNewLine
    Msg = Msg & ZoneListe.Value
    MsgBox Msg
    Unload UserForm1
End Sub
```

Cette procédure affiche une boîte de message indiquant le numéro d'ordre de l'élément sélectionné ainsi que son nom, comme l'illustre la Figure 18.4.

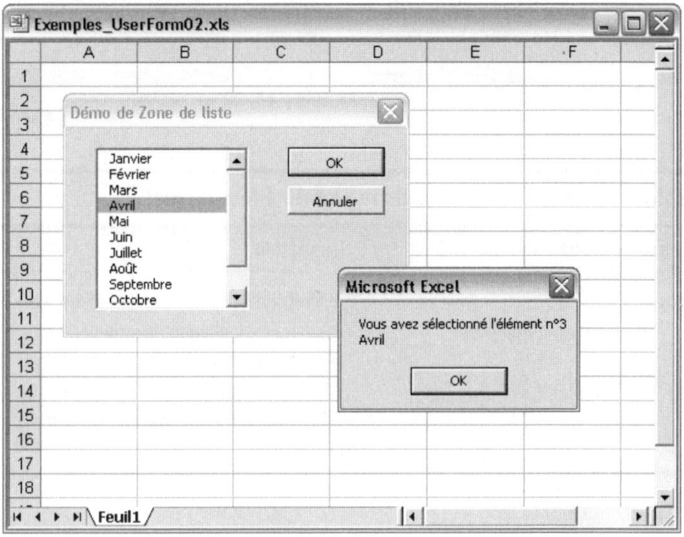

Figure 18.4 : Détermination du numéro de l'élément sélectionné dans la Zone de liste.

Définir des sélections multiples

Pour autoriser des sélections multiples dans une Zone de liste, la propriété MultiSelect doit être sur 1 ou sur 2. Ce choix s'effectue lors de la phase de conception, soit dans la fenêtre Propriétés, soit en ajoutant une instruction de ce type :

```
UserForm1.ZoneListe.MultiSelect = 1
```

La propriété MultiSelect accepte les trois paramètres qui figurent dans le Tableau 18.1.

La procédure ci-dessous affiche un message répertoriant tous les éléments sélectionnés dans la Zone de liste (voir Figure 18.5).

```
Private Sub BoutonOK_Click()
    Dim Msg As String
    Dim i As Integer
    Msg = "Vous avez sélectionné :" & vbNewLine
    For i = 0 To ZoneListe.ListCount - 1
        If ZoneListe.Selected(i) Then
            Msg = Msg & ZoneListe.List(i) & vbNewLine
        End If
```

```
        Next i
        MsgBox Msg
        Unload UserForm1
    End Sub
```

Tableau 18.1 : Les paramètres de la propriété MultiSelect.

Valeur	Constante VBA	Description
0	fmMultiSelectSingle	Un seul élément peut être sélectionné.
1	fmMultiSelectMulti	Cliquer sur un élément ou appuyer sur la touche Espace sélectionne ou désélectionne un élément de la liste.
2	fmMultiSelectExtended	Les éléments sont ajoutés ou ôtés du jeu de sélection de la manière traditionnelle : en maintenant la touche Maj ou Ctrl enfoncée lorsque vous cliquez dessus.

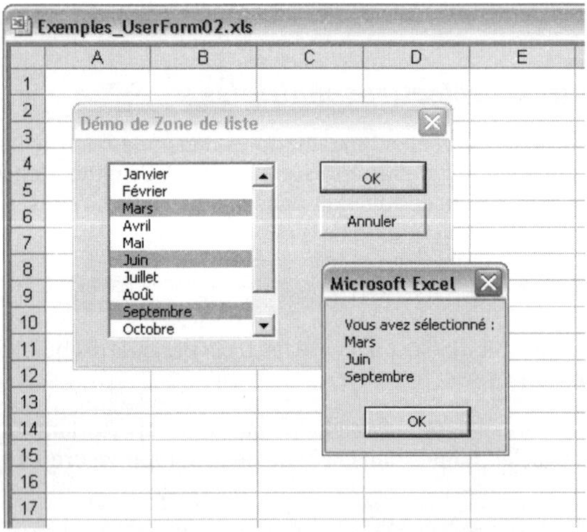

Figure 18.5 : Le paramétrage de la propriété MultiSelect permet de sélectionner plusieurs éléments dans une liste.

Dans cette routine, une boucle For-Next permet de parcourir chacun des éléments de la Zone de liste. Remarquez qu'elle démarre à 0 (le premier élément) et se termine au dernier, déterminé par la valeur de la propriété ListCount moins 1. Si la propriété Selected d'un élément est True, cela signifie qu'il est sélectionné.

Vous trouverez cet exemple dans le classeur téléchargeable.

Sélectionner une plage

Pour permettre de sélectionner une plage au travers d'une boîte de dialogue, vous devrez utiliser un contrôle RefEdit. L'exemple qui suit affiche une boîte de dialogue contenant l'adresse de la sélection définie par le contrôle RefEdit, comme le montre la Figure 18.6. Cette région est un bloc de cellules non vides contenant la cellule active. L'utilisateur peut accepter ou modifier cette plage. Après avoir cliqué sur OK, la procédure met la plage en gras.

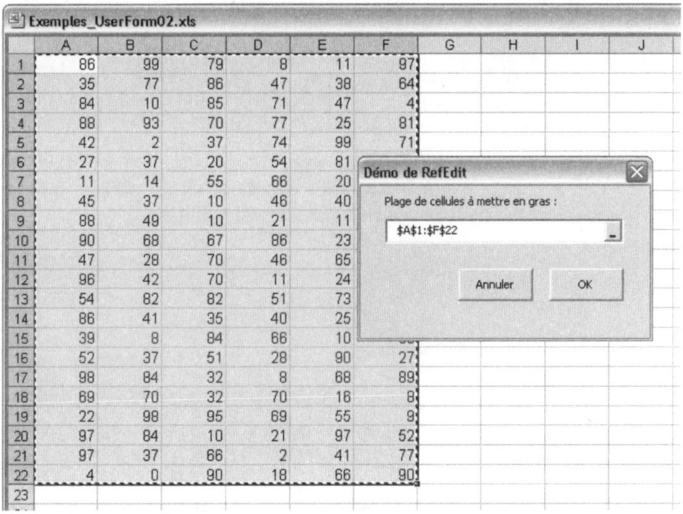

Figure 18.6 : Cette boîte de dialogue permet à l'utilisateur de sélectionner une plage de cellules.

Cet exemple présume que :

- Vous avez créé un objet UserForm nommé UserForm1.
- L'objet UserForm contient un contrôle Bouton de commande nommé BoutonOK.
- L'objet UserForm contient un contrôle Bouton de commande nommé BoutonAnnuler.
- L'objet UserForm contient un contrôle RefEdit nommé RefEdit1.

Le code listé ci-dessous, stocké dans un module VBA, effectue deux actions : il initialise la boîte de dialogue en assignant l'adresse de la zone courante au contrôle RefEdit et il affiche ensuite l'objet UserForm.

```
Sub CellulesEnGras()
'   Quitte si la feuille de calcul n'est pas active
    If TypeName(ActiveSheet) <> "Worksheet" Then Exit Sub

'   Sélection de la zone courante
    ActiveCell.CurrentRegion.Select

'   Initialisation du contrôle RefEdit
    UserForm1.RefEdit1.Text = Selection.Address

'   Affiche la boîte de dialogue
    UserForm1.Show
End Sub
```

La procédure suivante est exécutée lorsque le bouton OK est cliqué. Elle procède à une simple vérification pour s'assurer que la plage spécifiée dans le contrôle RefEdit est valide.

```
Private Sub BoutonOK_Click()
    On Error GoTo PlageNonValide
    Range(RefEdit1.Text).Font.Bold = True
    Unload UserForm1
    Exit Sub
PlageNonValide:
    MsgBox "La plage spécifiée n'est pas valide."
End Sub
```

Si une erreur se produit, le plus souvent à cause d'une spécification de plage erronée dans le contrôle RefEdit, le code se branche à l'étiquette PlageNonValide puis une boîte de message est affichée. La boîte de dialogue reste ouverte afin que l'utilisateur puisse sélectionner une autre plage.

Utiliser plusieurs groupes de boutons d'option

La Figure 18.7 montre une boîte de dialogue personnalisée comportant trois groupes de boutons d'option. Chacun doit fonctionner indépendamment des autres. Pour ce faire, vous avez le choix entre deux approches :

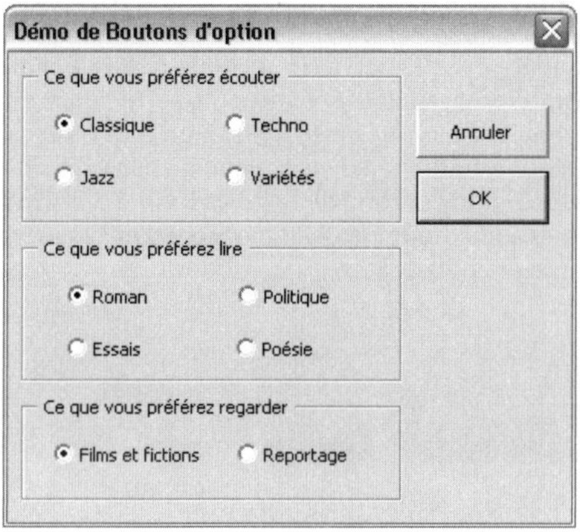

Figure 18.7 : Cette boîte de dialogue contient trois groupes de boutons.

- Placer chaque ensemble de contrôles Bouton d'option dans un contrôle Cadre. Cette approche est recommandée car, en plus, elle améliore la présentation de la boîte de dialogue. Il est plus facile de créer le cadre en premier. Des boutons d'option déjà existants peuvent cependant être glissés et déposés dans un cadre.
- Attribuer, dans la propriété GroupName, un même nom aux contrôles Bouton d'option appartenant à un même ensemble. Si les boutons sont réunis dans un contrôle Cadre, vous n'avez pas à préciser la propriété GroupName.

N'OUBLIEZ PAS

Dans un groupe, un seul bouton d'option peut avoir sa propriété Value mise sur True. C'est en effet ce qui spécifie le bouton actif par défaut, dans la boîte de dialogue. Cette propriété est définie dans la fenêtre Propriété du bouton ou par cette instruction VBA :

```
UserForm1.OptionButton1.Value = True
```

Utiliser les contrôles Toupie et Zone de texte

Un contrôle Toupie permet à l'utilisateur de spécifier un nombre en cliquant sur des boutons fléchés. Une option consiste à utiliser un contrôle Intitulé, mais elle présente un inconvénient : l'impossibilité, pour l'utilisateur, de taper la valeur désirée dans un champ de saisie. Un meilleur choix consiste à recourir à une Zone de texte.

Un contrôle Toupie et un contrôle Zone de texte forment une paire naturelle, fréquente dans Excel (jetez un coup d'œil à la boîte de dialogue Imprimer pour en voir quelques-unes). Idéalement, ces deux contrôles doivent être associés : si l'utilisateur clique sur un bouton de la toupie, la valeur est affichée dans la zone de texte. Et s'il tape la valeur directement dans la zone de texte, la toupie doit l'indiquer. La Figure 18.8 montre une boîte de dialogue montrant l'association de contrôles Toupie et Zone de texte.

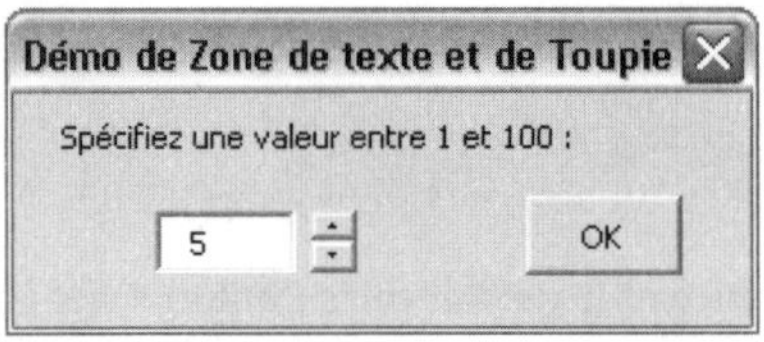

Figure 18.8 : Un objet UserForm avec des contrôles Toupie et Zone de texte.

Cet objet UserForm contient les contrôles suivants :

- Un contrôle Toupie nommé Toupie1, dont la propriété Min a été mise à 1 et la propriété Max à 100.
- Un contrôle Zone de texte nommé ZoneTexte1.
- Un contrôle Bouton de commande nommé BoutonOK.

La procédure d'événement de la toupie suit. Elle régit l'événement Change qui est déclenché chaque fois que la valeur du contrôle Toupie est modifiée par un clic. À chaque clic, la procédure affecte la valeur du contrôle Toupie au contrôle Zone de texte. Pour créer cette procédure, double-cliquez sur le contrôle Toupie1 afin d'activer la fenêtre Code de l'objet UserForm.

```
Private Sub Toupie1_Change()
    ZoneTexte1.Text = Toupie1.Value
End Sub
```

La procédure d'événement du contrôle Zone de texte est un peu plus compliquée. Pour la créer, double-cliquez sur la zone de texte afin d'activer la fenêtre Code de l'objet UserForm. La procédure est exécutée chaque fois que l'utilisateur modifie le texte dans le champ de saisie.

```
Private Sub ZoneTexte1_Change()
    Dim NouvelleValeur As Integer

    NouvelleValeur = Val(ZoneTexte1.Text)
    If NouvelleValeur >= Toupie1.Min And _
        NouvelleValeur <= Toupie1.Max Then _
        Toupie1.Value = NouvelleValeur
End Sub
```

Cette procédure fait appel à une variable qui stocke le texte figurant dans le contrôle ZoneTexte1 (qui est ensuite convertie en valeur par la fonction VAL, l'équivalent, en langage VBA, de la fonction d'Excel CNUM). Un contrôle est ensuite effectué pour s'assurer que la valeur est comprise dans la plage de valeurs spécifiée. Grâce à cette programmation, la valeur affichée dans la zone de texte est toujours égale à celle réglée avec la toupie, dans les limites fixées bien sûr.

Vous trouverez cet exemple dans le classeur téléchargeable.

Réaliser une barre de progression

Il m'a souvent été demandé comment réaliser un objet UserForm affichant une barre de progression, lorsqu'une macro œuvre longuement.

Il est facile, avec une boîte de dialogue personnalisée, de créer une barre de progression attrayante, semblable à celle de la Figure 18.9. Sa réalisation exige cependant quelques petites astuces que vous découvrirez d'ici peu.

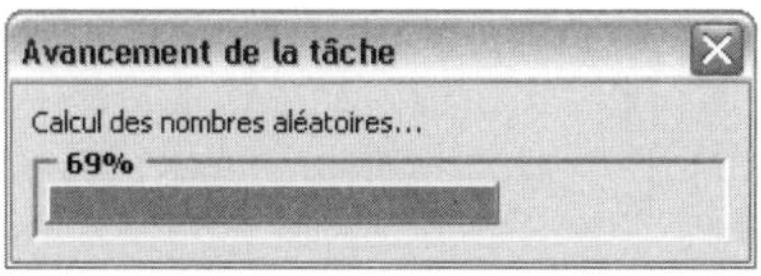

Figure 18.9 : Cet objet UserForm est une barre de progression qui indique où en est la macro.

Création de la boîte de dialogue

Il faut avant tout créer l'objet UserForm. Dans cet exemple, la boîte de dialogue affiche la barre de progression pendant que la macro insère laborieusement, dans la feuille active, des nombres aléatoires dans un ensemble de 25 colonnes de 100 lignes. Procédez comme suit pour réaliser la boîte de dialogue :

1. **Activez l'éditeur VBE puis insérez un nouvel objet UserForm.**
2. Dans la propriété Caption de l'objet UserForm, tapez **Avancement de la tâche**.
3. **Ajoutez un contrôle Cadre et définissez ses propriétés comme suit :**

Propriété	*Valeur*
Caption	**0%**
Name	**CadreDeLaBarre**
Font	Conserver la police Tahoma, mais la mettre en gras
SpecialEffect	**2 - fmSpecialEffectSunken** (enfoncé)
Width	**204**
Heigth	**28**

4. **Placez un objet Intitulé dans le cadre et paramétrez ses propriétés comme suit :**

Propriété	*Valeur*
Name	**IntituléBarre**
BackColor	**&H000000FF& (rouge)**
Caption	(rien)
SpecialEffect	**1 - fmSpecialEffectRaised** (relevé)
Width	**20**
Height	**13**
Top	**5**
Left	**2**

5. **Placez un autre contrôle Intitulé au-dessus du cadre et, dans Caption, tapez : Calcul des nombres aléatoires en cours...**

À présent, l'objet UserForm se présente comme à la Figure 18.10.

Figure 18.10 : L'objet UserForm de la barre de progression.

Les procédures

Cet exemple utilise quatre procédures :

- **Démarrage :** placée dans un module VBA, Démarrage est la procédure d'entrée qui lance les opérations :

```
 Sub Démarrage()
'   La procédure Sub UserForm_Activate appelle
'   la procédure Sub Principale.
    UserForm1.IntituléBarre.Width = 0
    UserForm1.Show
End Sub
```

- **UserForm_Activate :** située dans la fenêtre Code de l'objet UserForm, cette procédure est exécutée lorsque l'objet UserForm est affiché. Elle se contente d'appeler une autre procédure appelée Principale.

```
Private Sub UserForm_Activate()
    Call Principale
End Sub
```

- **Principale :** c'est cette procédure qui se charge de toute la besogne une fois que l'objet UserForm est affiché. Notez qu'elle appelle la procédure MàJ_Barre qui effectue la mise à jour de la barre dans la boîte de dialogue.

```
Sub Principale()
'   Insertion des nombres aléatoires dans
'   la feuille de calcul active
```

```
    Dim Compteur As Integer
    Dim LignesMax As Integer, ColonnesMax As Integer
    Dim r As Integer, c As Integer
    Dim pourcentage As Single

    If TypeName(ActiveSheet) <> "Worksheet" Then
        Unload UserForm1
        Exit Sub
    End If
    Cells.Clear
    Compteur = 1
    LignesMax = 100
    ColonnesMax = 25
    For r = 1 To LignesMax
        For c = 1 To ColonnesMax
            Cells(r, c) = Int(Rnd * 1000)
            Compteur = Compteur + 1
        Next c
        pourcentage = Compteur / (LignesMax * ColonnesMax)
        Call MàJ_Barre(pourcentage)
    Next r
    Unload UserForm1
End Sub
```

- **MàJ_Barre :** cette procédure qui met la barre à jour accepte un argument.

```
Sub MàJ_Barre(pourcent)
    With UserForm1
        .CadreDeLaBarre.Caption = Format(pourcent, "0%")
        .IntituléBarre.Width = pourcent * (.CadreDeLaBarre _
           .Width - 10)
    End With
'   L'instruction DoEvents est chargée de la mise à jour
    DoEvents
End Sub
```

Comment cet exemple fonctionne

Quand la procédure Démarrage est exécutée, elle met la barre de progression à zéro puis elle affiche l'objet UserForm qui déclenche un événement Activate. La procédure UserForm_Activate() est exécutée, ce qui entraîne le lancement de la procédure Principale.

La procédure Principale vérifie la feuille active. Si elle n'est pas une feuille de calcul, l'objet UserForm est fermé et la procédure se termine sans rien faire. Si la feuille active est une feuille de calcul, la procédure exécute les actions suivantes :

1. Effacement de toutes les cellules dans la feuille de calcul active.
2. Boucles à travers les lignes et les colonnes (spécifiées par les variables LignesMax et ColonnesMax) et insertion d'un nombre aléatoire.
3. Incrémentation de la variable Compteur et calcul du pourcentage (stocké dans la variable du même nom).
4. Appel de la procédure MàJ_Barre qui affiche le pourcentage effectué en modifiant au besoin la largeur de l'intitulé nommé IntituléBarre.
5. Déchargement de l'objet UserForm.

Si vous adaptez cette technique à un autre usage, vous devrez déterminer par vous-même ce qui doit être évalué par la barre de progression. Pour cela, vous devez appeler périodiquement la procédure MàJ_Barre pendant que la macro s'exécute.

Vous trouverez cet exemple dans le classeur téléchargeable.

Cinquième partie

Menus et barres d'outils personnalisés

"Eh bien ! Ce graphique en aubergine est aussi confus que le graphique en courge et le graphique en calebasse. Tu ne pourrais pas faire un graphique en camembert comme tout le monde ?"

Dans cette partie...

Cette partie ne compte que deux chapitres très denses, consacrés tous deux à la personnalisation de l'interface d'Excel. Dans le Chapitre 19, il est question des barres d'outils, tandis que le Chapitre 20 s'attache plus particulièrement aux modifications que l'on peut apporter aux menus d'Excel.

Chapitre 19

Personnaliser les barres d'outils d'Excel

Dans ce chapitre :

- Utiliser des barres d'outils dans Excel.
- Différentes manières de personnaliser les barres d'outils.

En ce qui concerne les barres d'outils, Excel n'a rien à envier à d'autres logiciels. Il est en effet pourvu de nombreuses barres, auxquelles vous pouvez ajouter les vôtres. Ce chapitre explique comment manipuler des barres d'outils avec le langage VBA.

Présentation des objets CommandBar

Quand vous programmez Excel, une barre d'outils est techniquement appelée *objet CommandBar*. En fait, une barre d'outils est l'un des trois types d'objets CommandBar :

- **La barre d'outils :** barre flottante composée de contrôles cliquables. Ce chapitre est consacré à ce type de ComandBar.
- **La barre de menus :** les deux barres de menus prédéfinies sont la Barre de menus Feuille de calcul et la Barre de menus Graphique.
- **Les menus contextuels :** ils apparaissent lorsque vous cliquez du bouton droit sur un objet. Nous y reviendrons au Chapitre 20.

Personnaliser les barres d'outils

La liste ci-dessous présente toutes les manières de personnaliser une barre d'outils (nous reviendrons sur chaque point en détail, plus loin dans ce chapitre) :

- **Ôter des contrôles d'une barre d'outils prédéfinie.** Il est possible de supprimer d'une barre d'outils les contrôles que vous n'utilisez jamais, ce qui réduit l'encombrement à l'écran et libère un peu de place pour afficher les données.
- **Ajouter des contrôles aux barres d'outils.** Vous pouvez ajouter autant de contrôles que vous le désirez à n'importe quelle barre d'outils. Ces contrôles peuvent être des boutons personnalisés ou des boutons copiés à partir d'autres barres. Ils peuvent également provenir du stock de contrôles de barre d'outils qu'Excel tient à votre disposition. Et bien sûr, ces boutons peuvent être liés à des macros VBA.
- **Créer de nouvelles barres d'outils.** Vous pouvez en confectionner autant que vous le désirez et y placer des boutons de barre d'outils – ou d'autres types de contrôles – provenant de n'importe quelle source.
- **Modifier les fonctionnalités des contrôles des barres d'outils prédéfinies.** Vous le faites en liant une macro de votre cru à un bouton de la barre d'outils prédéfinie.
- **Modifier l'image qui orne un bouton de barre d'outils.** Excel contient un éditeur de boutons de barre d'outils rudimentaire mais fort commode. Il existe d'autres techniques pour changer l'apparence d'un bouton ; nous les aborderons aussi.

Travailler avec les barres d'outils

Comme le montre la Figure 19.1, cliquer du bouton droit sur n'importe quelle barre d'outils affiche un menu contextuel qui permet d'en afficher ou d'en masquer. Ce menu ne contient cependant pas la liste complète des barres d'outils ; vous la trouverez dans la boîte de dialogue Personnalisation – choisissez Affichage/Barres d'outils/Personnaliser – (qui permet également, entre autres, d'afficher et de masquer des barres d'outils).

La boîte de dialogue Personnalisation est accessible de deux manières :

- En choisissant Affichage/Barres d'outils/Personnaliser.

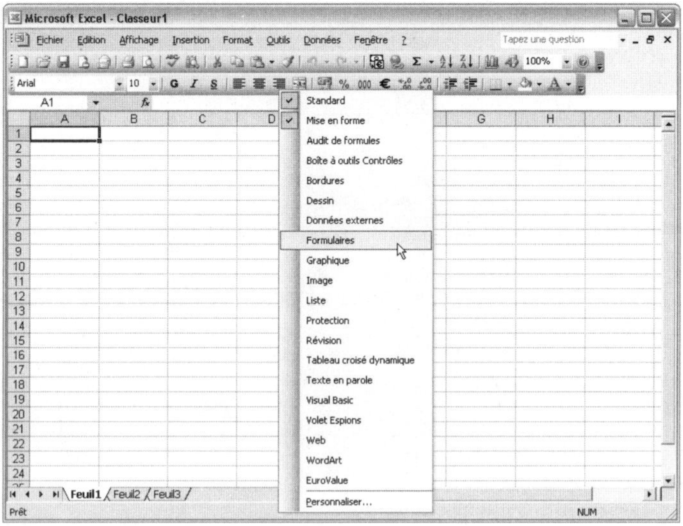

Figure 19.1 : Cliquer du bouton droit dans une barre d'outils affiche ce menu contextuel.

- En cliquant du bouton droit dans une barre d'outils et en choisissant Personnaliser, en bas du menu contextuel.

L'onglet Barres d'outils

L'onglet Barres d'outils de la boîte de dialogue Personnalisation, que montre la Figure 19.2, liste toutes les barres d'outils disponibles, y compris celles que vous avez créées. Il contient aussi deux barres de menus (Graphique et Feuille de calcul), qui sont assimilées à des barres d'outils.

Cette section explique comment exécuter les différentes procédures impliquant des barres d'outils.

- **Masquer ou afficher une barre d'outils :** l'onglet Barre d'outils les affiche toutes, qu'elles soient prédéfinies ou créées par vous. Cochez la case correspondant à la barre d'outils à afficher ; décochez-la pour masquer la barre. L'effet est aussitôt pris en compte.
- **Créer une nouvelle barre d'outils :** cliquez sur le bouton Nouvelle puis nommez-la dans la boîte de dialogue Nouvelle barre d'outils. Excel crée et affiche une barre d'outils vide. Vous pourrez ensuite y ajouter des boutons ou des commandes

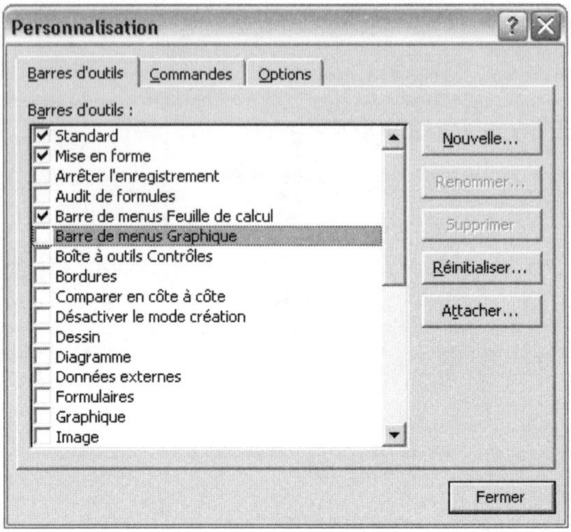

Figure 19.2 : L'onglet Barres d'outils se trouve dans la boîte de dialogue Personnalisation.

(menus). Reportez-vous à la section "Ajouter et ôter des contrôles de barres d'outils", plus loin dans ce chapitre.

La Figure 19.3 montre une barre d'outils personnalisée que j'ai créée. Nommée Mise en forme personnalisée, elle contient les outils que j'utilise le plus souvent. Remarquez qu'elle propose des menus déroulants ainsi que des boutons provenant de la barre d'outils Standard.

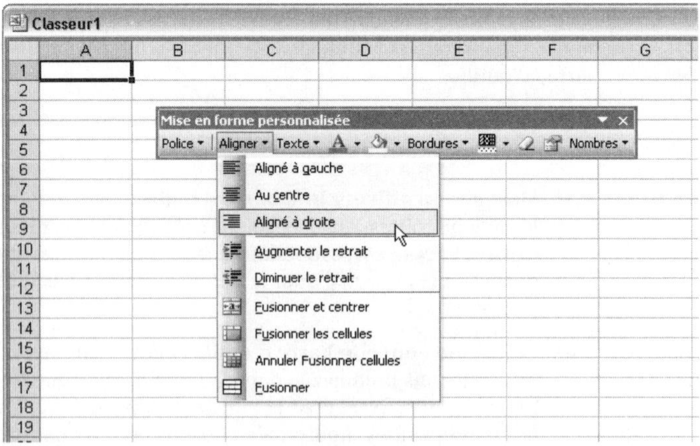

Figure 19.3 : Une barre d'outils personnalisée.

- **Renommer une barre d'outils :** sélectionnez une barre d'outils personnalisée dans la liste puis cliquez sur le bouton Renommer. Entrez le nouveau nom dans la boîte de dialogue Renommer la barre d'outils. Une barre d'outils prédéfinie ne peut pas être renommée.

- **Supprimer une barre d'outils personnalisée :** sélectionnez-la dans la liste puis cliquez sur le bouton Supprimer. Une barre d'outils prédéfinie ne peut pas être supprimée.

  La suppression d'une barre d'outils est l'une des quelques actions qu'Excel ne peut pas annuler. Elle est irréversible.

- **Réinitialiser une barre d'outils prédéfinie :** sélectionnez une barre d'outils prédéfinie dans la liste puis cliquez sur le bouton Réinitialiser. La barre est rétablie à son état par défaut. Tous les outils qui la personnalisaient sont éliminés et tous les outils que vous aviez ôtés sont remis en place. Le bouton Réinitialiser n'est pas accessible lorsqu'une barre d'outils personnalisée est sélectionnée.

- **Associer à une barre d'outils à un classeur :** une barre d'outils peut être partagée en l'attachant au classeur. Cliquez sur le bouton Attacher : une nouvelle boîte de dialogue permet d'associer des barres d'outils à un classeur. Vous pouvez attacher autant de barres que vous le désirez. Sachez cependant que, plus vous en sélectionnez, plus la taille du fichier augmente. Vous en apprendrez plus à la section "Distribuer des barres d'outils", plus loin dans ce chapitre.

L'onglet Commandes

L'onglet Commandes de la boîte de dialogue Personnalisation contient la liste de tous les outils. Vous irez dans ce panneau pour personnaliser une barre d'outils. Les fonctionnalités qui s'y trouvent sont décrites plus loin dans ce chapitre, dans la section "Ajouter et ôter des contrôles de barres d'outils".

L'onglet Options

La Figure 19.4 montre l'onglet Options de la boîte de dialogue Personnalisation. Ses options régissent le comportement des menus et des barres d'outils comme suit :

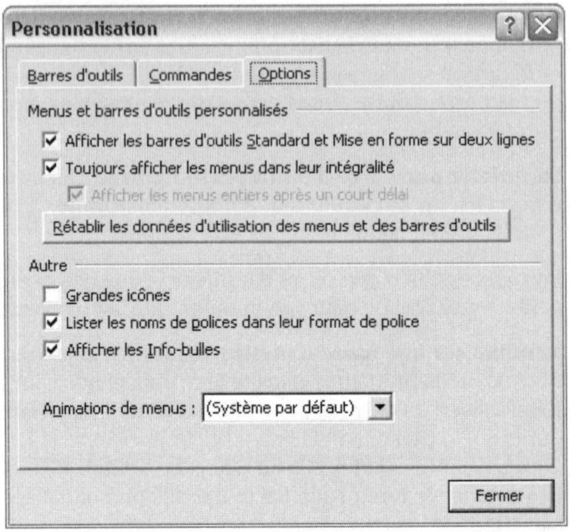

Figure 19.4 : L'onglet Options de la boîte de dialogue Personnalisation.

- **Barres d'outils sur deux lignes :** vous augmenterez quelque peu l'espace de travail en ôtant la coche de l'option Afficher les barres d'outils Standard et Mise en forme sur deux lignes. Excel les placera ainsi l'une après l'autre. Ce choix est approprié pour un affichage à haute résolution. Mais si la résolution est plus modeste, l'affichage sur deux lignes sera plus commode.

- **Afficher l'intégralité des menus :** l'une des idées les plus sottes de Microsoft est sans doute le *menu adaptatif,* qui fait que le logiciel masque les commandes de menus rarement utilisées. C'est un excellent moyen pour ne jamais faire ni découverte ni progrès. C'est pourquoi je vous recommande de cocher la case Toujours afficher les menus dans leur intégralité.

- **Modifier la taille des icônes :** pour changer la taille des icônes ornant les barres d'outils, cochez ou décochez la case Grandes icônes. Cette option ne concerne que les boutons affichant une image. Ceux qui sont associés à du texte (boutons illustrant un menu) ne sont pas modifiés.

- **Afficher le graphisme des polices :** certaines personnes apprécient que, dans le menu Police, les fontes apparaissent dans toute leur splendeur. D'autres s'en passent volontiers. Cochez ou décochez la case Lister les noms de polices dans leur format de police selon vos préférences. Sachez toutefois qu'afficher les polices ralentit Excel lorsque vous utilisez de nombreuses fontes.

- **Afficher les info-bulles :** les info-bulles sont ces petits messages qui apparaissent lorsque le pointeur de la souris est immobilisé un instant au-dessus d'un bouton. S'ils vous dérangent, décochez la case Afficher les Info-bulles.
- **Modifier l'animation des menus :** quand vous déployez un menu, Excel anime cette action à sa manière. Choisissez celle vous préférez dans la liste Animation de menus.

Ajouter et ôter des contrôles de barres d'outils

Quand la boîte de dialogue Personnalisation est affichée, Excel active un mode particulier qui autorise l'accès, dans les barres d'outils, à toutes les commandes et options. Ce mode permet de plus d'exécuter les actions suivantes :

- Repositionner un contrôle dans la barre d'outils.
- Déplacer un contrôle vers une autre barre d'outils.
- Copier un contrôle d'une barre d'outils dans une autre.
- Ajouter de nouveaux contrôles aux barres d'outils à partir de l'onglet Commandes de la boîte de dialogue Personnalisation.
- Modifier un grand nombre d'attributs des contrôles de barres d'outils.

Déplacer et copier des contrôles

Quand la boîte de dialogue Personnalisation est affichée, des contrôles peuvent être librement copiés ou déplacés d'une barre d'outils à une autre, à condition que ces barres soient visibles. Pour déplacer un contrôle, faites-le glisser puis déposez-le à son nouvel emplacement.

Pour copier un contrôle, maintenez la touche Ctrl enfoncée pendant le glisser-déposer. Un contrôle peut être copié à l'intérieur d'une même barre d'outils, mais il n'y a vraiment aucune raison de le faire.

Insérer un nouveau contrôle

Pour ajouter un nouveau contrôle à une barre d'outils, commencez par cliquer sur l'onglet Commandes de la boîte de dialogue Personnalisation (voir Figure 19.5).

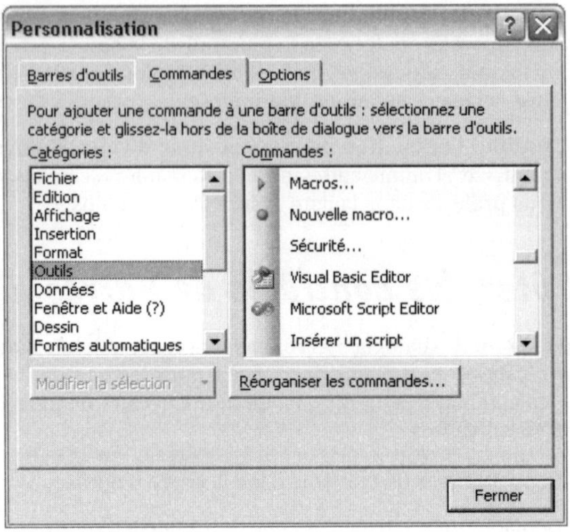

Figure 19.5 : L'onglet Commandes contient la liste de tous les contrôles disponibles.

Les contrôles sont répartis dans dix-sept catégories. Quand vous en sélectionnez une, ses contrôles apparaissent à droite. Les versions précédentes d'Excel comportaient un bouton Description qui, lorsqu'on le cliquait, permettait d'accéder à une description succincte des fonctions du contrôle. Pour d'obscures raisons, connues seulement de Microsoft, ce bouton Description a disparu dans Excel 2003.

Pour ajouter un contrôle à une barre d'outils, localisez-le sous l'onglet Commandes puis, bouton de la souris enfoncé, tirez le contrôle jusque sur une barre d'outils.

Les autres opérations boutonesques

Quand Excel est en mode Personnalisation – c'est-à-dire quand cette boîte de dialogue est affichée –, vous pouvez cliquer du bouton droit sur un contrôle d'une barre d'outils pour afficher un menu contextuel (voir Figure 19.6) autorisant diverses actions.

Les commandes du menu contextuel sont répertoriées ci-dessous. Notez que certaines d'entre elles sont indisponibles pour certains contrôles.

- **Réinitialiser :** rétablit le contrôle à son état d'origine.
- **Supprimer :** supprime le contrôle.

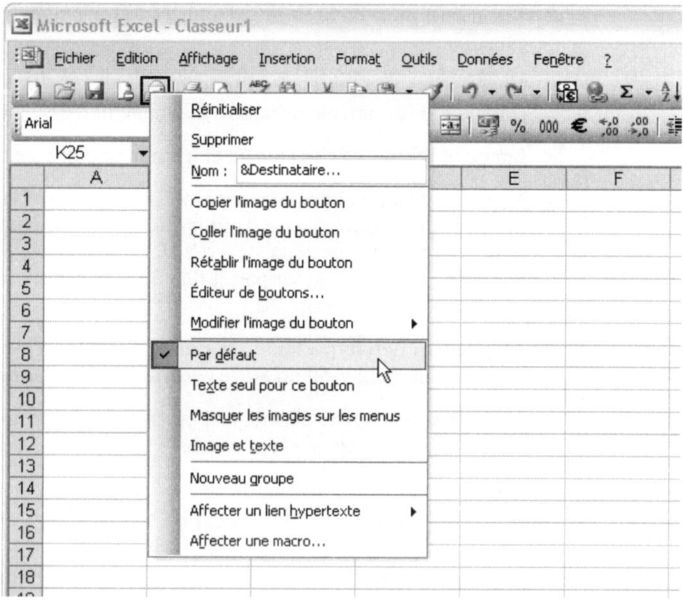

Figure 19.6 : En mode Personnalisation, cliquer du bouton droit sur un contrôle d'une barre d'outils affiche ce menu contextuel.

- **Nom :** permet de modifier le nom du contrôle (NdT : la perluète (&) qui précède un caractère en fait la lettre de raccourci, soulignée si le contrôle est affiché en mode textuel).
- **Copier l'image du bouton :** copie l'image du contrôle et la place dans le Presse-papiers.
- **Coller l'image du bouton :** colle l'image du contrôle à partir du Presse-papiers.
- **Rétablir l'image du bouton :** restaure l'image originale du bouton.
- **Éditeur de boutons :** permet de modifier le graphisme de l'image à l'aide de l'Éditeur de boutons d'Excel.
- **Modifier l'image du bouton :** permet de remplacer l'image par une autre, choisie dans une palette d'icônes.
- **Par défaut :** affiche le contrôle avec son style par défaut (pour les boutons, le style par défaut est "image seule" ; pour les commandes de menus, le style par défaut est "image et texte").

- **Texte seul pour ce bouton :** affiche toujours le nom du contrôle, sans image.
- **Masquer les images sur les menus :** n'affiche que le nom – sans l'image – si le contrôle se trouve dans une barre de menus.
- **Image et texte :** affiche l'image et le nom du contrôle.
- **Nouveau groupe :** insère un séparateur – une barre verticale ou horizontale – dans la barre d'outils (NdT : un autre moyen de placer un séparateur consiste à décaler très légèrement un contrôle ; le séparateur apparaît du côté opposé au déplacement).
- **Affecter un lien hypertexte :** permet d'affecter un lien vers un site Web, un fichier ou un autre endroit dans le classeur.
- **Affecter une macro :** permet d'affecter une macro qui est exécutée par un clic sur le contrôle.

Distribuer des barres d'outils

Pour distribuer une barre d'outils auprès d'autres utilisateurs, stockez-la dans un classeur en procédant comme suit :

1. **Créez la barre d'outils personnalisée puis testez-la.**
2. **Activez le classeur dans lequel elle sera stockée.**
3. **Choisissez Affichage/Barres d'outils/Personnaliser.**
4. **Dans la boîte de dialogue Personnalisation, cliquez sur l'onglet Barres d'outils.**
5. **Cliquez sur le bouton Attacher.**

   Excel affiche la boîte de dialogue Associer une barre d'outils (Figure 19.7). Elle recense toutes les barres d'outils personnalisées stockées dans l'ordinateur.

6. **Sélectionnez la barre d'outils à attacher puis cliquez sur le bouton Copier.**

   Quand une barre d'outils a été transférée dans la fenêtre Barres d'outils dans le classeur, à droite de la boîte de dialogue, et qu'elle est sélectionnée, le bouton Copier se transforme en bouton Supprimer. Si vous cliquez dessus, la barre d'outils est ôtée du classeur.

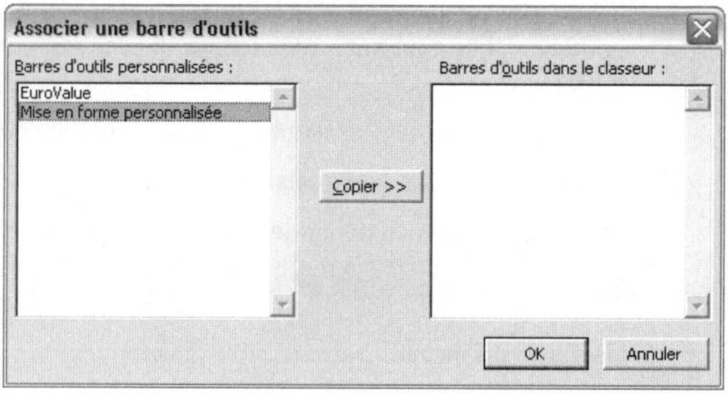

Figure 19.7 : Cette boîte de dialogue permet d'attacher une ou plusieurs barres d'outils à un classeur.

N'OUBLIEZ PAS

Une barre d'outils associée à un classeur apparaît automatiquement lorsque le classeur est ouvert. Elle est ensuite enregistrée dans le fichier XLB de l'utilisateur. Notez que, si un utilisateur a d'ores et déjà créé une barre d'outils personnalisée du même nom, celle qui est associée au classeur ne remplacera pas celle déjà existante.

Manipuler les barres d'outils avec du VBA

Comme vous vous en doutez, il est possible d'écrire du code VBA permettant d'effectuer des actions à partir des barres d'outils. Dans cette section, je vous communique toutes les informations préliminaires que vous devez absolument connaître avant de bidouiller des barres d'outils.

Maîtriser la collection CommandBars

Vous manipulez les barres d'outils d'Excel – et aussi les barres de menus – en utilisant les objets de la collection CommandBars (NdT : rappelons que dans le langage VBA, un nom de collection est toujours au pluriel). Elle est constituée :

- De toutes les barres d'outils prédéfinies d'Excel.
- De toutes les éventuelles barres d'outils personnalisées.
- D'une barre de menus prédéfinie nommée Barre de menus Feuille de calcul. Elle apparaît lorsqu'une feuille de calcul est active.

- D'une barre de menus prédéfinie nommée Barre de menus Graphique. Elle apparaît lorsqu'une feuille de graphique est active.
- De toutes les éventuelles barres de menus personnalisées.
- De tous les menus contextuels prédéfinis.

Comme je l'ai mentionné au début de ce chapitre, les trois types de CommandBar sont différenciés par leur propriété Type, qui peut recevoir l'une de ces trois valeurs :

- **msoBarTypeNormal** : barre d'outils (Type = 0).
- **msoBarTypeMenuBar** : barre de menus (Type = 1).
- **msoBarTypePopUp** : menu contextuel (Type = 2).

Lister tous les objets CommandBar

Si vous vous demandez ce que peut bien contenir une collection CommandBars, entrez et exécutez la macro suivante. Elle fournit la liste complète des objets présents dans la collection CommandBars, à laquelle s'ajoutent les barres d'outils ou de menus personnalisées. La procédure liste le numéro d'index, le nom et le type (0, 1 ou 2) de chaque CommandBar.

```
Sub AffichageCommandBar()
    Dim Ligne As Long
    Dim cbar As CommandBar
    Ligne = 1
    For Each cbar In Application.CommandBars
        Cells(Ligne, 1) = cbar.Index
        Cells(Ligne, 2) = cbar.Name
        Cells(Ligne, 3) = cbar.Type
        Ligne = Ligne + 1
    Next cbar
End Sub
```

WEB

La Figure 19.8 montre une partie du résultat produit par cette procédure. La feuille de calcul et la macro se trouvent dans l'un des classeurs téléchargeables.

Faire référence à un CommandBar

Vous pouvez faire référence à un CommandBar particulier par son numéro d'index ou par son nom. Par exemple, l'index de la barre

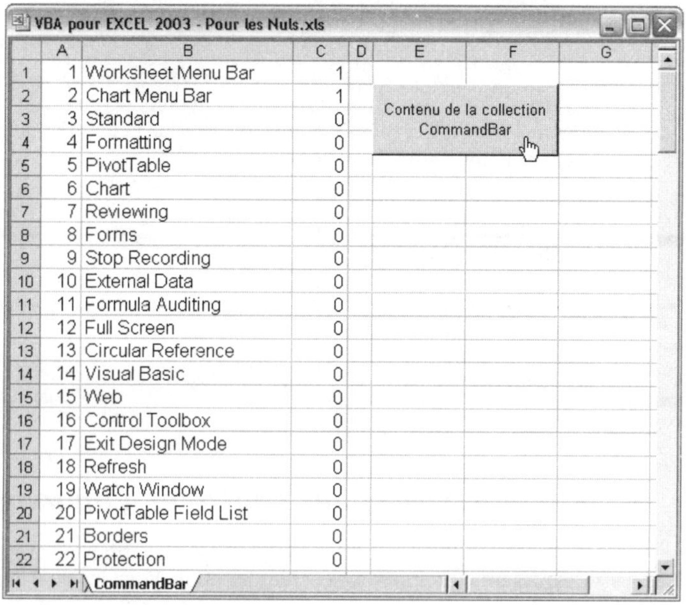

Figure 19.8 : Une macro VBA permet de lister la totalité des objets de la collection CommandBars.

d'outils Standard est 3. C'est pourquoi, vous y ferez référence par l'une ou l'autre de ces instructions :

```
Application.CommandBar(3)
```

ou

```
Application.CommandBar("Standard")
```

Faire référence à un contrôle d'un CommandBar

Un objet CommandBar contient des objets Control qui sont des boutons, des menus ou des commandes de menus. La procédure suivante affiche la propriété Caption (légende) du premier contrôle de la barre d'outils Standard :

```
Sub AffichageCaption()
    MsgBox Application.CommandBars("Standard"). _
```

```
        Controls(1).Caption
End Sub
```

L'exécution de cette procédure affiche la boîte de message de la Figure 19.9 (NdT : remarquez une fois de plus la perluète qui fait de la lettre **n** le raccourci de ce contrôle).

Figure 19.9 : Affichage de la propriété Caption d'un contrôle.

Les propriétés des contrôles CommandBar

Les contrôles CommandBar sont dotés de nombreuses propriétés qui définissent leur apparence et leur fonction. Voici les plus importantes :

- **Caption :** texte affiché par le contrôle. Si le contrôle n'est affiché que sous la forme d'une image, la légende n'apparaît qu'au survol du contrôle par le pointeur de la souris.
- **FaceID :** numéro d'identification qui représente le graphisme affiché à côté du texte du contrôle.
- **BeginGroup** (début de groupe) : True si une barre de séparation est placée avant le contrôle.
- **OnAction :** contient le nom de la macro VBA exécutée lorsque l'utilisateur clique sur le contrôle.
- **BuiltIn** (prédéfini) : True si le contrôle est un contrôle Excel prédéfini.
- **Enabled** (activé) : True si cliquer sur le contrôle est autorisé.
- **ToolTipText** (texte de l'info-bulle) : texte affiché lorsque le pointeur de la souris s'immobilise un instant au-dessus du contrôle.

Chapitre 20

Quand les menus d'Excel ne mettent plus en appétit

Dans ce chapitre :

- Les modifications de menus envisageables.
- Comprendre le modèle objet.

La plupart des applications Excel que vous développez s'accommodent fort bien du système de menus standard. Mais parfois, il vous faudra ajouter un nouveau menu pour mieux exploiter les macros VBA. Ou alors, vous voudrez supprimer des menus pour empêcher un utilisateur inexpérimenté d'accéder à des fonctions à risques.

Personnaliser directement les menus

Une barre de menus étant fondamentalement une sorte de barre d'outils textuelle, vous pouvez la modifier en choisissant Affichage/Barres d'outils/Personnaliser. Pour vous prouver combien il est facile de la modifier, essayez ceci :

Si vous avez d'ores et déjà modifié votre menu, n'effectuez surtout pas la manipulation proposée. Comme elle s'achève par une réinitialisation de la barre de menus, vous perdriez toutes les modifications faites auparavant.

1. **Choisissez Affichage/Barres d'outils/Personnaliser.**
2. **Cliquez sur le menu Fenêtre, tirez-le hors de la barre de menus et relâchez le bouton de la souris.**

3. **Cliquez sur Fermer afin de quitter la boîte de dialogue Personnalisation.**

Le menu Fenêtre a disparu, comme en témoigne la Figure 20.1. Quittez Excel et redémarrez-le. Vous vous attendiez peut-être à retrouver le menu, mais ce n'est pas le cas ! Le menu Fenêtre est toujours absent. Procédez comme suit pour le récupérer :

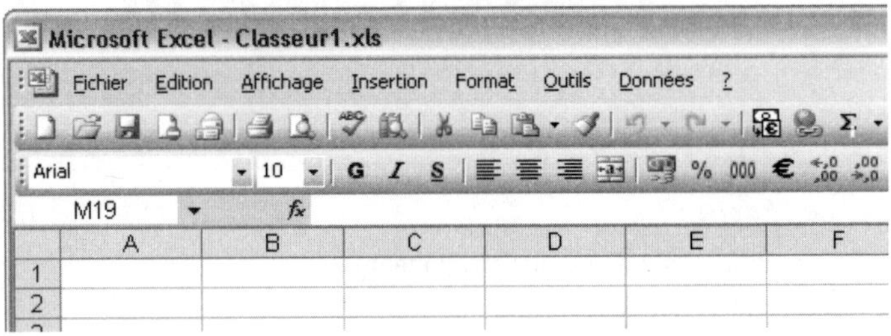

Figure 20.1 : Habituellement présent entre les menus Données et Aide (le point d'interrogation), le menu Fenêtre a disparu.

1. **Choisissez Affichage/Barres d'outils/Personnaliser.**
2. **Cliquez sur l'onglet Barres d'outils.**
3. **Dans la liste Barres d'outils, sélectionnez l'élément Barre de menus Feuille de calcul.**
4. **Cliquez sur le bouton Réinitialiser afin de rétablir la barre de menus à son état par défaut.**

Commandbar, l'étrange objet de notre désir

Reportez-vous au Chapitre 19 pour une présentation de l'objet CommandBar. C'est là que j'explique qu'une barre de menus est l'un des trois types d'objet CommandBar.

Faire référence aux CommandBar

Ce chapitre étant consacré aux menus, nous nous intéresserons aux deux CommandBar qui sont en fait des barres de menus prédéfinies. Commençons par l'objet Barre de menus Feuille de calcul (dont le nom est Worksheet Menu Bar, dans une macro VBA) qui est le premier objet de la collection CommandBars. Vous pouvez donc y faire référence de la manière suivante :

```
CommandBars(1)
```

ou

```
CommandBars("Worksheet Menu Bar")
```

De même, vous pouvez faire référence à un objet Barre de menus Graphique (dont le nom est Chart Menu Bar, en VBA) par l'une ou l'autre de ces instructions :

```
CommandBars(2)
```

ou

```
CommandBars("Chart Menu Bar")
```

Faire référence aux contrôles d'un CommandBar

Un objet CommandBar contient des objets Control qui peuvent eux-mêmes contenir d'autres objets Control. Quand vous choisissez Fichier/Ouvrir, vous manipulez en réalité un contrôle (une commande de menu dont la propriété Caption est le mot "Ouvrir") contenu dans un autre contrôle (un menu dont la propriété Caption est "Fichier") qui est lui-même contenu dans un objet CommandBar (la barre de menus Feuille de calcul).

Tout cela vous paraît compliqué ? Voici un exemple qui tirera les choses au clair. La macro suivante affiche la propriété Caption du premier contrôle contenu dans le premier contrôle du premier objet CommandBar. L'exécution de cette procédure affiche le message de la Figure 20.2.

Figure 20.2 : Affichage de la propriété Caption d'un contrôle.

```
Sub AfficherCaption()
    MsgBox CommandBars(1).Controls(1).Controls(1).Caption
End Sub
```

Plutôt que d'utiliser des numéros d'index, vous pouvez utiliser la légende (propriété Caption), ce qui rend les choses un peu plus claires. La prochaine procédure produit le même résultat que la précédente :

```
Sub AfficherCaption2()
    MsgBox CommandBars("Worksheet Menu Bar") _
       .Controls("Fichier").Controls("Nouveau...").Caption
End Sub
```

Quand vous faites référence à un contrôle au travers de sa propriété Caption, la légende doit correspondre exactement à celle affichée dans le menu (NdT : moins la perluète qui signale le raccourci). Dans la procédure précédente, il a fallu utiliser les trois points de suspension après le mot *Nouveau* car c'est ainsi que la commande apparaît dans le menu. Numéros d'index et texte de Caption peuvent être mêlés dans une procédure, si vous le désirez.

La prochaine procédure est instructive : elle effectue une boucle à travers tous les contrôles (menus) de la Barre de menus Feuille de calcul. À chacun d'eux, elle effectue une boucle à travers les contrôles (commandes de menus) placés dans le menu. Enfin, pour chacun de ces éléments, elle effectue une boucle à travers les contrôles (commandes de sous-menus). Il en résulte un listing de tous les menus, commandes de menus et de sous-menus de la Barre de menus Feuille de calcul.

```
Sub CommandesDeMenus()
    Dim Ligne As Long
    Dim Menu As CommandBarControl
    Dim CommandeDeMenu As CommandBarControl
    Dim CommandeDeSousMenu As CommandBarControl
    Ligne = 1
    On Error Resume Next
    For Each Menu In CommandBars(1).Controls
        For Each CommandeDeMenu In Menu.Controls
            For Each CommandeDeSousMenu In CommandeDeMenu.Controls
                Cells(Ligne, 1) = Menu.Caption
                Cells(Ligne, 2) = CommandeDeMenu.Caption
                Cells(Ligne, 3) = CommandeDeSousMenu.Caption
                Ligne = Ligne + 1
```

```
            Next CommandeDeSousMenu
        Next CommandeDeMenu
    Next Menu
End Sub
```

Remarquez l'utilisation de l'instruction On Error Resume Next afin d'ignorer l'erreur produite lorsqu'une commande de menu est dépourvue de sous-menu. La Figure 20.3 montre une partie de la sortie fournie par la procédure. Le code et la feuille de test sont disponibles dans le classeur téléchargeable.

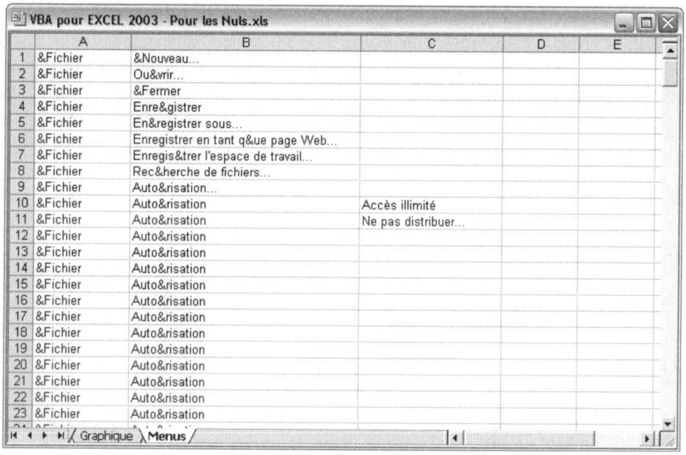

	A	B	C	D	E
1	&Fichier	&Nouveau...			
2	&Fichier	Ou&vrir...			
3	&Fichier	&Fermer			
4	&Fichier	Enre&gistrer			
5	&Fichier	En&registrer sous...			
6	&Fichier	Enregistrer en tant q&ue page Web...			
7	&Fichier	Enregis&trer l'espace de travail...			
8	&Fichier	Rec&herche de fichiers...			
9	&Fichier	Auto&risation...			
10	&Fichier	Auto&risation	Accès illimité		
11	&Fichier	Auto&risation	Ne pas distribuer...		
12	&Fichier	Auto&risation			
13	&Fichier	Auto&risation			
14	&Fichier	Auto&risation			
15	&Fichier	Auto&risation			
16	&Fichier	Auto&risation			
17	&Fichier	Auto&risation			
18	&Fichier	Auto&risation			
19	&Fichier	Auto&risation			
20	&Fichier	Auto&risation			
21	&Fichier	Auto&risation			
22	&Fichier	Auto&risation			
23	&Fichier	Auto&risation			

Figure 20.3 : Aperçu partiel de la liste de la totalité des menus, sous-menus et commandes de la Barre d'outils Feuille de calcul.

Les propriétés des contrôles de CommandBar

Les contrôles de CommandBar sont dotés de nombreuses propriétés qui définissent l'apparence et l'action des commandes. Voici les principales :

- **Caption :** le nom de la commande tel qu'il apparaît dans le menu.
- **FaceID :** numéro d'identification qui représente le graphisme affiché à côté du texte du contrôle.
- **BeginGroup :** True si une barre de séparation est placée avant le contrôle.

- **OnAction :** contient le nom de la macro VBA exécutée lorsque l'utilisateur clique sur le contrôle.
- **BuiltIn :** True si le contrôle est un contrôle Excel prédéfini.
- **Enabled :** True si cliquer sur le contrôle est autorisé.
- **ToolTipText :** info-bulle affichée lorsque le pointeur de la souris s'immobilise un instant au-dessus du contrôle.

Placer le code du menu

Le plus souvent, vous voudrez que les modifications apportées à un menu ne soient effectives que pour tel ou tel classeur. C'est pourquoi, vous devrez écrire du code VBA qui modifie les menus lorsqu'un fichier spécifique est ouvert, et un autre code qui rétablit les menus lorsque le classeur en question est fermé. La fenêtre Code de l'objet ThisWorkbook est l'endroit de prédilection pour placer ces deux programmes VBA. Plus précisément, vous aurez recours à ces deux procédures d'événement que nous avions étudiées au Chapitre 11 :

- Sub Workbook_Open()
- Sub Workbook_BeforeClose(Cancel As Boolean)

Quelques exemples au menu ?

Cette section présente quelques exemples pratiques de code VBA destinés à manipuler des menus d'Excel. Vous pourrez les adapter à vos propres besoins.

Créer un menu

Quand vous créez un menu, vous ajoutez une nouvelle entrée à une barre de menus. Le contrôle que vous ajoutez est de type Popup car un menu contient toujours des commandes.

La procédure suivante ajoute un nouveau menu nommé Budgétisation entre le menu Fenêtre et le menu d'aide de la Barre de menus Feuille de calcul :

```
Sub CréationDeMenu()
    Dim IndexAide As Integer
    Dim NouveauMenu As CommandBarPopup
```

```
'   Numéro d'index du menu d'aide
    IndexAide = CommandBars(1).Controls("?").Index

'   Création du contrôle
    Set NouveauMenu = CommandBars(1) _
       .Controls.Add(Type:=msoControlPopup, _
       Before:=IndexAide, Temporary:=True)
'   Ajout du texte
    NouveauMenu.Caption = "&Budgétisation"
End Sub
```

Cette procédure crée un menu vide qui ne contient aucune commande. Reportez-vous à la prochaine section, "Ajouter une commande au menu", pour savoir comment l'agrémenter. La Figure 20.4 montre la barre de menus de la feuille de calcul après l'exécution de cette procédure.

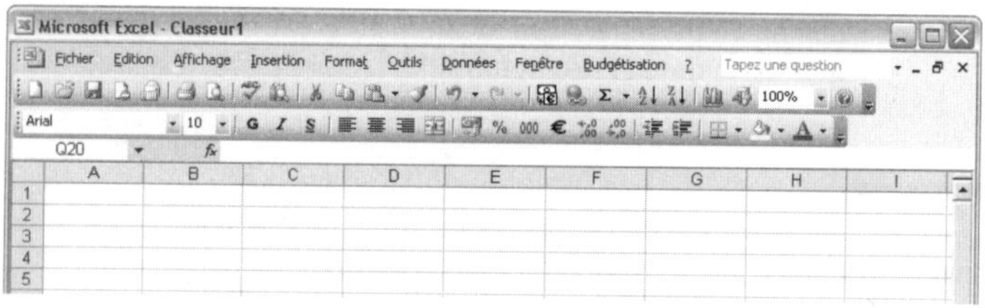

Figure 20.4 : Un nouveau menu Budgétisation a été ajouté à la barre de menus.

L'ajout d'un menu s'effectue en deux phases :

1. **Création d'une variable d'objet qui se réfère au nouveau contrôle.**

   Ici, la variable d'objet est nommée NouveauMenu. Elle est de type CommandBarPopup.

2. **Paramétrage des propriétés du nouveau contrôle.**

   Seule la propriété Caption a été modifiée ici.

La procédure précédente utilise la méthode Add qui accepte trois arguments nommés :

- **Type :** identification du type du contrôle (msoControlPopup est une constante prédéfinie).

- **Before** (avant) : indique la position dans la barre de menus. Elle est en l'occurrence avant le menu d'aide (NdT : un simple point d'interrogation), identifiée par la variable IndexAide.
- **Temporary :** cet argument étant sur True, la modification du menu n'est pas permanente. Autrement dit, le menu Budgétisation ne réapparaît pas au redémarrage d'Excel.

Ajouter une commande au menu

L'exemple de la section précédente expliquait comment créer un nouveau menu. Celui qui suit montre comment ajouter une commande au menu Format d'Excel. Cliquer dessus exécute une macro nommée Bascule_RenvoiAlaLigne. La procédure Bascule_RenvoiAlaLigne modifie la propriété WrapText des cellules sélectionnées, qui autorise ou interdit le renvoi à la ligne.

Après avoir créé la commande de menu, j'ai modifié les propriétés Caption, OnAction et BeginGroup. Mettre cette dernière sur True place une barre de séparation avant la nouvelle commande. La Figure 20.5 montre le menu Format modifié.

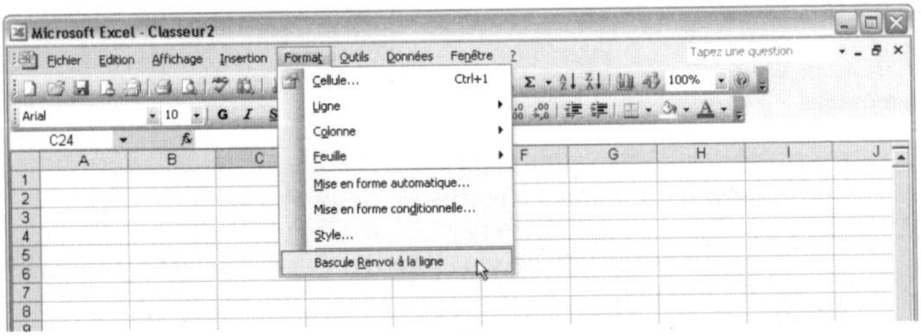

Figure 20.5 : Le menu Format a reçu une nouvelle commande nommée Bascule Renvoi à la ligne.

```
Sub AjoutCommandeMenu()
    Set Item = CommandBars(1).Controls("Format") _
       .Controls.Add
    Item.Caption = "Bascule &Renvoi à la ligne"
    Item.OnAction = "ToggleWordWrap"
    Item.BeginGroup = True
End Sub
```

Les exemples d'ajouts de commandes figurent dans le classeur téléchargeable. Vous y trouverez aussi cette procédure qui bascule le renvoi à la ligne dans les cellules sélectionnées :

```
Sub Bascule_RenvoiAlaLigne ()
    If TypeName(Selection) = "Range" Then
        Selection.WrapText = Not ActiveCell.WrapText
    End If
End Sub
```

Supprimer un menu

Il vous arrivera parfois de vouloir supprimer un ou plusieurs menus prédéfinis d'Excel lorsqu'un classeur particulier est ouvert, ou de vouloir supprimer un menu personnalisé.

Les instructions suivantes suppriment le menu d'aide des Barres de menus de Feuille de calcul et Graphique :

```
Application.CommandBars(1).Controls("?").Delete
Application.CommandBars(2).Controls("?").Delete
```

Un message d'erreur est affiché si le menu d'aide (un point d'interrogation dans la barre de menus) n'existe pas. C'est pourquoi, vous avez intérêt à faire précéder les instructions ci-dessus par celle-ci, qui fait ignorer les erreurs :

```
On Error Resume Next
```

Les commandes de menus que vous avez supprimées peuvent être restaurées de deux manières :

- En réinitialisant la totalité de la barre de menus.
- En utilisant la méthode Add pour ajouter le menu prédéfini, puis ajouter toutes les commandes. Essayez en enregistrant les actions tout en restaurant les menus avec la boîte de dialogue Personnalisation.

Les instructions qui suivent réinitialisent les Barres de menus Feuille de calcul et Graphique :

```
Application.CommandBars(1).Reset
Application.CommandBars(2).Reset
```

La réinitialisation d'une barre de menus supprime toutes les personnalisations. Par exemple, si vous avez ajouté une nouvelle commande au menu Format, cette commande est supprimée lors de la réinitialisation de la barre de menus.

Supprimer une commande d'un menu

Utilisez la méthode Delete pour supprimer des commandes d'un menu prédéfini ou personnalisé. L'instruction suivante supprime la commande Quitter du menu Fichier de la Barre de menus Feuille de calcul :

```
CommandBars(1).Controls("Fichier").Controls("Quitter").Delete
```

Utilisez la méthode Add pour récupérer la commande :

```
CommandBars(1).Controls("Fichier").Controls.Add _
   Type:=msoControlButton, Id:=752
```

Remarquez qu'il est nécessaire de fournir l'identificateur du contrôle à ajouter. Celui de la commande Quitter est 752. Comment ai-je obtenu ce numéro ? Avant de supprimer le menu Fichier, j'ai placé cette instruction dans la fenêtre Exécution de l'éditeur VBE (suivie bien sûr d'un appui sur Entrée pour obtenir le résultat) :

```
? CommandBars(1).Controls("Fichier").Controls("Quitter").Id
```

Modifier les textes d'un menu

Les textes des menus et commandes des barres de menus prédéfinies et personnalisées peuvent être modifiés. Pour cela, vous devez modifier la propriété Caption. L'exemple qui suit modifie le menu d'aide de la barre de menus afin que le laconique point d'interrogation soit remplacé par la mention "Assistance" :

```
Sub ModifAide()
    CommandBars(1).Controls("?") _
       .Caption = "A&ssistance"
End Sub
```

NdT : pourquoi ne pas remplacer "?" par "Aide" ? Tout simplement parce qu'il est impossible d'affecter un raccourci à ce mot, ses lettres étant déjà attribuées aux commandes Affichage, Insertion, Données et

Édition. Dans "Assistance", la lettre **s** a été sélectionnée comme raccourci.

L'exemple suivant, disponible dans le classeur téléchargeable – comme d'ailleurs la plupart des autres procédures de ce chapitre –, met le texte de tous les menus, sous-menus et commandes en majuscules. L'effet n'est sans doute pas très heureux, mais le moins qu'on puisse dire, c'est que l'apparence d'Excel en est changée :

```
Sub MenusEnMajuscules()
    On Error Resume Next
     For Each Menu In CommandBars(1).Controls
         Menu.Caption = UCase(Menu.Caption)
         For Each Commande In Menu.Controls
             Commande.Caption = UCase(Commande.Caption)
              For Each SousMenu In Commande.Controls
                 SousMenu.Caption = UCase(SousMenu.Caption)
             Next SousMenu
         Next Commande
     Next Menu
End Sub
```

La Figure 20.6 montre les menus après l'exécution de cette routine.

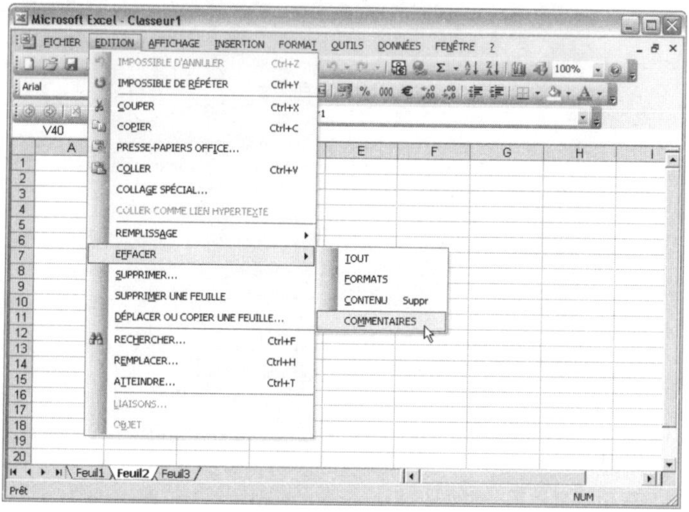

Figure 20.6 : Les menus d'Excel après leur conversion en majuscules.

Ajouter une commande au menu Outils

Une tâche très commune consiste à ajouter une nouvelle commande à un menu, Outils en ce qui nous concerne. La meilleure approche consiste à écrire votre propre code VBA ou à utiliser celui que je vous propose (gratos, pour pas un rond).

Les deux macros sont stockées dans la fenêtre Code de l'objet ThisWorkbook. Les procédures réagissent aux événements Workbook_Open et Workbook_BeforeClose. Un système de gestion d'erreur a été mis en place pour le cas où le menu Outils serait absent ou nommé différemment.

```
Const NomDeLaCommande As String = "Démarrage de la macro Budget"
Const Macro As String = "Mise_à_jour_Budget"

Private Sub Workbook_Open()
'   Ajout d'une commande au menu Outils
    Dim NouvelleCommande As CommandBarControl
    Dim Msg As String

'   Suppression de la commande existante (au cas où...)
    On Error Resume Next
    Application.CommandBars(1). _
        Controls("Outils").Controls(NomDeLaCommande).Delete

'   Détection d'erreur
    On Error GoTo RienAfaire

'   Création de la nouvelle commande
    Set NouvelleCommande = Application.CommandBars(1). _
       Controls("Outils").Controls.Add

'   Définition des propriétés Caption et OnAction
    NouvelleCommande.Caption = NomDeLaCommande
    NouvelleCommande.OnAction = Macro

'   Ajout d'un séparateur avant la commande
    NouvelleCommande.BeginGroup = True
    Exit Sub

'   Gestion d'erreur
RienAFaire:
    Msg = "Une erreur s'est produite." & vbNewLine
    Msg = Msg & "Tentative d'ajout de commande au menu Outils."
    MsgBox Msg, vbCritical
End Sub
```

```
Private Sub Workbook_BeforeClose(Cancel As Boolean)
'   Suppression de la nouvelle commande
    On Error Resume Next
    Application.CommandBars(1). _
    Controls("Outils").Controls(NomDeLaCommande).Delete
End Sub
```

Cet exemple ajoute une nouvelle commande nommée "Démarrage de la macro Budget", tout en bas du menu Outils, au moment où le classeur est ouvert. Cliquer sur la commande est sensé démarrer une commande nommée Mise_à_jour_Budget. Lorsque le classeur est fermé, la commande est supprimée du menu Outils.

Pour réutiliser ce code dans votre propre application, entrez-le dans la fenêtre Code de l'objet ThisWorkbook. Modifiez ensuite les valeurs des constantes NomDeLaCommande et Macro.

WEB

Vous trouverez cet exemple dans le classeur téléchargeable.

Sixième partie

Les dix commandements

"Désolé, mais Arf, Ouaf et Grr sont des noms de domaine déjà réservés. Qu'est-ce que tu dirais de Meuh, Grouik ou Bêêêh ?"

Dans cette partie...

Pour des raisons historiques mais néanmoins fort utiles, les ouvrages de la collection *Pour les Nuls* se terminent par des séries de dix trucs, astuces ou informations.

Chapitre 21

Dix questions (et réponses) sur le VBA

Dans ce chapitre :

- Le stockage des procédures de fonctions de feuille de calcul.
- Les limitations de l'enregistreur de macros.
- Accélérer le code VBA.
- Déclarer explicitement les variables.
- Utiliser le caractère de continuation de ligne.

Dans ce chapitre, j'apporte des réponses aux questions les plus fréquemment posées concernant le langage VBA.

Dix questions sur le VBA

J'ai créé une fonction personnalisée en VBA. Quand j'essaie de l'utiliser dans une formule, j'obtiens une erreur #NOM? ; qu'est-ce qui ne va pas ?

Le code de la fonction se trouve probablement au mauvais endroit. Le code VBA des fonctions de feuille de calcul doit se trouver dans un module VBA standard et non dans un module de feuille ou dans ThisWorkbook.

Puis-je enregistrer toutes mes macros VBA avec l'enregistreur de macros ?

Non. Ne l'utilisez que pour créer des macros simples ou comme point de départ pour développer des macros plus complexes. Il est en effet incapable d'enregistrer des macros utilisant des variables, des boucles ou tout autre programme un tant soit peu sophistiqué. De plus, une procédure Function ne peut pas être enregistrée avec l'enregistreur de macros.

Puis-je empêcher les autres utilisateurs d'examiner mon code VBA ?

Oui, en procédant comme suit :

1. **Dans l'éditeur VBE, choisissez Outils/Propriétés de VBAProject.**
2. **Dans la boîte de dialogue, cliquez sur l'onglet Protection puis cochez la case Verrouiller le projet pour l'affichage.**
3. **Entrez un mot de passe (et confirmez-le) puis cliquez sur OK.**

Procédez ainsi empêche l'utilisateur occasionnel d'accéder au code, mais la protection n'est pas sûre à 100 %. Il existe en effet des utilitaires de craquage des mots de passe d'Excel.

Est-il possible d'augmenter le nombre de lignes et de colonnes d'une feuille de calcul grâce à du code VBA ?

Non, c'est impossible. Le nombre de lignes et de colonnes n'est pas modifiable.

Quand je fais référence à une feuille de calcul dans mon code VBA, je reçois un message "L'indice n'appartient pas à la sélection". Or, je n'utilise aucun indice.

Cette erreur se produit lorsque vous tentez d'accéder à un élément d'une collection qui n'existe pas. Par exemple, l'instruction ci-dessous génère ce message d'erreur si le classeur actif ne contient pas la feuille nommée "MaFeuille" :

```
Set X = ActiveWorkbook.Sheets("MaFeuille")
```

Existe-t-il une commande qui sélectionne une plage de la cellule active jusqu'à la dernière entrée dans une colonne ou dans une ligne ? Autrement dit, une macro peut-elle faire la même chose que Ctrl+Maj+flèche bas ou Ctrl+Maj+flèche droite ?

Voici l'équivalent de Ctrl+Maj+flèche bas :

```
Range(ActiveCell, ActiveCell.End(xlDown)).Select
```

Pour les autres directions, choisissez la constante xlToLeft, xlToRight ou xlUp, au lieu de xlDown.

Comment accélérer mon code VBA ?

Voici quelques conseils :

- Veillez à déclarer toutes les variables dans leur type respectif. Placez l'instruction Option Explicit en tête de la section Déclaration de chaque module pour vous obliger à déclarer toutes les variables.
- S'il est fait référence plusieurs fois à un objet – comme une plage –, créez une variable d'objet à l'aide du mot-clé Set.
- Utilisez la construction With-End With chaque fois que c'est possible.
- Si la macro écrit des données dans une feuille de calcul et que beaucoup de formules soient utilisées, mettez le mode de calcul sur Manuel pendant l'exécution de la macro.
- Si la macro écrit des données dans une feuille de calcul, désactivez la mise à jour de l'écran avec :

```
Application.ScreenUpdating = False
```

Puis-je afficher un texte sur plusieurs lignes dans une boîte de message ?

Le moyen le plus simple consiste à placer le message dans une variable de chaîne (String) en utilisant la constante vbNewLine pour indiquer le renvoi à la ligne. Voici un exemple rapide :

```
Msg = "Vous avez sélectionné :" & vbNewLine
Msg = Msg & RéponseUtilisateur
MsgBox Msg
```

J'ai supprimé toutes mes macros, mais Excel continue de demander à les activer lorsque j'ouvre le classeur.

Ce comportement est provoqué par les modules vides du classeur. Éliminez-les en cliquant dessus du bouton droit et en choisissant Supprimer module. Vérifiez aussi les modules ThisWorkbook et Feuille pour vous assurer qu'ils ne contiennent aucune macro.

Pourquoi mon caractère de continuation ne fonctionne-t-il pas ?

En réalité, il y a deux caractères qui se suivent : un espace suivi du soulignement. Assurez-vous que tous deux sont utilisés dans cet ordre et appuyez sur Entrée après le caractère de soulignement.

Index

D

E

I

L

M

R

S

T

U

V

W

X

Z

" ENFIN DES LIVRES QUI VOUS RESSEMBLENT ! "

Titre	ISBN	Code
3DS Max 5 Poche pour les Nuls	2-84427-516-8	65 3689 0
Access 2002 Poche pour les Nuls	2-84427-253-3	65 3297 2
Access 2003 Poche pour les Nuls	2-84427-583-4	65 3781 5
Apprendre à programmer Poche pour les Nuls	2-84427-651-2	65 4084 3
AutoCAD 2005 Poche pour les Nuls	2-84427-689-X	65 0883 2
C# Poche pour les Nuls	2-84427-350-5	65 3410 1
C++ Poche pour les Nuls (2e éd.)	2-84427-649-0	65 4082 7
Combattre les hackers Poche pour les Nuls	2-84427-660-1	65 4093 4
Créez des pages Web Poche pour les Nuls (3e éd.)	2-84427-538-9	65 3760 9
Créer un réseau à domicile Poche pour les Nuls	2-84427-657-1	65 4090 0
Créer un réseau sans fil Poche pour les Nuls	2-84427-533-8	65 3718 7
Créer un site Web Poche pour les Nuls (2e éd.)	2-84427-688-1	65 0882 4
Dépanner et optimiser Windows Poche pour les Nuls	2-84427-519-2	65 3692 4
DivX Poche pour les Nuls	2-84427-462-5	65 3611 4
Dreamweaver MX 2004 Poche pour les Nuls	2-84427-612-1	65 4060 3
Easy Media Creator 7 Poche Pour les Nuls	2-84427-695-4	65 0889 9
Excel 2002 Poche Pour les Nuls	2-84427-255-X	65 3299 8
Excel 2003 Poche Pour les Nuls	2-84427-582-6	65 3780 7
Excel Trucs et astuces Poche pour les Nuls	2-84427-696-2	65 0890 7
Final Cut Express 2 Poche Pour les Nuls	2-84427-647-4	65 4080 1
Flash MX 2004 Poche pour les Nuls	2-84427-613-X	65 4061 1
Gravure des CD et DVD Poche pour les Nuls (4e éd.)	2-84427- 655-5	65 4088 4
HTML 4 Poche pour les Nuls	2-84427-321-1	65 3363 2
iMac Poche pour les Nuls (3e éd.)	2-84427-320-3	65 3362 4
Internet Poche pour les Nuls (5e éd.)	2-84427-724-1	65 0988 9
Java 2 Poche pour les Nuls (2e éd.)	2-84427-687-1	65 0881 6
JavaScript Poche pour les Nuls (2e éd.)	2-84427-716-0	65 0981 4
Linux Poche pour les Nuls (4e éd.)	2-84427-698-9	65 0892 3
Mac Poche pour les Nuls (2e éd.)	2-84427-319-X	65 3361 6
Mac OS X Poche pour les Nuls	2-84427-264-9	65 3308 7
Mac OS X Panther Poche pour les Nuls	2-84427-611-3	65 4059 5
Mac OS X Panther Trucs et Astuces Poche pour les Nuls	2-84427-662-8	65 4095 9
Mac OS X v.10.2 Poche pour les Nuls	2-84427-459-5	65 3608 0
Money 2003 Poche pour les Nuls	2-84427-458-7	65 3607 2

Titre	ISBN	Code
Nero 6 Poche pour les Nuls	2-84427-568-0	65 3773 2
Office 2003 Poche pour les Nuls	2-84427-584-2	65 3782 3
Office 2003 Trucs et Astuces Poche pour les Nuls	2-84427-661-X	65 4094 2
Office 2004 Mac Poche pour les Nuls	2-84427-717-9	65 0982 2
Office XP Poche pour les Nuls	2-84427-266-5	65 3310 3
Outlook 2003 Poche pour les Nuls	2-84427-594-X	65 4051 2
PC Poche pour les Nuls (5e éd.)	2-84427-723-1	65 0987 1
PC Mise à niveau et dépannage Poche pour les Nuls	2-84427-518-4	65 3691 6
Photo numérique Poche pour les Nuls	2-84427-609-1	65 4057 9
Photoshop 7 Poche pour les Nuls	2-84427-394-7	65 3491 1
Photoshop CS Poche pour les Nuls	2-84427-614-8	65 4062 9
Photoshop CS Trucs et Astuces Poche Pour les Nuls	2-84427-648-2	65 4081 9
Photoshop Elements 3 Poche pour les Nuls	2-84427-694-6	65 0888 1
PHP 5 Poche pour les Nuls	2-84427-656-3	65 4089 2
PHP et mySQL Poche pour les Nuls (2e éd.)	2-84427-591-5	65 3788 0
PowerPoint 3003 Poche pour les Nuls	2-84427-593-1	65 4050 4
TCP/IP Poche pour les Nuls	2-84427-367-X	65 3443 2
Registre Windows XP Poche pour les Nuls (le)	2-84427-517-6	65 3690 8
Réseaux Poche pour les Nuls (3è éd.)	2-84427-699-7	65 0893 1
Retouche photo pour les Nuls	2-84427-451-X	65 3577 7
Sécurité Internet Poche pour les Nuls	2-84427-515-X	65 3688 2
SQL Poche pour les nuls (2e éd.)	2-84427-726-8	65 0990 5
Unix Poche pour les Nuls	2-84427-318-1	65 3360 8
Utiliser un scanner Poche pour les Nuls	2-84427-463-3	65 3612 2
VBA Poche pour les Nuls	2-84427-378-5	65 3463 0
VBA pour Access Poche pour les Nuls	2-84427-703-9	65 0897 2
VBA pour Office Poche pour les Nuls	2-84427-592-3	65 3789 8
VBA pour Excel Poche pour les Nuls	2-84427-725-X	65 0989 7
Vidéo numérique Poche pour les nuls (la) (3e éd.)	2-84427-610-5	65 4058 7
Visual Basic .net Poche pour les Nuls	2-84427-336-X	65 3386 3
Visual Basic 6 Poche pour les Nuls	2-84427-256-8	65 3300 4
Windows 98 Poche pour les Nuls	2-84427-460-9	65 3609 8
Windows Me Poche pour les Nuls	2-84427-937-6	65 3199 0
Windows XP Poche pour les Nuls (4è éd.)	2-84427-697-0	65 0891 5
Windows XP Trucs et Astuces Poche Pour les Nuls	2-84427-585-0	65 3783 1
Word 2000 Poche pour les Nuls	2-84427-965-1	65 3230 3

Titre	ISBN	Code
Word 2000 Poche pour les Nuls	2-84427-965-1	65 3230 3
Word 2002 Poche Pour les Nuls	2-84427-257-6	65 3301 2
Word 2003 Poche Pour les Nuls	2-84427-581-8	65 3779 9